全民阅读
中华优秀传统文化
经典系列
刘苍劲 丛书主编

诗经

邓启铜 诸 华 注释
刘 艺 导读
鲍 桂 党沛森 等 配音

图书在版编目(CIP)数据

诗经/邓启铜，诸华注释. —北京：北京师范大学出版社，2019.2
(中华优秀传统文化经典系列)
ISBN 978-7-303-23091-4

Ⅰ. ①诗… Ⅱ. ①邓… ②诸… Ⅲ. ①古体诗—诗集—中国—春秋时代 ②《诗经》—注释 Ⅳ. ①I222.2

中国版本图书馆 CIP 数据核字(2017)第 289914 号

营 销 中 心 电 话 010-58805072 58807651
北师大出版社高等教育与学术著作分社 http://xueda.bnup.com

SHI JING
出版发行：北京师范大学出版社 www.bnup.com
北京市海淀区新街口外大街 19 号
邮政编码：100875
印 刷：北京玺诚印务有限公司
经 销：全国新华书店
开 本：787 mm×1092 mm 1/16
印 张：36.25
字 数：400 千字
版 次：2019 年 2 月第 1 版
印 次：2019 年 2 月第 1 次印刷
定 价：88.00 元

策划编辑：祁传华 魏家坚 责任编辑：梁宏宇
美术编辑：王齐云 装帧设计：王齐云
责任校对：韩兆涛 责任印制：马 洁

继承和弘扬中华优秀传统文化 大力加强社会主义核心价值观教育

中华文化源远流长、灿烂辉煌。在五千多年文明发展中孕育的中华优秀传统文化，积淀着中华民族最深沉的精神追求，代表着中华民族独特的精神标识，是中华民族生生不息、发展壮大的丰厚滋养，是中国特色社会主义植根的文化沃土，是当代中国发展的突出优势，对延续和发展中华文明、促进人类文明进步，发挥着重要作用。

中共十八大以来，以习近平总书记为核心的党中央高度重视中华优秀传统文化的传承发展，始终从中华民族最深沉精神追求的深度看待优秀传统文化，从国家战略资源的高度继承优秀传统文化，从推动中华民族现代化进程的角度创新发展优秀传统文化，使之成为实现“两个一百年”奋斗目标和中华民族伟大复兴中国梦的根本性力量。习近平总书记指出：“一个国家、一个民族的强盛，总是以文化兴盛为支撑的，中华民族伟大复兴需要以中华文化发展繁荣为条件。”“中华传统文化博大精深，学习和掌握其中的各种思想精华，对树立正确的世界观、人生观、价值观很有益处。”

中华文化独一无二的理念、智慧、气度、神韵，增添了中国人民和中华民族内心深处的自信和自豪，也孕育培养了悠久的文化传统和富有价值的文化因子。传承发展中华优秀传统文化，就要大力弘扬讲仁爱、重民本、守诚信、崇正义、尚和合、求大同等核心思想理念，就要大力弘扬自强不息、敬业乐群、扶危济困、见义勇为、孝老爱亲等中华传统美德，就要大力弘扬有利于促进社会和谐、鼓励人们向上向善的思想文化内容。当前，我们强调培育和弘扬社会主义核心价值观，必须立足中华优秀传统文化，使中华优秀传统文化成为涵养社会主义核心价值观的重要源泉。核心价值理念往往与文化传统与文化积淀息息相关、一脉相承。社会主义核心价值观充分体现了对中华优秀传统文化的继承和升华。“富强、民主、文明、和谐，自由、平等、公正、法治，爱国、敬业、诚信、友善”的社会主义核心价值观，既深刻反映了社会主义中国的价值理念，更是五千年中华优秀传统文化的传承与发展。将中华优秀传统文化作为社会主义核心价值观教育的重要素材，以中华优秀传统文化涵养社会主义核心价值观，是明确文化渊源和民族文魄，树立文化自信和价值观自信，走好中国道路和讲好中国故事的必然要求。

2017年1月，中共中央办公厅、国务院办公厅印发了《关于实施中华优秀传统文化传承发展工程的意见》，将实施中华优秀传统文化传承发展工程上升到建设社会主义文化强国的重大战略任务的高度，力图在全社会形成重视中华优秀传统文化、学习弘扬中华优秀传统文化的氛围。由刘苍劲教授组织广东省上百位专家学者历时三年主编的这套“全民阅读·中华优秀传统文化经典系列”丛书，是广东省贯彻落实习近平总书记关于大力弘扬中华优秀传统文化系列讲话精神的重大举措，是具有广东特色、岭南气派的文化大工程。该套丛书真正体现了全民阅读的需要，每本经典都配有标准的拼音、专业的注释、精美的诵读，使不同阶层、不同文化、不同年龄、不同专业的中国人都可以读懂、读通、读透这些经典。通过客观、公正的导读指导，有机会阅读该丛书的读者都能够在阅读中华优秀传统文化经典中受到历史、政治、科学、人文、道德等多方面的启迪，在阅读中弘扬、在阅读中继承、在阅读中扬弃，从而实现树立社会主义核心价值观的目的。

该丛书质量精良，选题准确，导读科学，值得推荐，是为序。

刘苍劲

2018年6月

毛诗正义序

夫《诗》者，论功颂德之歌，止僻防邪之训，虽无为而自发，乃有益于生灵。六情静于中，百物荡于外，情缘物动，物感情迁。若政遇醇和，则欢娱被于朝野，时当惨黩，亦怨刺形于咏歌。作之者所以畅怀舒愤，闻之者足以塞违从正。发诸情性，谐于律吕，故曰“感天地，动鬼神，莫近于《诗》”。此乃《诗》之为用，其利大矣。

若夫哀乐之起，冥于自然，喜怒之端，非由人事。故燕雀表啁噍之感，鸾凤有歌舞之容。然则《诗》理之先，同夫开辟，《诗》迹所用，随运而移。上皇道质，故讽谕之情寡。中古政繁，亦讴歌之理切。唐、虞乃见其初，羲、轩莫测其始。于后时经五代，篇有三千，成、康没而颂声寝，陈灵兴而变风息。先君宣父，厘正遗文，缉其精华，褫其烦重，上从周始，下暨鲁僖，四百年间，六诗备矣。卜商阐其业，雅颂与金石同和；秦正燎其书，简牍与烟尘共尽。汉氏之初，《诗》分为四：申公腾芳于鄢郢，毛氏光价于河间，贯长卿传之于前，郑康成笺之于后。晋、宋、二萧之世，其道大行；齐、魏两河之间，兹风不坠。

其近代为义疏者，有全缓、何胤、舒瑗、刘轨思、刘丑、刘焯、刘炫等。然焯、炫并聪颖特达，文而又儒，擢秀干于一时，骋绝辔于千里，固诸儒之所揖让，日下之所无双，其于作疏内特为殊绝。今奉敕删定，故据以为本。然焯、炫等负恃才气，轻鄙先达，同其所异，异其所同，或应略而反详，或宜详而更略，准其绳墨，差忒未免，勘其会同，时有颠迹。今则削其所烦，增其所简，唯意存于曲直，非有心于爱憎。谨与朝散大夫行太学博士臣王德韶、徵事郎守四门博士臣齐威等对共讨论，辨详得失。至十六年，又奉敕与前修疏人及给事郎守太学助教云骑尉臣赵乾叶、登仕郎守四门助教云骑尉臣贾普曜等，对敕使赵弘智覆更详正，凡为四十卷，庶以对扬圣范，垂训幼蒙，故序其所见，载之于卷首云尔。

陶榖赠词图　明·唐　寅

风

周　南 /12

召　南 /26

邶　风 /41

鄘　风 /68

卫　风 /83

王　风 /99

郑　风 /111

齐　风 /135

魏　风 /148

唐　风 /159

秦　风 /177

陈　风 /191

桧　风 /202

曹　风 /207

豳　风 /213

雅

小　雅 /237

鹿鸣之什

南有嘉鱼之什

鸿雁之什

节南山之什

谷风之什

甫田之什

鱼藻之什

大　雅 /394

文王之什

生民之什

荡之什

颂

周　颂 /506

清庙之什

臣工之什

闵予小子之什

鲁　颂 /540

商　颂 /556

导 读

刘 艺

中国是个诗的国度，诗的序幕正是从《诗经》拉开的。从《诗经》开始，我国丰富多彩的民间口头传唱就进入了书面文字记载阶段，这是诗歌发展的重要转折点，是个里程碑。作为我国现存最早的诗歌总集，《诗经》逃过历世之劫，如秦始皇的“焚书坑儒”，得以流传至今，实乃中国文化之大幸，中国诗歌之大幸。

《诗经》最早被称作《诗》或《诗三百》。《庄子》称其为“六经”之一，但当时它并没有被称作“诗经”。到汉武帝采纳董仲舒“罢黜百家、独尊儒术”的方针，设立五经博士时，它才被称为《诗经》。《诗经》单看目录有311篇，但实际上只有305篇作品，另有6篇有目无辞。通常来说，《诗经》的分类是按照音乐的不同，并结合音乐与地区的关系而定的。照此,《诗经》分为风、雅、颂三个部分。风，即音乐曲调。“十五国风”，也就是十五个地区的乐歌，共160篇。雅是正的意思，即朝廷的正乐——西周王畿的乐歌，有105篇，其中又分《小雅》和《大雅》，《小雅》74篇，《大雅》31篇。颂是宗庙祭祀的乐歌，其中《周颂》31篇，《鲁颂》4篇，《商颂》5篇，合计40篇。

《诗经》的作品大部分产生于广大中下层民众之中，少部分出自贵族文人之手。作品产生的地域大体上包括今天的陕西、山西、山东、河南、河北、湖北等地。作品产生的时代，约从公元前11世纪到公元前6世纪，即西周初年（一说商代末年）至春秋中期，大约500年的时间。如此长的时间，如此广阔的地域，诗歌的形式和体例在我们今天看来却十分统一，这显然是经过周王室的乐官加工整理的结果。

《诗经》从内容上来看，可以说是我国早期先民生活的一部百科全书。在这巨幅的历史画卷中，上自“戎与祀”这类国家大事，下至民间夫妻聊天之类的琐事，都得到了全面生动的反映。其中有几类内容表现得较为突出。一是祭祀、颂扬神灵和祖先的祭颂诗，它们主要保存在《大雅》和“三颂”中。它们有的叙述了部落族群的渊源和历史，有的赞颂了祖先的功勋和德业，虽说有较浓重的歌功颂德色彩，但也不乏历史价值和文学价值。二是战争、徭役诗。战争诗中有豪迈乐观的激情，有同仇敌忾的决心，但更多表现的是对战争的厌倦和对和平生活的向往。徭役诗则反映出服役的人和家中亲人的双重痛苦。三是反映农耕生活和相关的政治、宗教活动的农事诗。我国自古以来就是农业大国，农业生产与国民的生活、国家的命运息息相关，因此反映这一内容的诗歌也为数不少。四是反映君臣、亲朋欢聚宴饮活动的宴饮诗，从中我们可以获得周代礼乐制度和文化的真实信息。五是揭露讽刺黑暗统治，表达忧虑与不满的怨刺诗。这类诗歌主要保存在国风和“二雅”中。六是数量最多的婚恋诗。《诗经》几乎展现了古人婚恋生活的全过程：相慕相恋的情歌——热闹的婚嫁场面——婚姻生活的欢乐——弃妇的悲伤与不幸。这类作品主要集中在国风中，是最为精彩动人的篇章，也往往是人们阅读的首选。

因为《诗经》毕竟是部诗歌总集，是我国诗歌的源头，所以除了从中窥探早期先民的生活、思想和感情之外，我们还应重视它在文学发展史上的重要价值，即它开创了我国现实主义诗歌创作的优秀传统。《诗经》表现出的关注现实的热情、强烈的政治和道德意识、真诚积极的人生态度，被称为“风雅”精神，永远垂范后世。与之相应的是《诗经》创造性地运用了赋、比、兴的表现手法，这又成为艺术表现的典范。对此，宋代的朱熹在《诗集传》卷一中有经典的解释：“兴者，先言他物以引起所咏之词也”；“赋者，敷陈其事而直言之也”；“比者，以彼物比此物也”。除此之外，《诗经》中的不少典型特征，如四言为主的句式、重章叠句和押韵等，也都成为后世诗歌创作的典范。可以说，《诗经》奠定了中国诗歌艺术创作的坚实基础，确立了中国诗歌创作和批评的艺术原则。

对于《诗经》这部经典要不要读，教育家孔子早就给出了答案。孔子在管教自己的儿子孔鲤时，追问他有没有好好读《诗》，并说："不学《诗》，无以言。"（《论语·季氏》）他还对学生们说："小子何莫学夫《诗》？《诗》可以兴，可以观，可以群，可以怨，迩之事父，远之事君，多识于鸟兽草木之名。"（《论语·阳货》）这一"兴观群怨说"成为孔子对《诗经》功用的全面总结。他认为《诗》能兴发启迪人们的思想感情，能帮助人们了解社会风俗和个人意志，能协调融和感情，增进人际关系的沟通与和谐，能对社会的黑暗或不公进行讽喻和批判。而"多识于鸟兽草木之名"，说的是通过学习《诗经》，人们不仅可以学到各类生活知识，增长生活经验，而且还能提高语言文字水平。总之，孔子希望学子们通过读《诗》学习历史文化知识，领会其中蕴含的政治、道德观念，同时受到艺术的感染和熏陶，在审美愉悦中升华精神境界，塑造完美人格。正因如此，《诗经》成为后世学子的必读之书。

那么，时至今日，我们又该怎样解读《诗经》呢？人类最基本的需求就是生存和繁衍，所以《诗经》中的农事诗和爱情诗居多，这是自然的。人们都希望过上和谐安宁的快乐生活，所以描绘享乐甚至是酒席宴饮之乐的诗也为数不少。为了保障这样的生活，祭祀和战争就成为国家的大事，所以祈求神灵和祖先保佑的祭颂诗以及维护一方安宁的战争诗也同样必不可少。从这些作品数量较多的诗歌类型来看，《诗经》最主要的内容就是对人们生活、理想和愿望的歌唱，正所谓饥者歌其食，劳者歌其事。也正因此，我们在解读《诗经》时就应当将它还原到生活的本来面貌中，避免过度解读。在《诗经》的传承历程中，过度解读的例子屡见不鲜。例如，《诗经》首篇《关雎》，我们现在都知道是歌唱爱情的，但在《毛诗序》中却被解读为"后妃之德也"。可以看出，后来的解读者会站在自己特有的立场（往往是统治阶级的立场）上，对经典加以过度解读，为之附加上过多的政治色彩。《诗经》的收集、整理和编定是在当时统治者的指导下进行的，是由具备语言文字和音乐功底的人来完成的，所以，统治者以之为教化工具的因素是存在的。这一点我们并不否认，但却不能过分夸大。

孔子说："《诗》三百，一言以蔽之，曰：思无邪。"（《论语·为政》）他给予《诗经》极高的评价，但我们要知道，《诗经》中也有缺点和不足。例如，其中的统治阶级思想糟粕，就被后世的统治者们加以发挥和利用，产生了不良影响。再比如，其中有落后的世俗观念，也与我们今天的理念相去甚远。对此，我们在阅读的过程中要学会甄别和批判。学习《诗经》这样的经典，我们不能全盘吸收，应当选择其中对今天有益的精华来加以继承和发扬，汲取其中对真、善、美的颂扬和追求，对假、恶、丑的揭露和批判，因为只有在汲取传统文化精粹的基础上，我们才能创造出更加优秀的当代新文化。

风

《诗经》的第一部分是风，包括《周南》《召南》《邶风》《鄘风》《卫风》《王风》《郑风》《齐风》《魏风》《唐风》《秦风》《陈风》《桧风》《曹风》和《豳风》，合称为“十五国风”，共160篇。风是带有浓厚地方色彩的民间乐歌，反映的是周初到春秋时期各地人们的生活、思想和感情。所谓一方水土养一方人，一方人有一方人的活法，有一方人的思想和感情。地理环境的不同与人文生态的差异一定会对当地的文学产生巨大的影响。这一点，春秋时期吴国的公子季札在到鲁国观风听乐时，就已深切地感觉到了。他对《诗经》中的各地国风的不同评价，正说明了各地区民风、民习的多姿多彩。从整体来看，国风是《诗经》中最多彩最优秀的篇章。

“十五国风”的主要的内容有如下几个方面。第一，婚恋诗，包含爱情恋歌和反映妇女婚姻与命运之诗两个方面。第二，劳作诗，展现了当时农桑、打猎、伐木等劳作生活，体现出我国自古以来一直推崇勤劳美德。第三，战争诗，也包含两个方面，一是对爱国思想情感的抒发，二是对劳役、兵役引发的哀怨之情的抒发。第四，讽刺诗，其中既有对统治阶级丑恶行径的揭露批判，也有对剥削压迫的不满与反抗。

这四类诗都不乏积极意义，但这里我们着重说明一下婚恋诗。婚恋诗不仅限于国风，《小雅》中也有。在《诗经》中，婚恋诗的占比很大。国风的160首诗中，有超过半数的婚恋题材作品。为什么会有这种现象呢？除了与歌乐相关的因素之外，还因为家庭是社会的细胞，只有家庭稳定和谐了，社会才可能稳定和谐，所以古人十分重视家庭的组建与维护，与家庭相关的婚恋诗自然极多。《毛诗序》在总结《诗经》的功用时，首先提到的就是这一方面："先王以是经夫妇，成孝敬，厚人伦，美教化，移风俗。"

首先，我们来看情诗。情生于自然，情诗更是如此。在当时，情诗既是对青年男女思春爱恋之情的写照，也是一种启发，对促进家庭的组建、人口的繁衍和社会的和谐发展至关重要。情诗不但是青年男女们需要的，还应当是国家加以鼓励和提倡的。因为古时人口较少，新生儿成活率不高，男女相爱，组建家庭，繁衍后代对国家来说是大事，一定会得到高度重视。《诗经》作为如此重要的诗歌总集和如此有指导意义的经典，其中情诗数量如此之多，已足以说明问题了。在情诗中，《王风》浅明，《郑风》直爽，《卫风》含蓄……各地的民歌中充满着纯朴坦诚、热烈真挚的爱情，既有男女间的相互思慕，又有少女的怀春，更有爱而不得的苦恼。这类情歌中的不少因素是我们今天所提倡的正确恋爱观中的积极因子，如对美好爱情的向往、对真情的大胆追求、对自由恋爱的期盼、对包办与干涉的反抗等。这些良好的品质和恋爱风尚是值得后人学习和提倡的。

其次，我们来看反映婚嫁场面和家庭婚姻生活的诗，其中也包括弃妇诗。婚姻家庭诗中有对婚礼场面的描绘，有对夫妻恩爱之情的赞美，也有对女子与婚后家人关系的重视。其中，最有积极意义的是对男尊女卑社会现状的揭示、不满与反抗。这是男女平等意识觉醒的开始，而这发生在《诗经》那个时代，意义足够重大。《诗经·小雅·斯干》中写道："乃生男子，载弄之璋。乃生女子，载弄之瓦。"男、女从出生时便被喻为"璋""瓦"，可见男女社会地位不同，女子生来就无法与男子享有同等的权力。周朝时期，妇女地位卑下，婚姻关系能否维系取决于丈夫的好恶。丈夫如果不愿维系，女子就要被弃。在男女不平等的夫权社会中，女性婚姻的幸福常常只是一个美好的愿望，所以国风中有不少弃妇诗。《邶风·谷风》《邶风·日月》《卫风·氓》都是这方面的代表作，都表明了夫妻间不平等的婚姻关系。在弃妇诗中，常见的情况有三种：一种是表达对男子负心的痛恨，对遭受不公平待遇的觉醒与反抗；一种是对自己的处境感到无尽的悲伤；一种是矛盾而又复杂的心情，即对男子又爱又恨。这些情况固然反映出女性在当时社会中所受的压迫，但更可贵的是透露出了女性意识的觉醒。女性感觉到了社会的不公，男女的不平等，具有了一定的反抗精神。其实，《卫风·木瓜》中投桃报李的爱情观，也多少意味着对平等关系的追求：唯有平等才能相互敬重，幸福长久。

总的来看，婚恋诗充分彰显出了人性最原始、最真实的一面，反映出了那个特定时代中人们感情生活的真实面貌。其中展现出的人们在感情生活中对真、善、美的追求，对假、恶、丑的批判，值得我们继续传承，发扬光大。

从艺术方面来看，国风对现实主义创作方法的开创，对赋、比、兴等艺术手法的运用，对四言为主的句式、重章叠句的表达和押韵等典范的树立，也都值得我们学习和借鉴。我们在阅读国风时，很容易受到感染和启发。千百年过去了，但我们依然能够很好地体会到《诗经》丰富的语汇、生动的描写、优美的韵律和真挚的感情，这足以表明诗歌在艺术方面的穿透力和影响力。

雅

“雅”是“正”的意思，雅乐是相对于地方歌乐而言的，指的是朝廷的正乐，是西周王畿的乐歌。它有两个特征，一是地区的确定性，二是音乐的正统性。雅又分为《小雅》和《大雅》。关于区分大小雅的依据，人们历来存在不同观点：有人认为是按乐歌的长短来分的；有人认为是按时代的先后来分的，而《小雅》在时代上晚于《大雅》，风格接近国风；《毛诗序》则认为“政有大小，故有小雅焉，有大雅焉”。《小雅》共有74篇，除了少数篇章可能是东周作品外，其余都是西周晚期的作品。与《大雅》有所不同，《小雅》的作者除了有上层贵族之外，还有不少下层人士。《大雅》共31篇，是西周时期的作品，大部分作于西周初期，小部分作于西周末期，作者主要是地位较高的卿大夫等上层贵族。

《小雅》

《小雅》内容十分丰富，其中数量较为集中而且质较量高的有三类：一是宴饮诗，二是怨刺诗，三是战争诗。宴饮诗也叫燕飨诗，《小雅》中有许多以君臣、亲朋好友欢聚宴享为主要内容的诗歌。例如，在“鹿鸣之什”中，首篇《鹿鸣》就是周天子大宴群臣的乐歌，营造出一派欢乐和谐的氛围。在“南有嘉鱼之什”中，首篇《南有嘉鱼》也是贵族们宴请宾客的乐歌。

从礼乐制度层面来看，《小雅》中的宴饮诗是以文学的形式表现了周朝礼乐制度文化的某些侧面。它是周代礼乐制度文化的载体，反映了周代礼乐制度之盛。宴饮诗赞美的是守礼、有节、有序，宾主关系融洽。例如，《蓼萧》就强调了人们爱戴天子之德，《湛露》中宾主互相赞颂的也是德行，提倡的酒德是饮而适量，让而有节。而对那些不能循礼自制，纵酒失德的宴饮，《诗经》无疑是否定的。例如，《宾之初筵》就讽刺了贵族饮酒无度、失礼败德的种种丑态。

从人伦关系层面来看，由于周代是宗法制社会，周代的国君、诸侯、群臣多是同姓子弟或姻亲，统治者十分重视以这种血缘亲族关系为纽带来强化统治。所以这里的宴饮就不止停留在享乐的层面，更深的目的在于对宗族间和谐关系的构建与维系，为社会的和谐稳定奠定基础。这些欢乐的宴饮诗彰显出的亲族之情，表现出的好礼从善、和谐融洽的人伦关系，实质都是周礼的具体表现。需要说明的是，当时人际关系中所遵循的“礼”，是封建等级制度下的“礼”，不能等同于我们今天所倡导的“礼”。

怨刺诗不仅《小雅》中有，国风和《大雅》中也有，如《邶风·新台》《陈风·株林》《大雅·荡》《大雅·桑柔》等。但是为什么《小雅》中近三分之一的诗都是怨刺诗？《毛诗序》的说法可以为我们提供参考：“治世之音安以乐，其政和；乱世之音怨以怒，其政乖；亡国之音哀以思，其民困。”西周中期以后，周朝渐渐走向了衰败，所以反映政治腐朽黑暗、表达不满之情、针砭时弊的怨刺诗自然就多了起来，如《节南山》《十月之交》《雨无正》《小旻》《巧言》《巷伯》等。

怨刺诗的产生基于诗人对现实的强烈关注，它的积极意义在于其中充满了对国家的忧患意识和干预政治的责任感。忧患意识的产生表明诗人在精神上的自觉，主体意识有所觉醒，开始认识到自身的价值，所以对国家政治产生了强烈的责任感。适逢艰难时世，所以诗人不断以正道规谏君王，告诫大臣，抨击政治弊端，讽刺背德违礼的行径。从怨刺诗中，我们可以看到诗人以挽救家国危亡为己任，勇于批判，勇于自我牺牲。这样的社会责任感和历史使命感是极为可贵的，对后世产生了十分深远的影响。需要注意的是，诗的作者是以维护本阶级的统治和利益，维护国家、社会和人民的安定为出发点的，所以他们的怨刺诗中积极因素和消极因素是并存的。

《小雅》中的战争诗虽不足十首，但对《诗经》战争诗所表达的各方面情感均有所涉及。《小雅》中有些战争诗，从正面歌颂了天子、诸侯的武功，表现出豪迈昂扬的乐观激情，体现出崇高的爱国精神。《出车》《六月》《采芑》等，都反映了宣王时期的武功。其中，《六月》一诗写的是尹吉甫奉宣王之命，北伐玁狁并取得胜利的事迹。我们知道，周人崇尚德行、仁义，所以《诗经》中的这类战争诗往往表现的也是以道德感化和军事震慑来息兵止武。

《大雅》

《大雅》中的作品，最初主要用于祭祀典礼和宴饮娱乐，有一定的教化意味。但在后来的传播过程中，其作用逐渐扩大，除了运用于祭祀、朝聘、宴饮等各种场合外，在政治、外交活动中也都发挥了重要的作用。

《大雅》31首诗的主题相对于国风和《小雅》来说较为简单，主要集中于两大方面：一是歌颂周王室祖先乃至武王、宣王的历史功绩，这类诗几乎占到了《大雅》总数的三分之二；二是反映周厉王和周幽王时期的暴虐昏乱及统治危机。其实这是一个问题的两个方面。先祖君主勤政爱民，于国于民有功的，就予以赞颂，反之则予以讥刺或告诫。此外，还有少量的战争诗，如《江汉》《常武》，大都反映了宣王时期的武功，表现了强烈的自豪感，充满昂扬乐观的精神。

《大雅》中最主要的是祭颂之诗。古人常说："国之大事，在祀与戎。"（《左传·成公十三年》）我国自古以来就十分重视祭祀活动，到了周朝更是注重对祖先的祭颂，强调国家和民族的历史传承。这一传统绵延不绝，对后世影响深远。

《大雅》中的祭颂之诗以祭祀、歌颂祖先为主，或叙述部族发生、发展的历史，或赞颂先公先王的德业，总之应当属于歌功颂德之作。例如，被认为是周族史诗的《生民》《公刘》《绵》《皇矣》《大明》等诗，从后稷的感天而生的神奇经历和教民耕作、创立祀典写起，赞颂了后稷、公刘、太王、王季、文王、武王等先祖征服大自然，推翻商人的统治，建立统一王朝的英雄业绩，再现了周民族由产生到逐步强大的全过程。

祭颂之诗表面上看是应统治阶级歌颂太平的需要而生的，有歌功颂德之嫌，但我们不能一概视之为庙堂文学而加以否定。这些作品是特定历史背景、思想观念下的产物，也有其历史和文学价值。除此之外，它还对中华民族早期伦理道德观的构建起到了巨大的推进作用。祭颂诗所赞所颂的都是仁德善良、勤奋恭谨、明达循礼、敬祖孝顺等优秀品质，其中包含了太多的美德，而这些美德正是中华民族传统思想文化中的重要因子，经过"扬弃"之后是可以为后世所用的。

颂

颂是宗庙祭祀用的舞曲乐歌，乐曲可能非常从容舒缓，内容多是贵族歌颂祖先功业德勋以及敬神祈福。颂在周代的礼乐制度中是规格最高的乐歌，为天子祭祀专用，一般的诸侯是不能擅自使用的。周代经天子的许可，可以享有本国颂乐的只有鲁国和宋国，所以《诗经》中只有"三颂"。颂诗在数量上约占《诗经》总数的七分之一。从时间上看，《周颂》产生在西周初期，《鲁颂》《商颂》应当产生于春秋时期。从整体水平和价值来看，"三颂"不如"二雅"和"十五国风"，不过它也在一定程度上客观真实地反映了当时的社会思想和意识形态，有历史认识价值。

结合当时特定的历史环境，我们对颂诗至少还应当关注其敬天保民、敬祖重德的思想。这不仅在当时具有进步意义，对后世中华民族思想文化传统的形成也有着积极的影响。"三颂"中处处充溢着"德"，可以说颂诗赞颂的就是功德、德业、德行。周朝灭了殷商以后，统治者的思想发生了巨大的变化，其中一个突出表现就是统治理念由天命观转向了敬天畏天的天佑德君观，这是一个巨大的进步。王国维在《观堂集林》卷十中认为，殷周之兴亡，乃有德与无德之兴亡。正因如此，周朝为了巩固政权，稳定天下，对德就尤为重视。例如，《周颂·时迈》写武王受天命做了天子，却没有止步于此，而是继续敬祀百神，崇修德政，以保天命。可见周人虽然对天命观有所继承，却不再单纯依赖于天，而是引入了"德政"的因素。《烈文》《昊天有成命》等诗中也同样表明了天佑德君的观念。

《周颂》是周王室的宗庙祭祀乐歌，多由贵族创作，有的可能出于宫廷史官、乐官之手，也有少数可能是由民间祭歌借用来的。除了歌颂祖先功德这一主要内容之外，《周颂》的另一个内容就向神祈求丰年或答谢神灵的赐福保佑，这在客观上展现了西周初期的生产生活，尤其是农业生产的情况，有较高的史料价值。

《鲁颂》创作于春秋时期，出自鲁国的首都，即今天的山东曲阜一带。《鲁颂》共有四首（《駉》《有駜》《泮水》和《閟宫》），内容都是对鲁僖公的歌颂。

《商颂》是商朝及周朝时期宋国的诗歌，产生于商朝发源及建都地、宋国的国都商丘地区。宋国是周武王灭商后给商朝贵族微子的封国。《商颂》共有五篇，前三篇《那》《烈祖》《玄鸟》是祭祀商朝祖先的乐歌，产生的时间较早。后两篇《长发》和《殷武》是歌颂商朝武丁伐荆楚胜利的乐歌。《商颂》叙事具体，韵律和谐，在表达上较《周颂》有所进步。

风

周 南

幽峪荷风图　清·戴应宏

画中高山峭峰，巍峨壮丽。山下庭院幽深，树木繁茂。庭院左侧的水面上，荷花盛开，有人赏荷垂钓，气氛清爽怡人。

1 关雎

guān guān jū jiū zài hé zhī zhōu
关关雎鸠，在河之洲。①

yǎo tiǎo shū nǚ jūn zǐ hǎo qiú
窈窕淑女，君子好逑。②

cēn cī xìng cài zuǒ yòu liú zhī
参差荇菜，左右流之。③

yǎo tiǎo shū nǚ wù mèi qiú zhī
窈窕淑女，寤寐求之。④

睢鸠图 《博物汇编禽虫典》

qiú zhī bù dé wù mèi sī fú
求之不得，寤寐思服。[5]
yōu zāi yōu zāi zhǎn zhuǎn fǎn cè
悠哉悠哉，辗转反侧。[6]

cēn cī xìng cài zuǒ yòu cǎi zhī
参差荇菜，左右采之。
yǎo tiǎo shū nǚ qín sè yǒu zhī
窈窕淑女，琴瑟友之。[7]

cēn cī xìng cài zuǒ yòu mào zhī
参差荇菜，左右芼之。[8]
yǎo tiǎo shū nǚ zhōng gǔ lè zhī
窈窕淑女，钟鼓乐之。[9]

注释： ①**关关**：水鸟叫声。**雎鸠**：水鸟，一名王雎，状类凫鹥，生有定偶，常并游。**洲**：河中沙洲。②**窈窕**：美心为窈，美状为窕。**淑**：善，好。**逑**：通仇，配偶。③**参差**：长短不齐。**荇菜**：多年生水草，夏天开黄色花，嫩叶可食。**流**：同摎，采。④**寤**：睡醒。**寐**：睡眠。⑤**思**：语助词。**服**：思念。⑥**悠**：忧思貌。**辗转**：翻转，内心不安地。**反侧**：反身，侧身，体位不定。⑦**琴瑟**：琴为五弦或七弦乐器，瑟为二十五弦乐器。⑧**芼**：有选择地摘取。⑨**钟鼓**：钟为金属打击乐器，鼓为皮革打击乐器。

琴瑟友之图 《五彩绘图监本诗经》

2 葛覃

gé tán

gé zhī tán xī, yì yú zhōng gǔ, wéi yè qī qī.
葛之覃兮，施于中谷，维叶萋萋。①
huáng niǎo yú fēi, jí yú guàn mù, qí míng jiē jiē.
黄鸟于飞，集于灌木，其鸣喈喈。②
gé zhī tán xī, yì yú zhōng gǔ, wéi yè mò mò.
葛之覃兮，施于中谷，维叶莫莫。③
shì yì shì huò, wéi chī wéi xì, fú zhī wú yì.
是刈是濩，为𫄨为绤，服之无斁。④
yán gào shī shì, yán gào yán guī.
言告师氏，言告言归。⑤
bó wū wǒ sī, bó huàn wǒ yī.
薄污我私，薄浣我衣。⑥
hé huàn hé fǒu? guī níng fù mǔ.
害浣害否？归宁父母。⑦

注释：①**葛**：即葛麻，茎可做绳，纤维可织葛布。**覃**：延长。**兮**：语气词，啊。**施**：蔓延。**中谷**：山谷的中央。**维**：语助词。**萋萋**：茂盛貌。②**黄鸟**：一说黄鹂，一说黄雀。**于飞**：在飞翔。于，也可认为作语助词。**集**：鸟停树上。**灌木**：丛生的无主茎的杂树。**喈喈**：鸟和鸣声。③**莫莫**：茂盛貌。④**刈**：斩，割。**濩**：煮。**𫄨**：细的葛纤维织的布。**绤**：粗的葛纤维织的布。**服**：穿。**斁**：讨厌。⑤**言**：语助词，下同。**师氏**：管家奴隶，领班。⑥**薄**：语首助词，下同。**污**：洗去污垢。**私**：内衣。**浣**：洗。⑦**害**：通曷，盍，何。**归宁**：回家问安。宁，即安宁，请安。

葛覃亲采 清·焦秉贞

3 卷耳

juǎn ěr

cǎi cǎi juǎn ěr，bù yíng qīng kuāng。

采采卷耳，不盈顷筐。①

jiē wǒ huái rén，zhì bǐ zhōu háng。

嗟我怀人，寘彼周行。②

zhì bǐ cuī wéi，wǒ mǎ huī tuí。

陟彼崔嵬，我马虺隤。③

wǒ gū zhuó bǐ jīn léi，wéi yǐ bù yǒng huái。

我姑酌彼金罍，维以不永怀。④

zhì bǐ gāo gāng，wǒ mǎ xuán huáng。

陟彼高冈，我马玄黄。⑤

wǒ gū zhuó bǐ sì gōng，wéi yǐ bù yǒng shāng。

我姑酌彼兕觥，维以不永伤。⑥

zhì bǐ jū yǐ，wǒ mǎ tú yǐ。

陟彼砠矣，我马瘏矣。⑦

wǒ pú pū yǐ，yún hé xū yǐ！

我仆痡矣，云何吁矣！⑧

注释：①**卷耳：**又名苍耳，菊科。嫩苗可食。**顷筐：**斜口筐。②**嗟：**叹词。**寘：**搁置不顾。**周行：**大道。③**陟：**升，登。**崔嵬：**山高不平。**虺隤：**疲极而病。④**姑：**姑且。**金罍：**青铜酒器，形似尊。**永怀：**长久思念。⑤**玄黄：**因马过度疲劳而视力模糊。⑥**兕觥：**犀牛角制的酒杯。**永伤：**长久思念。伤，即因思念而伤感。⑦**砠：**有土的石山。**瘏：**马病不能进。⑧**痡：**人病不能行。**云：**语助词。**吁：**忧伤地叹息。

采采卷耳图 《五彩绘图监本诗经》

4 樛木

jiū mù

nán yǒu jiū mù, gé lěi léi zhī

南有樛木，葛藟累之。①

lè zhǐ jūn zǐ, fú lǜ suí zhī

乐只君子，福履绥之。②

nán yǒu jiū mù, gé lěi huāng zhī

南有樛木，葛藟荒之。③

lè zhǐ jūn zǐ, fú lǜ jiāng zhī

乐只君子，福履将之。④

nán yǒu jiū mù, gé lěi yíng zhī

南有樛木，葛藟萦之。⑤

lè zhǐ jūn zǐ, fú lǜ chéng zhī

乐只君子，福履成之。⑥

注释：①**樛木**：树木向下弯曲。**葛藟**：藟似葛，有茎可以缠树。**累**：缠绕。②**只**：语助词。**福履**：犹福禄。履，同禄。**绥**：安。③**荒**：掩盖。④**将**：扶助。⑤**萦**：缠绕。⑥**成**：成就。

抚孤松而盘桓图　清·钱吉生

5 螽斯

zhōng sī

◉ 螽斯羽，诜诜兮。①
宜尔子孙，振振兮。②

◉ 螽斯羽，薨薨兮。③
宜尔子孙，绳绳兮。④

◉ 螽斯羽，揖揖兮。⑤
宜尔子孙，蛰蛰兮。⑥

注释： ①**螽斯**：或名斯螽，一种蝗虫。**羽**：振翅。**诜诜**：同莘莘，众多貌。②**宜**：承上转下之词，用于表示祝福的句子之前。**振振**：兴旺繁多的样子。③**薨薨**：群飞声。④**绳绳**：不绝貌。绳，旧读 mǐn。⑤**揖揖**：揖同集，会聚也。⑥**蛰蛰**：和乐相聚。

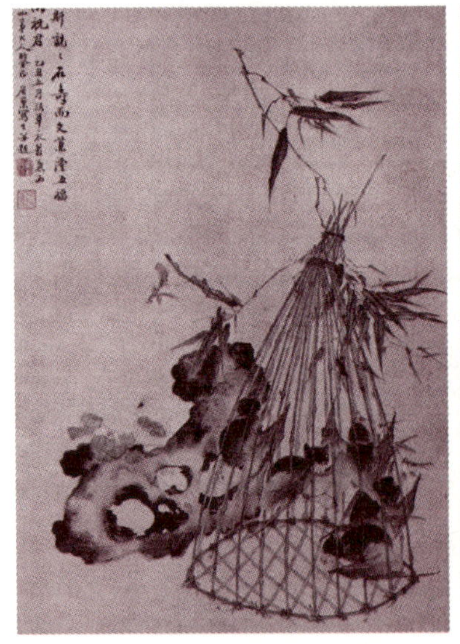

五福图　清·居　巢

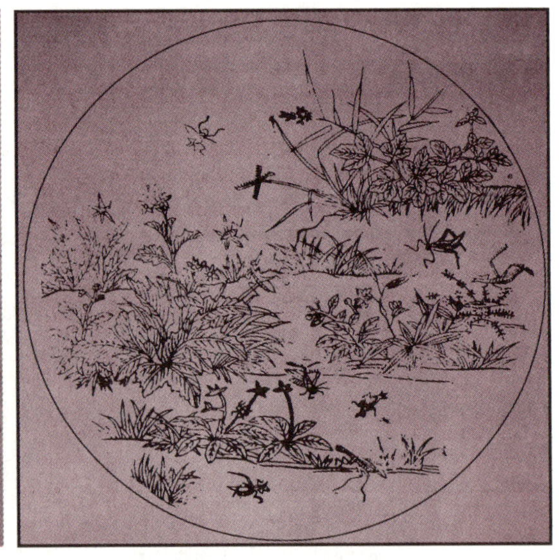

螽斯羽图　明·《程氏墨苑》

6 桃夭

táo zhī yāo yāo，zhuó zhuó qí huā。
桃之夭夭，灼灼其华。①
zhī zǐ yú guī，yí qí shì jiā。
之子于归，宜其室家。②

táo zhī yāo yāo，yǒu fén qí shí。
桃之夭夭，有蕡其实。③
zhī zǐ yú guī，yí qí jiā shì。
之子于归，宜其家室。

táo zhī yāo yāo，qí yè zhēn zhēn。
桃之夭夭，其叶蓁蓁。④
zhī zǐ yú guī，yí qí jiā rén。
之子于归，宜其家人。

注释：①**之：**助词。**夭夭：**桃含苞貌，茂盛而艳丽。**灼灼：**鲜明貌。**华：**同花。②**之子：**这个女子。**于：**动词词头。**归：**妇人谓嫁曰归。**宜：**同仪，善。**室家：**即夫妇。男子有妻叫作有室，女子有夫叫作有家。③**有蕡：**硕大坚实的样子，有为语助词。④**蓁蓁：**这里指桃叶茂盛的样子。

桃夭图 《诗经图》

7 兔罝

tù jū

suō suō tù jū, zhuó zhī zhēng zhēng
肃肃兔罝，椓之丁丁。①
jiū jiū wǔ fū, gōng hóu gān chéng
赳赳武夫，公侯干城。②

suō suō tù jū, yì yú zhōng kuí
肃肃兔罝，施于中逵。③
jiū jiū wǔ fū, gōng hóu hǎo qiú
赳赳武夫，公侯好仇。④

suō suō tù jū, yì yú zhōng lín
肃肃兔罝，施于中林。⑤
jiū jiū wǔ fū, gōng hóu fù xīn
赳赳武夫，公侯腹心。⑥

注释：①**肃肃**：整齐严密。肃，缩之假借。收缩，言密也。**罝**：捕兽的网。**椓**：敲击。**丁丁**：伐木声。②**赳赳**：威武的样子。**武夫**：勇士。**公侯**：周封列国爵位（公、侯、伯、子、男）之尊者，泛指统治者。**干城**：屏障。干，指盾牌，用以防御；城，用以防御的建筑。③**施**：设置、张挂。**逵**：四通八达的大道。④**好仇**：好帮手。仇同逑，匹配的意思。⑤**中林**：树林中间。牧外谓之野，野外谓之林。⑥**腹心**：心腹，特别能信赖的人。

洗夫人图　明·仇英

8 芣苢

fú yǐ

cǎi cǎi fú yǐ, bó yán cǎi zhī.
采采芣苢，薄言采之。①
cǎi cǎi fú yǐ, bó yán yǒu zhī.
采采芣苢，薄言有之。②

cǎi cǎi fú yǐ, bó yán duō zhī.
采采芣苢，薄言掇之。③
cǎi cǎi fú yǐ, bó yán luō zhī.
采采芣苢，薄言捋之。④

cǎi cǎi fú yǐ, bó yán jié zhī.
采采芣苢，薄言袺之。⑤
cǎi cǎi fú yǐ, bó yán xié zhī.
采采芣苢，薄言襭之。⑥

注释：①**采采**：采而又采。**芣苢**：植物名，即车前子。**薄言**：发语词，一说薄为快快地，急忙地。②**有**：占有。③**掇**：拾取。④**捋**：取，特指用手握住条状物向其一端滑动以取物。⑤**袺**：用衣襟兜东西。⑥**襭**：翻转衣襟插于腰带以兜东西。

蔡人妻 明·仇英

9 汉广

nán yǒu qiáo mù，bù kě xiū sī。
南有乔木，不可休思。①
hàn yǒu yóu nǚ，bù kě qiú sī。
汉有游女，不可求思。②
hàn zhī guǎng yǐ，bù kě yǒng sī。
汉之广矣，不可泳思。
jiāng zhī yǒng yǐ，bù kě fāng sī。
江之永矣，不可方思。③

qiáo qiáo cuò xīn，yán yì qí chǔ。
翘翘错薪，言刈其楚。④
zhī zǐ yú guī，yán mò qí mǎ。
之子于归，言秣其马。
hàn zhī guǎng yǐ，bù kě yǒng sī。
汉之广矣，不可泳思。
jiāng zhī yǒng yǐ，bù kě fāng sī。
江之永矣，不可方思。

采莲无限兰桡女图　清·钱慧安

qiáo qiáo cuò xīn yán yì qí lóu
翘翘错薪，言刈其蒌。⑤

zhī zǐ yú guī yán mò qí jū
之子于归，言秣其驹。⑥

hàn zhī guǎng yǐ bù kě yǒng sī
汉之广矣，不可泳思。

jiāng zhī yǒng yǐ bù kě fāng sī
江之永矣，不可方思。

注释：①**乔木**：高大的树木。**休**：依靠，休字从人依木。**思**：语助词，下同。②**汉**：汉水，长江支流之一。**游女**：汉水之神。③**江**：江水，即长江。**永**：水流长也。**方**：桴，筏，这里作动词，意为渡过。④**翘翘**：本指鸟尾上的长羽，比喻杂草丛生。**错薪**：杂乱不齐的柴草。古代嫁娶必以燎炬为烛，故《诗经》嫁娶多以折薪、刈楚为兴。**刈其楚**：割牡荆。刈，割；楚，灌木名，即牡荆。⑤**蒌**：蒌蒿，嫩时可食，老则为薪。⑥**秣**：喂马。**驹**：小马。

阿谷处女图　明·仇　英

10 汝坟

rǔ fén

zūn bǐ rǔ fén，fá qí tiáo méi；
遵彼汝坟，伐其条枚；①
wèi jiàn jūn zǐ，nì rú zhāo jī。
未见君子，惄如调饥。②

zūn bǐ rǔ fén，fá qí tiáo yì；
遵彼汝坟，伐其条肄；③
jì jiàn jūn zǐ，bù wǒ xiá qì。
既见君子，不我遐弃。④

fáng yú chēng wěi，wáng shì rú huǐ；
鲂鱼赪尾，王室如燬；⑤
suī zé rú huǐ，fù mǔ kǒng ěr。
虽则如燬，父母孔迩。⑥

注释：①**遵**：沿。**汝**：汝河，源出河南省。**坟**：汶的假借字，水涯，大堤。**条枚**：枝曰条，干曰枚。②**惄**：忧愁。**调**：通朝，早晨。③**肄**：树砍后再生的小枝。④**既**：已经。**不我遐弃**：不遐弃我。遐，即远。⑤**鲂鱼**：编鱼。**赪尾**：浅红色的鱼尾。鱼劳则尾赤，以此比喻君子之劳。**燬**：火，如火焚一样。⑥**孔**：甚。**迩**：近。

周南妻图 明·仇英

11 麟之趾

lín zhī zhǐ

lín zhī zhǐ zhēn zhēn gōng zǐ xū jiē lín xī
麟之趾，振振公子，于嗟麟兮。①

lín zhī dìng zhēn zhēn gōng xìng xū jiē lín xī
麟之定，振振公姓，于嗟麟兮。②

lín zhī jiǎo zhēn zhēn gōng zú xū jiē lín xī
麟之角，振振公族，于嗟麟兮。

注释：①**麟：**麒麟，传说中的动物，麕（即獐）身牛尾，马足（圆蹄），头上有一角，角端有肉。它有蹄不踏，有额不抵，有角不触，被古人看作至高至美的瑞兽，因而用它象征公子、公姓、公族的仁厚、诚实。**趾：**足。有趾为足，无趾为蹄。**振振：**诚实仁厚的样子。**公子：**与公姓、公族皆指贵族子孙。**于嗟：**叹词。②**定：**又作额，额头。

历朝贤后故事图之麟趾贻休　清·焦秉贞

召南

经　图　清·《康熙御制耕织图》

12 鹊巢

què cháo

wéi què yǒu cháo，wéi jiū jū zhī；

维鹊有巢，维鸠居之；①

zhī zǐ yú guī，bǎi liàng yà zhī。

之子于归，百两御之。②

wéi què yǒu cháo，wéi jiū fāng zhī；

维鹊有巢，维鸠方之；③

zhī zǐ yú guī，bǎi liàng jiāng zhī。

之子于归，百两将之。④

wéi què yǒu cháo，wéi jiū yíng zhī；

维鹊有巢，维鸠盈之；

zhī zǐ yú guī，bǎi liàng chéng zhī。

之子于归，百两成之。⑤

注释： ①**维：**发语词。**鹊：**喜鹊。**有巢：**比喻男子已有家室。**鸠：**一说鸤鸠（布谷鸟），自己不筑巢，居于鹊巢。②**两：**同辆。**御：**同迓，迎接。③**方：**占居。④**将：**送。⑤**成：**迎送成礼。

钟馗嫁妹图　杨柳青木版年画

13 采蘩

cǎi fán

yú yǐ cǎi fán yú zhǎo yú zhǐ

于以采蘩？于沼于沚；①

yú yǐ yòng zhī gōng hóu zhī shì

于以用之？公侯之事。②

yú yǐ cǎi fán yú jiàn zhī zhōng

于以采蘩？于涧之中；③

yú yǐ yòng zhī gōng hóu zhī gōng

于以用之？公侯之宫。④

bì zhī tóng tóng sù yè zài gōng

被之僮僮，夙夜在公；⑤

bì zhī qí qí bó yán xuán guī

被之祁祁，薄言还归。⑥

注释：①**于以**：疑问词。在哪里。**蘩**：白蒿。**沼**：沼泽。**沚**：小洲。②**事**：祭祀。③**涧**：山夹水也。④**宫**：宗庙。⑤**被**：通髲，发饰。**僮僮**：高耸状。**夙**：早晨。⑥**祁祁**：极言其多，一说舒迟貌。**薄言**：语助词。

清波为镜竹为钗图 清·钱吉生

14 草虫

cǎo chóng

yāo yāo cǎo chóng, tì tì fù zhōng
喓喓草虫，趯趯阜螽；①
wèi jiàn jūn zǐ, yōu xīn chōng chōng
未见君子，忧心忡忡。②
yì jì jiàn zhǐ, yì jì gòu zhǐ, wǒ xīn zé hōng
亦既见止，亦既觏止，我心则降。③

zhì bǐ nán shān, yán cǎi qí jué
陟彼南山，言采其蕨；④
wèi jiàn jūn zǐ, yōu xīn chuò chuò
未见君子，忧心惙惙。⑤
yì jì jiàn zhǐ, yì jì gòu zhǐ, wǒ xīn zé yuè
亦既见止，亦既觏止，我心则说。⑥

zhì bǐ nán shān, yán cǎi qí wēi
陟彼南山，言采其薇；⑦
wèi jiàn jūn zǐ, wǒ xīn shāng bēi
未见君子，我心伤悲。
yì jì jiàn zhǐ, yì jì gòu zhǐ, wǒ xīn zé yí
亦既见止，亦既觏止，我心则夷。⑧

注释：①**喓喓**：虫鸣声。**草虫**：指蝈蝈。**趯趯**：昆虫跳跃之状。**阜螽**：一种蝗虫。②**忡忡**：心跳。③**止**：语末语气词。**觏**：遇见，见面为觏，看到为见。**降**：平静下来。又音 xiáng，通夅，欢悦。④**陟**：升，登。**蕨**：蕨菜，可食。⑤**惙惙**：忧虑不安的样子。⑥**说**：同悦，喜悦。⑦**薇**：又名巢菜，或野豌豆。⑧**夷**：平，心平且喜。

喓喓草虫图 清·吴友如

15 采蘋

cǎi pín

yú yǐ cǎi pín nán jiàn zhī bīn

于以采蘋？南涧之滨；①

yú yǐ cǎi zǎo yú bǐ háng lǎo

于以采藻？于彼行潦。②

yú yǐ chéng zhī wéi kuāng jí jǔ

于以盛之？维筐及莒；③

yú yǐ xiāng zhī wéi qí jí fǔ

于以湘之？维锜及釜。④

yú yǐ diàn zhī zōng shì yǒu xià

于以奠之？宗室牖下；⑤

shuí qí shī zhī yǒu zhāi jì nǚ

谁其尸之？有齐季女。⑥

注释：①**于以**：在哪里。**蘋**：一种水草，形似马蹄，可食。②**藻**：水生植物。一说水豆。**行潦**：水沟。③**于以**：用什么。**莒**：竹编的圆形筐。方称筐，圆称莒。④**湘**：鬺的假借字，烹煮。**锜**：有足锅。**釜**：无足锅。⑤**宗室**：宗庙。**牖**：窗子。⑥**尸**：主持。古人祭祀用人充当神，称尸。**齐**：同斋，好貌。**季女**：少女。

采桑图　清·《康熙御制耕织图》

16 甘棠

gān táng

bì fèi gān táng, wù jiǎn wù fá, shào bó suǒ bá.

蔽芾甘棠，勿翦勿伐，召伯所茇。①

bì fèi gān táng, wù jiǎn wù bài, shào bó suǒ qì.

蔽芾甘棠，勿翦勿败，召伯所憩。②

bì fèi gān táng, wù jiǎn wù bài, shào bó suǒ shuì.

蔽芾甘棠，勿翦勿拜，召伯所说。③

注释：①**蔽芾**：树木葱茏茂盛状。**甘棠**：杜梨。**翦**：同剪，修剪。**伐**：砍倒。**召伯**：名虎，姬姓，周宣王时大臣，封于召，伯爵。**茇**：原指草舍，这里用作动词，即住。②**败**：折枝。**憩**：休息。③**拜**：又作扒，拔掉。**说**：休憩，止息。

召伯甘棠图　明·《程氏墨苑》

17 行露

hánglù

yì yì háng lù qǐ bù sù yè wèi háng duō lù

厌浥行露，岂不夙夜？谓行多露。①

shuí wèi què wú jiǎo hé yǐ chuān wǒ wū

谁谓雀无角？何以穿我屋？②

shuí wèi rǔ wú jiā hé yǐ sù wǒ yù

谁谓女无家？何以速我狱？③

suī sù wǒ yù shì jiā bù zú

虽速我狱，室家不足！④

shuí wèi shǔ wú yá hé yǐ chuān wǒ yōng

谁谓鼠无牙？何以穿我墉？⑤

shuí wèi rǔ wú jiā hé yǐ sù wǒ sòng

谁谓女无家？何以速我讼？⑥

suī sù wǒ sòng yì bù rǔ cóng

虽速我讼，亦不女从！

注释： ①**厌浥：** 沾湿。厌读如浥。**行露：** 道路上的露水。**夙夜：** 早夜，指黎明前。**谓：** 同畏，害怕。②**谁谓：** 谁说。**角：** 鸟喙。③**女：** 同汝，你。**速我狱：** 状告我的意思。速即招致，狱即诉讼。④**室家：** 结婚。男子有妻叫有室，女子有夫叫有家。**不足：** 贫乏。⑤**牙：** 大牙，臼牙。当唇者叫齿，具切割功能，在辅车之后者称牙，具咀嚼功能。鼠只有齿，没有牙。**墉：** 墙。⑥**讼：** 诉讼。

召南申女图 明·仇英

gāo yáng

18 羔羊

gāo yáng zhī pí　sù sī wǔ tuó

羔羊之皮，素丝五纥；①

tuì sì zì gōng　wēi yí wēi yí

退食自公，委蛇委蛇。②

gāo yáng zhī gé　sù sī wǔ yù

羔羊之革，素丝五緎；③

wēi yí wēi yí　zì gōng tuì sì

委蛇委蛇，自公退食。

gāo yáng zhī féng　sù sī wǔ zōng

羔羊之缝，素丝五总；④

wēi yí wēi yí　tuì sì zì gōng

委蛇委蛇，退食自公。

注释：①**羔羊**：小羊。**素**：白色。**纥**：丝结，丝纽。②**食**：公家供卿大夫之常膳。**公**：衙门。**委蛇**：大摇大摆，洋洋自得。③**革**：裘里，去毛的皮。**緎**：缝也。④**缝**：皮裘。**总**：纽结。

羔羊图　明·《程氏墨苑》

19 殷其雷

yǐn qí léi zài nán shān zhī yáng
殷其雷，在南山之阳。①
hé sī wéi sī mò gǎn huò huáng
何斯违斯，莫敢或遑？②
zhēn zhēn jūn zǐ guī zāi guī zāi
振振君子，归哉归哉！③

yǐn qí léi zài nán shān zhī cè
殷其雷，在南山之侧。
hé sī wéi sī mò gǎn huáng xī
何斯违斯，莫敢遑息？④
zhēn zhēn jūn zǐ guī zāi guī zāi
振振君子，归哉归哉！

yǐn qí léi zài nán shān zhī xià
殷其雷，在南山之下。
hé sī wéi sī mò huò huáng chǔ
何斯违斯，莫或遑处？⑤
zhēn zhēn jūn zǐ guī zāi guī zāi
振振君子，归哉归哉！

注释：①**殷：**雷声。**其：**语助词。**雷：**又作靁。**阳：**山南为阳。②**何斯：**为何此人。**违斯：**远离此地。**或遑：**有闲暇。或，即有；遑，即闲暇。③**振振：**勤奋貌。**君子：**指丈夫。④**遑息：**休息。⑤**遑处：**居住。

草枯鹰眼疾图 清·钱吉生

20 摽有梅

biào yǒu méi qí shí qī xī
摽有梅，其实七兮！①
qiú wǒ shù shì dài qí jí xī
求我庶士，迨其吉兮！②

biào yǒu méi qí shí sān xī
摽有梅，其实三兮！
qiú wǒ shù shì dài qí jīn xī
求我庶士，迨其今兮！③

biào yǒu méi qīng kuāng jì zhī
摽有梅，顷筐塈之！④
qiú wǒ shù shì dài qí wèi zhī
求我庶士，迨其谓之！⑤

注释：①**摽**：坠落，打。**有**：语助词。**实**：果实。**七**：意为树上还剩得多。非实数。②**庶士**：众多未婚男子。士，指未婚男子。**迨**：及。**其吉**：这个好日子。其即这个，吉指吉日。③**今**：现在。④**顷筐**：前低后高的筐。**塈**：取。⑤**谓**：说话。又通会，相会；通归，女子出嫁。

平秋东作图　清·《钦定书经图说》

21 小星

xiǎo xīng

小　星

huì bǐ xiǎo xīng　sān wǔ zài dōng

嘒彼小星，三五在东。①

sù sù xiāo zhēng　sù yè zài gōng

肃肃宵征，夙夜在公。

shí mìng bù tóng

寔命不同！②

huì bǐ xiǎo xīng　wéi shēn yǔ mǎo

嘒彼小星，维参与昴。③

sù sù xiāo zhēng　bào qīn yǔ chóu

肃肃宵征，抱衾与裯。

shí mìng bù yóu

寔命不犹！④

注释：①**嘒：**微光闪烁。**三五：**三，三星，指下文的“参”；五，五星，指下文的“昴”。②**肃肃：**疾行貌。**宵征：**夜行。**寔：**实的异体字。是，此。③**参：**星名，二十八宿之一。**昴：**星名，二十八宿之一。④**衾：**被子。**裯：**被单。**犹：**若，如。

承命徂征图　清·《钦定书经图说》

归于宗周图　清·《钦定书经图说》

22 江有汜
jiāng yǒu sì

jiāng yǒu sì zhī zǐ guī bù wǒ yǐ
江有汜，之子归，不我以！①
bù wǒ yǐ qí hòu yě huǐ
不我以，其后也悔。②

jiāng yǒu zhǔ zhī zǐ guī bù wǒ yǔ
江有渚，之子归，不我与！③
bù wǒ yǔ qí hòu yě shǔ
不我与，其后也处。④

jiāng yǒu tuó zhī zǐ guī bù wǒ guò
江有沱，之子归，不我过！⑤
bù wǒ guò qí xiào yě gē
不我过，其啸也歌。⑥

注释：①**汜**：由主流分出复又汇合的河水。**之子归**：即“之子于归”，那个女子出嫁。**不我以**：不用我。②**其后**：将来。**悔**：懊悔。③**渚**：小洲。**不我与**：不与我，即不同我一起。④**处**：通癙，忧。⑤**沱**：江水的支流。**过**：过访，拜会。⑥**啸也歌**：边哭边唱。

寒食归宁图　清·袁江

23 野有死麕

yě yǒu sǐ jūn bái máo bāo zhī
野有死麕，白茅包之；①
yǒu nǚ huái chūn jí shì yòu zhī
有女怀春，吉士诱之。②

lín yǒu pǔ sù yě yǒu sǐ lù
林有朴樕，野有死鹿；③
bái máo tún shù yǒu nǚ rú yù
白茅纯束，有女如玉。④

shū ér tuì tuì xī wú hàn wǒ shuì xī
舒而脱脱兮！无感我帨兮！⑤
wú shǐ máng yě fèi
无使尨也吠！⑥

注释：①**麕**：獐子。比鹿小，无角。**白茅**：草名。②**怀春**：心中激荡情欲。**吉士**：男猎人。③**朴樕**：小木，灌木，古时结婚时被用作烛灯。④**纯束**：捆扎。纯，读如屯，包裹。⑤**舒**：徐缓。**脱脱**：形容美好、相宜貌。脱当作娧，好貌。**感**：同撼，动摇。**帨**：佩巾，围腰。⑥**尨**：多毛的猛犬。

包匭青茅图　清·《钦定书经图说》

24 何彼襛矣

hé bǐ nóng yǐ

hé bǐ nóng yǐ táng dì zhī huā
何彼襛矣，唐棣之华！①
hé bù sù yōng wáng jī zhī chē
曷不肃雝？王姬之车。②

hé bǐ nóng yǐ huā rú táo lǐ
何彼襛矣，华如桃李！
píng wáng zhī sūn qí hóu zhī zǐ
平王之孙，齐侯之子。③

qí diào wéi hé wéi sī yī mín
其钓维何？维丝伊缗。④
qí hóu zhī zǐ píng wáng zhī sūn
齐侯之子，平王之孙。

注释：①**襛**：繁盛貌。**唐棣**：又叫棠棣，其花为一簇簇。**华**：同花。②**曷**：何。**肃雝**：庄严和悦。肃，庄严；雝，和悦。**王姬**：周桓王的女儿。③**平王**：东周平王宜臼。**齐侯**：齐国的诸侯。④**其钓维何**：用什么来钓鱼。**维**：语助词。**伊**：语助词。**缗**：合股丝绳，喻男女合婚。

仕女图小立满身花影图 清·改琦

zōu yú

25 驺虞

bǐ zhuó zhě jiā yī fā wǔ bā

彼茁者葭，壹发五豝，

xū jiē hū zōu yú

于嗟乎驺虞！①

bǐ zhuó zhě péng yī fā wǔ zōng

彼茁者蓬，壹发五豵，

xū jiē hū zōu yú

于嗟乎驺虞！②

注释：①**茁**：草初生出地貌，长势甚好。**葭**：初生的芦苇。**壹**：发语词。下同。**发**：射箭。**豝**：小母猪。**驺虞**：牧猎官。②**蓬**：蒿草。**豵**：小猪，一岁曰豵。

走马射猎图　清·周慕桥

邶风

贻鹤寄书图　明·邵　弥

该图据“却怪居山犹自浅，有人贻鹤寄书来”，描绘了友人乘船送来书、鹤的情景。只见江波浩渺，两抹横山，江头有小船青鹤，岸上立苍松古藤，全图构图简括，风格秀雅。

26 柏舟

bǎi zhōu

fàn bǐ bǎi zhōu, yì fàn qí liú.
泛彼柏舟，亦泛其流。[1]
gěng gěng bù mèi, rú yǒu yǐn yōu.
耿耿不寐，如有隐忧。[2]
wēi wǒ wú jiǔ, yǐ áo yǐ yóu.
微我无酒，以敖以游。[3]

wǒ xīn fěi jiàn, bù kě yǐ rú.
我心匪鉴，不可以茹。[4]
yì yǒu xiōng dì, bù kě yǐ jù.
亦有兄弟，不可以据。[5]
bó yán wǎng sù, féng bǐ zhī nù.
薄言往愬，逢彼之怒。[6]

wǒ xīn fěi shí, bù kě zhuǎn yě.
我心匪石，不可转也。[7]
wǒ xīn fěi xí, bù kě juǎn yě.
我心匪席，不可卷也。[8]

柳溪泛舟图　明·仇　英

wēi yí dì dì bù kě suàn yě
威仪棣棣，不可选也。[9]

yōu xīn qiǎo qiǎo yùn yú qún xiǎo
忧心悄悄，愠于群小。[10]

gòu mǐn jì duō shòu wǔ bù shǎo
觏闵既多，受侮不少。[11]

jìng yán sī zhī wù pì yǒu biào
静言思之，寤辟有摽。[12]

rì jī yuè zhū hú dié ér wēi
日居月诸，胡迭而微？[13]

xīn zhī yōu yǐ rú fěi huàn yī
心之忧矣，如匪浣衣。[14]

jìng yán sī zhī bù néng fèn fēi
静言思之，不能奋飞。

注释：①**汎**：同泛，漂浮，随水冲走。**亦**：语助词。②**耿耿**：心中不安。**寐**：睡觉。**隐忧**：深忧。③**微**：非，不是。**敖**：同遨。④**匪鉴**：不是铜镜。匪即非，鉴即铜镜。**茹**：测度，或容纳。⑤**据**：依靠。⑥**愬**：同诉。**逢**：遭遇。⑦**转**：转动。⑧**席**：由竹篾、苇篾或草编织成的平片状物。⑨**威仪**：尊严。**棣棣**：雍容娴雅貌。**选**：屈挠退让貌。⑩**悄悄**：忧貌。**愠**：怨恨。**群小**：一群小人。⑪**觏**：遭逢。**闵**：忧伤。⑫**静言**：安静地，言为语助词。**寤**：睡醒。**辟**：捶胸，喻心痛。**摽**：捶，打。⑬**居、诸**：语助词。**胡**：为何。**迭**：交替。**微**：日月亏缺。⑭**如匪浣衣**：好像没有洗过的脏衣服。

宜阳彭娥图 明·仇英

27

lǜ yī

绿衣

lǜ xī yī xī, lǜ yī huáng lǐ

绿兮衣兮，绿衣黄里。①

xīn zhī yōu yǐ, hé wéi qí yǐ

心之忧矣，曷维其已！②

lǜ xī yī xī, lǜ yī huáng cháng

绿兮衣兮，绿衣黄裳。③

xīn zhī yōu yǐ, hé wéi qí wáng

心之忧矣，曷维其亡！④

lǜ xī sī xī, rǔ suǒ zhì xī

绿兮丝兮，女所治兮。⑤

wǒ sī gǔ rén, bǐ wú yóu xī

我思古人，俾无訧兮！⑥

chī xī xì xī, qī qí sì fēng

絺兮绤兮，凄其以风。⑦

wǒ sī gǔ rén, shí huò wǒ xīn

我思古人，实获我心！⑧

注释：①**衣**：上曰衣。**里**：这里指下衣，即下章的“黄裳”。②**曷维其已**：何时才终止。曷即何，维为语助词，已指止。③**裳**：下曰裳。④**亡**：一说通忘，一说停止。⑤**治**：纺织制作。⑥**古人**：故人，指亡妻。**俾**：使。**訧**：过失，罪过。⑦**絺**：细葛布。**绤**：粗葛布。**凄**：凉意。**以**：通似。⑧**获**：得，合乎。

园居图 明·仇英

28 燕燕

yàn yàn

yàn yàn yú fēi, cī chí qí yǔ.
燕燕于飞，差池其羽。①

zhī zǐ yú guī, yuǎn sòng yú yě.
之子于归，远送于野。②

zhān wàng fú jí, qì tì rú yǔ.
瞻望弗及，泣涕如雨。

yàn yàn yú fēi, xié zhī háng zhī.
燕燕于飞，颉之颃之。③

zhī zǐ yú guī, yuǎn yú jiāng zhī.
之子于归，远于将之。④

zhān wàng fú jí, zhù lì yǐ qì.
瞻望弗及，伫立以泣。⑤

卫姑定姜图 明·仇英

yàn yàn yú fēi，xià shàng qí yīn。
燕燕于飞，下上其音。
zhī zǐ yú guī，yuǎn sòng yú nán。
之子于归，远送于南。⑥
zhān wàng fú jí，shí láo wǒ xīn。
瞻望弗及，实劳我心。⑦

zhòng shì rèn zhǐ，qí xīn sāi yuān。
仲氏任只，其心塞渊。⑧
zhōng wēn qiě huì，shū shèn qí shēn。
终温且惠，淑慎其身。⑨
xiān jūn zhī sī，yǐ xù guǎ rén。
先君之思，以勖寡人。⑩

注释：①**燕燕**：即燕子燕子。**于**：语助词。**差池其羽**：形容燕子张舒其尾翼。差池，参差，不整齐的样子。②**于归**：女子出嫁。**野**：郊外。③**颉**：上飞。**颃**：下飞。④**远于将之**：到远方送她，将即相送。⑤**伫**：久立等待。⑥**南**：一说野外。⑦**劳**：忧。⑧**仲**：排行第二。**氏**：姓氏。**任**：信任，可靠。**只**：语助词。**塞渊**：忠厚老实。⑨**终**：既，已经。**淑**：善良。⑩**先君**：故去的国君。**勖**：勉励。**寡人**：国君自称。

卫宣夫人图 明·仇英

29 日月

rì jī yuè zhū zhào lín xià tǔ
日居月诸，照临下土。①
nǎi rú zhī rén xī shì bù gǔ chǔ
乃如之人兮，逝不古处？②
hú néng yǒu dìng nìng bù wǒ gù
胡能有定？宁不我顾。③

rì jī yuè zhū xià tǔ shì mào
日居月诸，下土是冒。④
nǎi rú zhī rén xī shì bù xiāng hǎo
乃如之人兮，逝不相好。⑤
hú néng yǒu dìng nìng bù wǒ bào
胡能有定？宁不我报。⑥

踏梯望月图　清·周慕桥

rì jī yuè zhū chū zì dōng fāng

日居月诸，出自东方。

nǎi rú zhī rén xī dé yīn wú liáng

乃如之人兮，德音无良。⑦

hú néng yǒu dìng bǐ yě kě wàng

胡能有定？俾也可忘。

rì jī yuè zhū dōng fāng zì chū

日居月诸，东方自出。

fù xī mǔ xī xù wǒ bù zú

父兮母兮，畜我不卒。⑧

hú néng yǒu dìng bào wǒ bù shù

胡能有定？报我不述。⑨

注释：①**居**：语助词。**诸**：语助词。②**乃如**：竟然像。**之人**：这个人。**逝**：发语词。**古处**：像过去一样相处。古，故。③**胡能有定**：（丈夫的虐待）怎样才能停止呢。定，止。**宁不我顾**：从来不顾及我。宁，又作竟解。④**冒**：覆盖。⑤**相好**：相爱。⑥**报**：报答，理睬。⑦**德音**：道德名誉。⑧**畜我不卒**：爱我不终。畜是养育、爱护，卒即停止。⑨**不述**：不遵循义理。述，循。

九日春阴一日晴图　清·钱慧安

30

终风

zhōng fēng qiě bào　gù wǒ zé xiào

终风且暴，顾我则笑。①

xuè làng xiào áo　zhōng xīn shì dào

谑浪笑敖，中心是悼。②

zhōng fēng qiě mái　huì rán kěn lái

终风且霾，惠然肯来。③

mò wǎng mò lái　yōu yōu wǒ sī

莫往莫来，悠悠我思。④

zhōng fēng qiě yì　bù rì yòu yì

终风且曀，不日有曀。⑤

wù yán bù mèi　yuàn yán zé tì

寤言不寐，愿言则嚏。⑥

yì yì qí yīn　huǐ huǐ qí léi

曀曀其阴，虺虺其雷。⑦

wù yán bù mèi　yuàn yán zé huái

寤言不寐，愿言则怀。⑧

注释：①**终：**终日。**暴：**疾也。**顾：**看见。②**谑浪笑敖：**戏谑。谑即调笑，浪即放荡，敖即傲慢。**中心：**心中。③**霾：**阴霾，空气混浊。**惠然：**柔顺，然为语助词。④**悠悠：**情思绵绵不断貌。⑤**曀：**阴云密布有风。**有：**通又。⑥**寤言不寐：**辗转难眠，言为语助词。**嚏：**打喷嚏。民间传说被人思念则嚏。⑦**虺：**始发之雷声。⑧**怀：**思念。

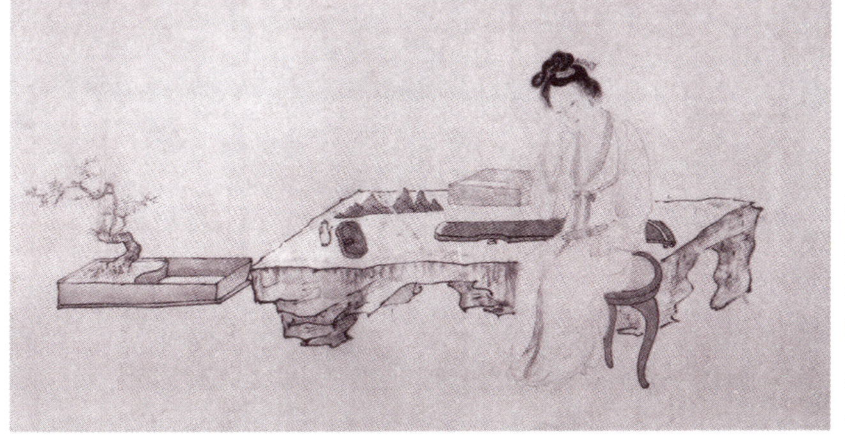

武陵春图　明·吴伟

jī gǔ

31 击鼓

jī gǔ qí tāng, yǒng yuè yòng bīng.

击鼓其镗，踊跃用兵。①

tǔ guó chéng cáo, wǒ dú nán xíng.

土国城漕，我独南行。②

zòng sūn zǐ zhòng, píng chén yǔ sòng.

从孙子仲，平陈与宋。③

bù wǒ yǐ guī, yōu xīn yǒu chōng.

不我以归，忧心有忡。④

yuán jū yuán chǔ? yuán sàng qí mǎ?

爰居爰处？爰丧其马？⑤

yú yǐ qiú zhī? yú lín zhī xià.

于以求之？于林之下。⑥

长髯壮士拔剑舞图　清·任　熊

sǐ shēng qiè kuò yǔ zǐ chéng shuō
死生契阔，与子成说。⑦
zhí zǐ zhī shǒu yǔ zǐ xié lǎo
执子之手，与子偕老。⑧
xū jiē kuò xī bù wǒ huó xī
于嗟阔兮，不我活兮。⑨
xū jiē xún xī bù wǒ xìn xī
于嗟洵兮，不我信兮。⑩

注释：①**其镗**：鼓声。其，语助词。**踊跃**：跳着跑。**兵**：武器，刀枪之类。②**土国**：修建国都。**城漕**：在漕地筑城。漕，卫国的邑名。**南行**：去卫国南方的陈、宋国。③**从孙子仲**：跟随卫国将领孙子仲。**平**：调和。**陈、宋**：诸侯国名。④**不我以归**：不让我回。**忡**：忧虑不安的样子。⑤**爰**：在哪里。**丧**：丢失。⑥**于以**：在何处。⑦**契阔**：聚散。契为合，阔为疏远，离别。**成说**：说定。⑧**偕**：同。⑨**于嗟**：悲叹声。⑩**洵**：久远。**信**：守约。

抚远大将军西征图 清·佚 名

kǎi fēng

32 凯风

kǎi fēng zì nán, chuī bǐ jí xīn.

凯风自南，吹彼棘心。①

jí xīn yāo yāo, mǔ shì qú láo.

棘心夭夭，母氏劬劳。②

kǎi fēng zì nán, chuī bǐ jí xīn.

凯风自南，吹彼棘薪。③

mǔ shì shèn shàn, wǒ wú lìng rén.

母氏甚善，我无令人。④

yuán yǒu hán quán? zài jùn zhī xià.

爰有寒泉？在浚之下。⑤

yǒu zǐ qī rén, mǔ shì láo kǔ.

有子七人，母氏劳苦。

xiàn huǎn huáng niǎo, zài hǎo qí yīn.

睍睆黄鸟，载好其音。⑥

yǒu zǐ qī rén, mò wèi mǔ xīn.

有子七人，莫慰母心。⑦

注释：①**凯风**：和风。**棘**：即酸枣。**心**：指纤小尖刺。②**夭夭**：树枝嫩壮貌。**劬劳**：操劳。③**薪**：指已长成可作柴烧的灌木，比喻子女已长大。④**令**：善。⑤**寒泉**：冬夏皆凉的泉水。**浚**：卫国地名。⑥**睍睆**：美好貌。一说犹间关，音 jiān guān，鸟叫声。**载好其音**："其音载好"的倒装。载即则。⑦**慰**：宽释。

孙叔敖母图 明·仇英

33 雄雉

xióng zhì

xióng zhì yú fēi，yì yì qí yǔ。
雄雉于飞，泄泄其羽。①
wǒ zhī huái yǐ，zì yí yī zǔ。
我之怀矣，自诒伊阻。②

xióng zhì yú fēi，xià shàng qí yīn。
雄雉于飞，下上其音。
zhǎn yǐ jūn zǐ，shí láo wǒ xīn。
展矣君子，实劳我心。③

zhān bǐ rì yuè，yōu yōu wǒ sī。
瞻彼日月，悠悠我思。
dào zhī yún yuǎn，hé yún néng lái？
道之云远，曷云能来？④

bǎi ěr jūn zǐ，bù zhī dé xìng？
百尔君子，不知德行？⑤
bù zhì bù qiú，hé yòng bù zāng？
不忮不求，何用不臧？⑥

注释：①**雉**：野鸡。**泄泄**：缓飞貌。②**自诒伊阻**：独自留下忧愁。诒通贻，遗留。阻，忧。伊，语助词。③**展**：诚实。④**云**：语助词，下同。⑤**百尔君子**：你们众君子。**德行**：道德品行。⑥**忮**：忌恨。**求**：贪婪。**何用不臧**：何以不好。用即以，臧即善、好。

山鹊爱梅图 清·华嵒

34 匏有苦叶

匏有苦叶，济有深涉。①
深则厉，浅则揭。②

有弥济盈，有鷕雉鸣。③
济盈不濡轨，雉鸣求其牡。④

雍雍鸣雁，旭日始旦。⑤
士如归妻，迨冰未泮。⑥

招招舟子，人涉卬否。⑦
人涉卬否，卬须我友。⑧

注释：①**匏**：匏瓜，比葫芦大，可作水瓢。**苦**：通枯。**济**：水名，指济水。**涉**：指涉水的渡口。②**深**：水深。**厉**：穿着衣服下水。**揭**：提起衣裳。③**弥**：大水茫茫。**盈**：满。**鷕**：雌山鸡叫声。④**不濡轨**：不沾湿车轴头。濡即沾湿，轨即车轴头。**牡**：雄性。⑤**雍雍**：大雁叫声和谐。⑥**归妻**：娶妻。**迨**：及，到。**泮**：合，封冻。⑦**招招**：摇橹曲伸之貌。**卬否**：即我不走之意。⑧**卬**：我。**须**：等待。

渡口秋水深图　清·钱吉生

gǔ fēng

35 谷风

sà sà gǔ fēng yǐ yīn yǐ yǔ

习习谷风，以阴以雨。①

mǐn miǎn tóng xīn bù yí yǒu nù

黾勉同心，不宜有怒。②

cǎi fēng cǎi fēi wú yǐ xià tǐ

采葑采菲，无以下体？③

dé yīn mò wéi jí ěr tóng sǐ

德音莫违，及尔同死。④

xíng dào chí chí zhōng xīn yǒu wéi

行道迟迟，中心有违。⑤

bù yuǎn yī ěr bó sòng wǒ jī

不远伊迩，薄送我畿。⑥

shuí wèi tú kǔ qí gān rú jì

谁谓荼苦？其甘如荠。⑦

yàn ěr xīn hūn rú xiōng rú dì

宴尔新昏，如兄如弟。⑧

耘　图　清·《康熙御制耕织图》

jīng yǐ wèi zhuó, shí shí qí zhǐ
泾以渭浊，湜湜其沚。⑨

yàn ěr xīn hūn, bù wǒ xiè yǐ
宴尔新昏，不我屑矣。⑩

wú shì wǒ liáng, wú fā wǒ gǒu
毋逝我梁，毋发我笱。⑪

wǒ gōng bù yuè, huáng xù wǒ hòu
我躬不阅，遑恤我后！⑫

jiù qí shēn yǐ, fāng zhī zhōu zhī
就其深矣，方之舟之。⑬

jiù qí qiǎn yǐ, yǒng zhī yóu zhī
就其浅矣，泳之游之。⑭

hé yǒu hé wú, mǐn miǎn qiú zhī
何有何亡，黾勉求之。⑮

fán mín yǒu sāng, pú fú jiù zhī
凡民有丧，匍匐救之。⑯

李文姬图　明·仇英

bù wǒ néng xù fǎn yǐ wǒ wéi chóu
不我能慉，反以我为雠。⑰
jì zǔ wǒ dé gǔ yòng bù shòu
既阻我德，贾用不售。⑱
xī yù kǒng yù jū jí ěr diān fù
昔育恐育鞫，及尔颠覆。⑲
jì shēng jì yù bǐ yú yú dú
既生既育，比予于毒。⑳

wǒ yǒu zhǐ xù yì yǐ yù dōng
我有旨蓄，亦以御冬。㉑
yàn ěr xīn hūn yǐ wǒ yù qióng
宴尔新昏，以我御穷。㉒
yǒu guāng yǒu kuì jì yí wǒ yì
有洸有溃，既诒我肄。㉓
bù niàn xī zhě yī yú lái xì
不念昔者，伊余来塈。㉔

注释：①**习习**：象声词，风声。习，飒的假借。**谷风**：来自山谷的风。**以**：为。②**黾勉**：勉力。③**葑**：蔓菁，俗名大头菜。**菲**：萝卜之类。**无以**：不用。**下体**：指根茎。④**德音**：好的品德。**及尔**：与你。⑤**迟迟**：迟缓，徐行貌。**违**：通愇，怨恨。⑥**伊**：是。**薄**：发语词。**畿**：指门槛。⑦**荼**：苦菜。**荠**：荠菜。⑧**宴尔新昏**：你的新婚真快乐呀。⑨**泾以渭浊**：泾河使渭河混浊。**湜湜**：水清见底。**沚**：河湾。⑩**屑**：肯。⑪**梁**：捕鱼水坝。**毋发我笱**：不要乱动我的捕鱼竹笼。⑫**阅**：容纳。**遑恤**：有空怜悯。遑指闲暇，恤指顾惜怜悯。⑬**就**：遇见。**方**：本指筏，在此作动词。⑭**泳之游之**：泳指潜水渡过，游指浮水渡过。⑮**亡**：同无。⑯**匍匐**：爬行。⑰**不我能慉**："不能慉我"的倒装。慉即爱。**雠**：同仇。⑱**贾**：经商。**用**：因此。**售**：卖出去。⑲**鞫**：穷。**颠覆**：艰难，患难。⑳**毒**：毒虫。㉑**旨蓄**：美菜。旨，味美；蓄，指积藏的菜。㉒**御**：对付，应付。㉓**洸**：动武打人。**溃**：怒貌。**既**：尽。**诒**：遗。**肄**：劳也。㉔**伊余来塈**：惟独爱我。伊即只，来为语助词，塈即息。

王陵母图　明·仇英

shì wēi

36 式微

shì wēi shì wēi hú bù guī

式微，式微！胡不归？①

wēi jūn zhī gù hú wéi hū zhōng lù

微君之故，胡为乎中露！②

shì wēi shì wēi hú bù guī

式微，式微！胡不归？

wēi jūn zhī gōng hú wéi hū ní zhōng

微君之躬，胡为乎泥中！③

注释：①**式**：语助词。**微**：昧，黄昏。**胡**：为什么。②**微**：非。**故**：事情。**中露**：露水中。③**躬**：身体。

黎庄夫人图 明·仇英

37 旄丘

máo qiū

máo qiū zhī gé xī, hé dàn zhī jié xī!
旄丘之葛兮，何诞之节兮！①

shū xī bó xī, hé duō rì yě?
叔兮伯兮，何多日也？②

hé qí chǔ yě? bì yǒu yǔ yě!
何其处也？必有与也！③

hé qí jiǔ yě? bì yǒu yǐ yě!
何其久也？必有以也！④

hú qiú méng róng, bǐ chē bù dōng.
狐裘蒙戎，匪车不东。⑤

shū xī bó xī, mǐ suǒ yǔ tóng.
叔兮伯兮，靡所与同。⑥

suǒ xī wěi xī, liú lí zhī zǐ.
琐兮尾兮，流离之子。⑦

shū xī bó xī, xiù rú chōng ěr.
叔兮伯兮，褎如充耳。⑧

注释：①**旄丘：**前高后低的土山。**葛：**一种藤蔓类攀附植物。**诞：**延，长。**节：**葛的茎节。②**叔兮伯兮：**叔、伯均是卫国对贵族的尊称。③**处：**居住。**与：**缘由。④**以：**原因。⑤**裘：**毛皮做的衣服。**蒙戎：**篷松，乱貌。**匪：**同彼。**不东：**指晋国的兵车不东去救黎国。⑥**靡：**无。**同：**同心。⑦**琐：**小。**尾：**微。**流离：**鸟名，即枭。⑧**褎：**多笑貌。**充耳：**塞耳，即“充耳不闻”之意。古代有挂在冠冕两旁的玉饰，用丝带下垂到耳门旁，用来塞耳不听。

列女仁智图卷之伯玉车
晋·顾恺之

jiǎn xī
38 简兮

jiǎn xī jiǎn xī fāng jiāng wàn wǔ
简兮简兮，方将万舞。①
rì zhī fāng zhōng zài qián shàng chǔ
日之方中，在前上处。②
shuò rén yǔ yǔ gōng tíng wàn wǔ
硕人俣俣，公庭万舞。③
yǒu lì rú hǔ zhí pèi rú zǔ
有力如虎，执辔如组。④
zuǒ shǒu zhí yuè yòu shǒu bǐng dí
左手执籥，右手秉翟。⑤
hè rú wò zhě gōng yán xī jué
赫如渥赭，公言锡爵。⑥
shān yǒu zhēn xí yǒu líng
山有榛，隰有苓。⑦
yún shuí zhī sī xī fāng měi rén
云谁之思？西方美人。⑧
bǐ měi rén xī xī fāng zhī rén xī
彼美人兮，西方之人兮。

注释：①**简**：威武貌。**方将**：正要。**万舞**：规模宏大的宗庙祭礼舞，表演时分文舞和武舞。②**在前上处**：在前列的上头。③**硕**：美大之称。**俣俣**：大而美。④**辔**：马缰。**组**：丝织的宽带子。⑤**籥**：古乐器。三孔笛。**秉翟**：握着野鸡的尾羽。秉即握着。⑥**赫**：红色。**渥赭**：厚赤褐色的石头。**锡**：赐。**爵**：青铜制酒器，用以温酒和盛酒。⑦**榛**：木名，果实叫榛子，果皮坚硬，果肉可食。**隰**：比较低的湿地。**苓**：甘草。⑧**云谁之思**：思念谁。云为发语词。**西方美人**：西边的美男子。周在卫国以西。美人指舞师。

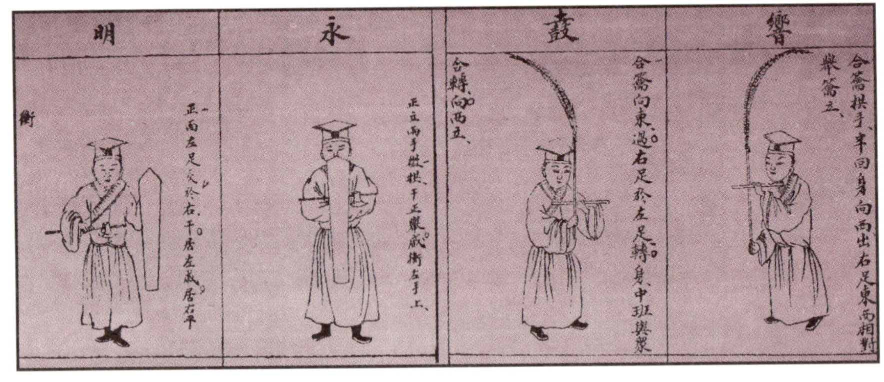

文舞武舞图

39

quán shuǐ

泉水

bì bǐ quán shuǐ, yì liú yú qí.
毖彼泉水，亦流于淇。①
yǒu huái yú wèi, mǐ rì bù sī.
有怀于卫，靡日不思。②
luán bǐ zhū jī, liáo yǔ zhī móu.
娈彼诸姬，聊与之谋。③

chū sù yú jǐ, yǐn jiàn yú nǐ.
出宿于泲，饮饯于祢。④
nǚ zǐ yǒu háng, yuàn fù mǔ xiōng dì.
女子有行，远父母兄弟。⑤
wèn wǒ zhū gū, suì jí bó zǐ.
问我诸姑，遂及伯姊。⑥

荷畔纳凉图 清·吴友如

chū sù yú gān　yǐn jiàn yú yán
出宿于干，饮饯于言。⑦

zài zhī zài xiá　xuán chē yán mài
载脂载舝，还车言迈。⑧

chuán zhēn yú wèi　bù xiá yǒu hài
遄臻于卫，不瑕有害？⑨

wǒ sī féi quán　zī zhī yǒng tàn
我思肥泉，兹之永叹。⑩

sī xū yǔ cáo　wǒ xīn yōu yōu
思须与漕，我心悠悠。⑪

jià yán chū yóu　yǐ xiè wǒ yōu
驾言出游，以写我忧。⑫

注释：①**毖**：泉水涌流。**淇**：淇水。②**有怀**：思念。**靡日**：无日。③**娈**：美好的样子。**姬**：卫国姬姓陪嫁之女。**聊**：姑且。**谋**：商量。④**泲**：卫国地名。**祢**：卫国地名。⑤**有行**：出嫁。⑥**问**：告别。**遂及**：然后。**伯姊**：大姐。⑦**干**：卫国地名。**言**：卫国地名。⑧**载脂载舝**：车轴涂油。载为发语词，脂为涂车轴的油脂，舝为车轴两头的金属键。**还车**：回转车。**言**：语助词。**迈**：行。⑨**遄**：疾速。**臻**：至。**瑕**：同遐，远也。⑩**肥泉**：卫国的城邑。**兹之永叹**：更加长叹。兹同滋，更加，永叹即长叹。⑪**须、漕**：均为卫国的城邑。⑫**写**：同泻，除去。

月曼清游图册之望月　清·陈枚

北门

出自北门，忧心殷殷。①
终窭且贫，莫知我艰。②
已焉哉！天实为之，谓之何哉！③

王事适我，政事一埤益我。④
我入自外，室人交徧谪我。⑤
已焉哉！天实为之，谓之何哉！

王事敦我，政事一埤遗我。⑥
我入自外，室人交徧摧我。⑦
已焉哉！天实为之，谓之何哉！

注释：①殷殷：形容忧伤的样子。②终：既。窭：贫寒，艰窘。③已焉哉：已经这样了啊。谓之何：奈之何。④王事：周王的事。适：同掷，强迫，派遣。政事：公家的事。埤益：增益，加于。⑤室人：家人。交徧：轮流，徧同遍。⑥敦：逼迫。遗：交给。⑦摧：讽刺。

纺车图　宋·王居正

41 北风

běi fēng

北风其凉，雨雪其雱。①
惠而好我，携手同行。
其虚其邪？既亟只且！②

北风其喈，雨雪其霏。③
惠而好我，携手同归。④
其虚其邪？既亟只且！

莫赤匪狐，莫黑匪乌。⑤
惠而好我，携手同车。⑥
其虚其邪？既亟只且！

注释：①**雨：**作动词，下、降、落。**雱：**雪盛貌。②**其虚其邪：**从容迟缓。其为语助词，邪为徐的假借字。**亟：**急。**只且：**语助词。③**喈：**疾声。**霏：**即霏霏，形容雨雪纷飞。④**同归：**即同行。⑤**莫赤匪狐：**没有不红的狐狸。**莫黑匪乌：**没有不黑的乌鸦。乌即乌鸦；莫，没有；匪，非。⑥**同车：**一同乘车。

雪景山水图 清·袁江

42 静女（jìng nǚ）

jìng nǚ qí shū，sì wǒ yú chéng yú。
静女其姝，俟我于城隅。①
ài ér bù xiàn，sāo shǒu chí chú。
爱而不见，搔首踟蹰。②

jìng nǚ qí luán，yí wǒ tóng guǎn。
静女其娈，贻我彤管。③
tóng guǎn yǒu wěi，yuè yì rǔ měi。
彤管有炜，说怿女美。④

zì mù kuì tí，xún měi qiě yì。
自牧归荑，洵美且异。⑤
fěi rǔ zhī wéi měi，měi rén zhī yí。
匪女之为美，美人之贻。⑥

注释：①**静**：娴雅安详。**姝**：美好。**俟**：等候。**城隅**：城角隐蔽处。②**爱**：同薆，隐藏。**搔首**：用手抓头。**踟蹰**：徘徊不定。③**娈**：年轻美丽。**贻**：赠送。**彤管**：初生的茅梗，呈嫩红色管状。④**炜**：鲜亮的样子。**说怿**：喜悦。说同悦。**女**：同汝。⑤**牧**：野外。**归荑**：赠送初生的茅草。归同馈，象征婚媾。**洵**：真。**异**：奇。⑥**匪**：非。**贻**：赠品。

大梅诗意图之静访鹦鹉图 清·任熊

43 新台

新台有泚，河水弥弥。①
燕婉之求，蘧篨不鲜。②
新台有洒，河水浼浼。③
燕婉之求，蘧篨不殄。④
鱼网之设，鸿则离之。⑤
燕婉之求，得此戚施。⑥

注释：①**新台**：台名，卫宣公所建。**泚**：鲜明貌。**河水**：黄河。**弥弥**：大水茫茫。②**燕婉**：安静和顺，指夫妇和好。燕，安；婉，顺。**蘧篨**：本指粗竹席，硬而不能叠，此喻鸡胸。**鲜**：善。③**洒**：高峻貌。**浼浼**：水盛貌，又作浘浘，音尾。④**殄**：同腆，善。⑤**鸿**：蛤蟆。**离**：通罹，遭受。⑥**戚施**：蟾蜍，喻驼背。

卫宣公筑台纳妇图 《东周列国志》

44 二子乘舟
èr zǐ chéng zhōu

èr zǐ chéng zhōu fàn fàn qí jǐng
二子乘舟，泛泛其景。①
yuàn yán sī zǐ zhōng xīn yàng yàng
愿言思子，中心养养！②

èr zǐ chéng zhōu fàn fàn qí shì
二子乘舟，泛泛其逝。③
yuàn yán sī zǐ bù xiá yǒu hài
愿言思子，不瑕有害？④

注释：①**二子**：卫宣公的两个异母子，太子伋和公子寿。**泛泛**：同泛泛，水中漂浮的样子。**景**：通憬，远行貌。②**愿言**：思念。**言**：语助词。**中心**：即心中。**养养**：养通恙，忧貌。③**逝**：往，去。④**瑕**：同遐，远行。

伋寿争死图 清·《八德须知·孝》

鄘 风

秋舸清啸图　元·盛懋

图绘远景山峦平缓，近岸陂陀上树木列植，枝叶茂盛。一艘篷舟缓缓驶来，舟首一位逸士正仰天长啸，身前置放酒皿瓷碗，身后古玩横陈，船尾有一童子摇橹。

45 柏舟

bǎi zhōu

fàn bǐ bǎi zhōu，zài bǐ zhōng hé。
泛彼柏舟，在彼中河。①
dàn bǐ liǎng máo，shí wéi wǒ yí。
髧彼两髦，实维我仪。②
zhī sǐ shǐ mǐ tā
之死矢靡它！
mǔ yě tiān zhǐ，bù liàng rén zhǐ！
母也天只，不谅人只！③

fàn bǐ bǎi zhōu，zài bǐ hé cè。
泛彼柏舟，在彼河侧。
dàn bǐ liǎng máo，shí wéi wǒ tè。
髧彼两髦，实维我特。④
zhī sǐ shǐ mǐ tè
之死矢靡慝！
mǔ yě tiān zhǐ，bù liàng rén zhǐ！
母也天只，不谅人只！⑤

注释：①**汎**：即泛泛，漂浮貌。②**髧**：头发下垂状。**两髦**：男子未成年时的发式，头发向两边分开并下垂，齐眉。**维**：为。**仪**：配偶。③**之死矢靡它**：到死誓无他心。之，到。矢，誓。**母也**：母亲呀。**只**：语助词。**谅**：体谅，理解。④**特**：配偶。⑤**慝**：更改，引申为变心。

柏舟图 宋·马和之

46 墙有茨

qiáng yǒu cí

qiáng yǒu cí bù kě sǎo yě
墙有茨，不可扫也。①
zhōng gòu zhī yán bù kě dào yě
中冓之言，不可道也。②
suǒ kě dào yě yán zhī chǒu yě
所可道也，言之丑也。③

qiáng yǒu cí bù kě xiāng yě
墙有茨，不可襄也。④
zhōng gòu zhī yán bù kě xiáng yě
中冓之言，不可详也。
suǒ kě xiáng yě yán zhī cháng yě
所可详也，言之长也。

qiáng yǒu cí bù kě shù yě
墙有茨，不可束也。⑤
zhōng gòu zhī yán bù kě dú yě
中冓之言，不可读也。⑥
suǒ kě dú yě yán zhī rǔ yě
所可读也，言之辱也。

注释：①茨：植物名，蒺藜。②中冓：内室，指宫中淫乱之事。道：说。③所：如果。④襄：除去。⑤束：捆走。⑥读：宣扬、宣露。

墙有茨图 宋·马和之

47

jūn zǐ xié lǎo

君子偕老

jūn zǐ xié lǎo fù jī liù jiā

君子偕老，副笄六珈。[1]

wěi wěi tuó tuó rú shān rú hé xiàng fú shì yí

委委佗佗，如山如河，象服是宜。[2]

zǐ zhī bù shū yún rú zhī hé

子之不淑，云如之何？[3]

cǐ xī cǐ xī qí zhī dí yě

玼兮玼兮，其之翟也。[4]

zhěn fà rú yún bù xiè dí yě

鬒发如云，不屑髢也；[5]

yù zhī tiàn yě xiàng zhī tì yě yáng jū zhī xī yě

玉之瑱也，象之揥也，扬且之皙也。[6]

千秋绝艳图之二乔图 明·佚名

hú rán ér tiān yě hú rán ér dì yě
胡然而天也？胡然而帝也？⑦

cuō xī cuō xī qí zhī zhǎn yě
瑳兮瑳兮，其之展也。⑧

méng bǐ zhòu chī shì xiè pàn yě
蒙彼绉絺，是绁袢也。⑨

zǐ zhī qīng yáng yáng jū zhī yán yě
子之清扬，扬且之颜也。⑩

zhǎn rú zhī rén xī bāng zhī yuán yě
展如之人兮，邦之媛也！⑪

注释：①**君子：**指卫宣公。**偕老：**夫妻同老。**副：**假髻，妇人的一种首饰。**笄：**簪子。**六珈：**笄饰，用玉做成，垂珠有六颗。②**委委佗佗：**雍容自得之貌。**如山如河：**像山一样凝重，似河一样渊深。**象服：**袆衣，画有鸟羽、星辰等图案的华丽礼服。③**淑：**贤惠。④**玼：**花纹绚烂。**翟：**翟衣，绣有野鸡花纹的祭衣。⑤**鬒：**黑发。**不屑：**不用。**髢：**假发。⑥**瑱：**冠冕上垂在两耳旁的玉。**揥：**剔发针，发钗一类的首饰。一说可用于搔头。**扬：**指额头宽阔饱满。**且：**语助词。**皙：**白净。⑦**胡然而天也：**为何像天仙一样。⑧**瑳：**玉色鲜明洁白。**展：**展衣，白纱做成的礼服，夏天穿用。⑨**蒙：**盖覆。**絺：**细葛布。**绁袢：**夏天穿的内衣。⑩**清扬：**眉清目秀。⑪**展：**诚。**邦之媛：**国之美女。媛即美女。

柳下晓妆图 清·陈崇光

48 桑中

sāng zhōng

yuán cǎi táng yǐ mèi zhī xiāng yǐ
爰采唐矣？沬之乡矣。①
yún shuí zhī sī měi mèng jiāng yǐ
云谁之思？美孟姜矣。②
qī wǒ hū sāng zhōng yāo wǒ hū shàng gōng
期我乎桑中，要我乎上宫，
sòng wǒ hū qí zhī shàng yǐ
送我乎淇之上矣。③

yuán cǎi mài yǐ mèi zhī běi yǐ
爰采麦矣？沬之北矣。
yún shuí zhī sī měi mèng sì yǐ
云谁之思？美孟弋矣。④

桑中图 宋·马和之

qī wǒ hū sāng zhōng yāo wǒ hū shàng gōng
期我乎桑中，要我乎上宫，
sòng wǒ hū qí zhī shàng yǐ
送我乎淇之上矣。

yuán cǎi fēng yǐ mèi zhī dōng yǐ
爰采葑矣？沬之东矣。⑤
yún shuí zhī sī měi mèng yōng yǐ
云谁之思？美孟庸矣。
qī wǒ hū sāng zhōng yāo wǒ hū shàng gōng
期我乎桑中，要我乎上宫，
sòng wǒ hū qí zhī shàng yǐ
送我乎淇之上矣。

注释：①**爰：**何处。**唐：**植物名，即菟丝子。**沬：**卫邑名。②**云：**语助词。**谁之思：**思念的是谁。**孟姜：**姜姓的大女儿。姜、弋、庸，皆贵族姓。孟，排行老大。③**期：**约会。**桑中：**桑树林中。**要：**邀约。**上宫：**楼名。**淇：**淇水。④**弋：**即姒姓。⑤**葑：**蔓菁菜。

采摘荆桑图 清·吴俊

49

鹑之奔奔

chún zhī bēn bēn，què zhī jiāng jiāng。
鹑之奔奔，鹊之彊彊。①
rén zhī wú liáng，wǒ yǐ wéi xiōng？
人之无良，我以为兄？②
què zhī jiāng jiāng，chún zhī bēn bēn。
鹊之彊彊，鹑之奔奔。
rén zhī wú liáng，wǒ yǐ wéi jūn？
人之无良，我以为君？③

注释：①**鹑：**鸟名，即鹌鹑。**奔奔：**形容鸟相随的样子。**彊彊：**形容鸟雌雄相随飞翔的样子。彊，又音 qiáng。②**我：**假托国君之吻。一说通何。③**君：**指卫宣公。

鹑之奔奔图 宋·马和之

50 定之方中

dìng zhī fāng zhōng

定之方中

dìng zhī fāng zhōng　zuò yú chǔ gōng
定之方中，作于楚宫。①
kuí zhī yǐ rì　zuò yú chǔ shì
揆之以日，作于楚室。②
shù zhī zhēn lì　yī tóng zǐ qī　yuán fá qín sè
树之榛栗，椅桐梓漆，爰伐琴瑟。③

shēng bǐ xū yǐ　yǐ wàng chǔ yǐ
升彼虚矣，以望楚矣。④
wàng chǔ yǔ táng　jǐng shān yǔ jīng
望楚与堂，景山与京。
jiàng guān yú sāng　bǔ yún qí jí　zhōng rán yǔn zāng
降观于桑，卜云其吉，终然允臧。⑤

líng yǔ jì líng　mìng bǐ guān rén
灵雨既零，命彼倌人：⑥
xīng yán sù jià　shuì yú sāng tián
星言夙驾，说于桑田。⑦
fěi zhí yě rén　bǐng xīn sāi yuān　lái pìn sān qiān
匪直也人，秉心塞渊，騋牝三千。⑧

注释：①**定**：星宿名，又叫营室星。**方中**：正中。十月之交，星子黄昏时出现在正南天空，宜定方位，造宫室。**于**：在。一说通为，作于即作为。②**揆**：测度。**楚**：楚丘，地名。③**树**：种植。**榛、栗、椅、桐、梓、漆**：皆木名。椅，山桐子。④**虚**：大丘。⑤**堂**：楚丘旁邑。**景山**：大山。**京**：高丘。**臧**：好，善。⑥**灵**：善。**零**：落雨。**倌人**：驾车小臣。⑦**星言**：即晴焉。**夙**：早上。**说**：同税，停下休息。⑧**匪**：同非。**直**：特也。**秉心**：用心。**塞**：诚实。**渊**：深沉。**騋**：七尺以上高大的马。**牝**：雌性。

楚丘定之方中图

洗典用酒图

51 蝃蝀

dì dōng

dì dōng zài dōng mò zhī gǎn zhǐ
蝃蝀在东，莫之敢指。①

nǚ zǐ yǒu háng yuàn fù mǔ xiōng dì
女子有行，远父母兄弟。②

zhāo jī yú xī zhōng zhāo qí yǔ
朝隮于西，崇朝其雨。③

nǚ zǐ yǒu háng yuàn xiōng dì fù mǔ
女子有行，远兄弟父母。

nǎi rú zhī rén yě huái hūn yīn yě
乃如之人也，怀昏姻也。④

tài wú xìn yě bù zhī mìng yě
大无信也，不知命也！⑤

注释：①**蝃蝀**：虹，爱情与婚姻的象征。**在东**：暮虹出在东方。**莫之敢指**：不敢用手指虹。据传，指虹会使人烂指。②**有行**：出嫁。这里指私奔。③**隮**：虹。**崇朝**：终朝，指整个早晨。④**如**：往。**怀**：欲，想。**昏**：同婚。⑤**信**：指贞洁。**命**：父母之命。

人物故事图之昭君出塞　明·仇英

xiàng shǔ

52 相鼠

xiàng shǔ yǒu pí, rén ér wú yí

相鼠有皮，人而无仪！①

rén ér wú yí, bù sǐ hé wéi

人而无仪，不死何为？

xiàng shǔ yǒu chǐ, rén ér wú zhǐ

相鼠有齿，人而无止！②

rén ér wú zhǐ, bù sǐ hé sì

人而无止，不死何俟？③

xiàng shǔ yǒu tǐ, rén ér wú lǐ

相鼠有体，人而无礼！

rén ér wú lǐ, hú bù chuán sǐ

人而无礼，胡不遄死？④

注释：①**相**：视也。**仪**：威仪也。②**齿**：当唇为齿，有切割功能，牙则有咀嚼功能。鼠有齿无牙。**止**：容止，指守礼法的行为。③**俟**：等待。④**胡**：为什么。**遄**：快速。

桃枝松鼠图　宋·钱　选

53

gān máo

干旄

jié jié gān máo, zài jùn zhī jiāo.

孑孑干旄，在浚之郊。①

sù sī pí zhī, liáng mǎ sì zhī.

素丝纰之，良马四之。②

bǐ shū zhě zǐ, hé yǐ bì zhī?

彼姝者子，何以畀之？③

jié jié gān yú, zài jùn zhī dū.

孑孑干旟，在浚之都。④

sù sī zǔ zhī, liáng mǎ wǔ zhī.

素丝组之，良马五之。⑤

bǐ shū zhě zǐ, hé yǐ yǔ zhī?

彼姝者子，何以予之？

启跸京师图 清·佚名

jié jié gān jīng　　zài jùn zhī chéng

孑孑干旌，在浚之城。⑥

sù sī zhù zhī　　liáng mǎ liù zhī

素丝祝之，良马六之。⑦

bǐ shū zhě zǐ　　hé yǐ gù zhī

彼姝者子，何以告之？⑧

注释：①**孑孑**：特出之貌。指旗显眼，高挂杆上。**干旄**：以牦牛尾饰旗杆，树于车后，以表威仪。干通竿、杆。**浚**：地名。②**素丝**：白丝绸。**纰**：连缀。在衣冠或旗帜上镶边。③**姝**：柔顺。**畀**：给，予。④**旟**：画有鸟隼的旗。**都**：古时地方的区域名。⑤**组**：缝合。⑥**旌**：旗的一种。挂牦牛尾于杆头，下有五彩鸟羽。⑦**祝**：编连。⑧**告**：讲，建议。

邹孟轲母图　明·仇英

54 载驰

zài chí zài qū guī yàn wèi hóu
载驰载驱，归唁卫侯。①

qū mǎ yōu yōu yán zhì yú cáo
驱马悠悠，言至于漕。②

dà fū bá shè wǒ xīn zé yōu
大夫跋涉，我心则忧。③

jì bù wǒ jiā bù néng xuán fǎn
既不我嘉，不能旋反。④

shì ěr bù zāng wǒ sī bù yuǎn
视尔不臧，我思不远。⑤

jì bù wǒ jiā bù néng xuán jì
既不我嘉，不能旋济。⑥

大义公主图 明·仇英

shì ěr bù zāng wǒ sī bù bì
视尔不臧，我思不閟。⑦

zhì bǐ ē qiū yán cǎi qí méng
陟彼阿丘，言采其蝱。⑧

nǚ zǐ shàn huái yì gè yǒu háng
女子善怀，亦各有行。⑨

xǔ rén yóu zhī zhōng zhì qiě kuáng
许人尤之，众穉且狂。⑩

wǒ xíng qí yě péng péng qí mài
我行其野，芃芃其麦。⑪

kòng yú dà bāng shuí yīn shuí jí
控于大邦，谁因谁极？⑫

dà fū jūn zǐ wú wǒ yǒu yóu
大夫君子，无我有尤。

bǎi ěr suǒ sī bù rú wǒ suǒ zhī
百尔所思，不如我所之。⑬

注释：①**唁：**吊人失国曰唁。**卫侯：**指已死的卫戴公申。②**悠悠：**远貌。③**大夫：**指赶到卫国阻止许穆夫人的许国诸臣。**跋：**登山。**涉：**渡水。④**嘉：**善，赞同。**旋反：**还返。旋，还；反，同返。⑤**我思：**我设想的计谋。**不远：**不错。远，摆脱。⑥**济：**渡水。⑦**閟：**闭塞，不通。⑧**陟：**登上。**阿丘：**有一边偏高的山丘。**蝱：**贝母草。采蝱治病，喻设法救国。⑨**有行：**有道理。⑩**许人：**许国的人。**尤：**过。**众……且：**既……又……。**穉：**幼稚。⑪**芃：**草茂盛貌。⑫**控：**求告。**因：**亲也。**极：**同急。⑬**百：**很多。**之：**前往。

许穆夫人图　明·仇英

卫风

月曼清游图之游湖赏荷　清·陈　枚

55 淇奥

qí yù
淇奥

zhān bǐ qí yù, lù zhú ē ē.
瞻彼淇奥，绿竹猗猗。①

yǒu fěi jūn zǐ, rú qiē rú cuō, rú zhuó rú mó.
有匪君子，如切如磋，如琢如磨。②

sè xī xiàn xī, hè xī xuān xī,
瑟兮僩兮，赫兮咺兮，③

yǒu fěi jūn zǐ, zhōng bù kě xuān xī!
有匪君子，终不可谖兮！④

月曼清游图册之围棋　清·陈　枚

zhān bǐ qí yù lù zhú jīng jīng
瞻彼淇奥，绿竹青青。⑤

yǒu fěi jūn zǐ chōng ěr xiù yíng kuài biàn rú xīng
有匪君子，充耳琇莹，会弁如星。⑥

sè xī xiàn xī hè xī xuān xī
瑟兮僩兮，赫兮咺兮，

yǒu fěi jūn zǐ zhōng bù kě xuān xī
有匪君子，终不可谖兮！

zhān bǐ qí yù lù zhú rú zé
瞻彼淇奥，绿竹如箦。⑦

yǒu fěi jūn zǐ rú jīn rú xī rú guī rú bì
有匪君子，如金如锡，如圭如璧。⑧

kuān xī chuò xī yǐ chóng jiào xī
宽兮绰兮，猗重较兮。⑨

shàn xì xuè xī bù wéi nüè xī
善戏谑兮，不为虐兮！⑩

注释： ①**淇**：淇水。**奥**：水边弯曲的地方。**绿竹**：绿为王刍，竹为萹蓄。**猗猗**：猗通阿，美盛貌。②**匪**：通斐，有文采貌。**切、磋、琢、磨**：将骨、牙、玉、石加工为器物，这里均指文采好，有修养。③**瑟**：庄严貌。**僩**：宽大貌。**赫**：光明貌。**咺**：有威仪貌。④**终**：永久。**谖**：忘。⑤**青青**：茂盛的样子，也作菁菁。⑥**琇**：宝石。**莹**：玉色光润。**会弁**：鹿皮帽。会，鹿皮会合处，缀宝石如星。⑦**箦**：积的假借，茂密的样子。⑧**圭**：长方形，上尖下方的玉器。**璧**：扁平而圆，中间有孔的玉器。⑨**绰**：旷达。**猗**：通倚，依靠。**重较**：车厢上有两重横木的车子，为古代卿士所乘。⑩**戏谑**：开玩笑。**虐**：粗暴。

赤壁夜游图 杨柳青木版年画

56 考槃

kǎo pán

kǎo pán zài jiàn　shuò rén zhī kuān
考槃在涧，硕人之宽。①
dú mèi wù yán　yǒng shǐ fú xuān
独寐寤言，永矢弗谖。②
kǎo pán zài ē　shuò rén zhī kē
考槃在阿，硕人之薖。③
dú mèi wù gē　yǒng shǐ fú guò
独寐寤歌，永矢弗过。④
kǎo pán zài lù　shuò rén zhī zhú
考槃在陆，硕人之轴。⑤
dú mèi wù sù　yǒng shǐ fú gào
独寐寤宿，永矢弗告。⑥

注释： ①**考槃：** 盘桓之意。**硕人：** 美人，贤人。**宽：** 心宽。②**寐寤：** 睡醒为寤，睡着为寐。**言：** 自语。**矢：** 誓。**谖：** 忘。③**阿：** 山阿，山的曲隅。**薖：** 貌美，引为心胸宽大。④**过：** 过错。⑤**陆：** 高平曰陆。**轴：** 同逐，病。⑥**宿：** 休息。**告：** 张扬。

考槃图 《五彩绘图监本诗经》

57

shuò rén
硕　人

shuò rén qí qí　yì jǐn jiǒng yī
硕人其颀，衣锦褧衣。①
qí hóu zhī zǐ　wèi hóu zhī qī
齐侯之子，卫侯之妻。
dōng gōng zhī mèi　xíng hóu zhī yí
东宫之妹，邢侯之姨，
tán gōng wéi sī
谭公维私。②

shǒu rú róu tí　fū rú níng zhī
手如柔荑，肤如凝脂；③
lǐng rú qiú qí　chǐ rú hù xī
领如蝤蛴，齿如瓠犀。④
qín shǒu é méi　qiǎo xiào qiàn xī
螓首蛾眉，巧笑倩兮，
měi mù pàn xī
美目盼兮！⑤

仕女图册之仿王鹿公团扇　清·改琦

shuò rén áo áo shuì yú nóng jiāo
硕人敖敖，说于农郊。⑥
sì mǔ yǒu jiāo zhū fén biāo biāo
四牡有骄，朱幩镳镳，
dí fú yǐ cháo
翟茀以朝。⑦
dà fū sù tuì wú shǐ jūn láo
大夫夙退，无使君劳。

hé shuǐ yáng yáng běi liú guō guō
河水洋洋，北流活活。⑧
shī gū huò huò zhān wěi bō bō
施罛濊濊，鳣鲔发发，
jiā tǎn jiē jiē
葭菼揭揭。⑨
shù jiāng niè niè shù shì yǒu qiè
庶姜孽孽，庶士有朅。⑩

注释：①**硕人**：高大白胖的人。**颀**：修长貌。**锦**：锦衣，翟衣。**褧**：妇女出嫁时御风尘用的麻布罩衣，即披风。②**东宫**：指太子。**私**：姊妹之夫。③**荑**：白茅之芽。④**蝤蛴**：天牛的幼虫，色白身长。**瓠犀**：葫芦籽儿。⑤**螓**：似蝉而小，头方正。**蛾眉**：蚕蛾触角，细长而曲。**倩**：笑时露出酒窝。**盼**：眼珠黑白分明。⑥**敖敖**：身长貌。**说**：同税，停。**农郊**：近郊。⑦**幩**：装在马口上的扇汗用具。**镳镳**：盛多的样子。**翟茀**：以雉羽为饰的车围子。⑧**河**：指黄河。**活活**：水流声。⑨**施**：设。**罛**：大的鱼网。**濊濊**：撒网入水声。**鳣**：鳇鱼。**鲔**：鲟鱼。**发发**：鱼尾击水之声。**葭**：初生的芦苇。**菼**：初生的荻。**揭揭**：长貌。⑩**庶姜**：指随嫁的姜姓众女。**孽孽**：盛饰貌。**士**：从嫁的媵臣。**朅**：勇武貌。

孝经图之诸侯章　明·仇　英

58

氓

méng zhī chī chī, bào bù mào sī.
氓之蚩蚩，抱布贸丝。①

fěi lái mào sī, lái jí wǒ móu.
匪来贸丝，来即我谋。②

sòng zǐ shè qí, zhì yú dùn qiū.
送子涉淇，至于顿丘。③

fěi wǒ qiān qī, zǐ wú liáng méi.
匪我愆期，子无良媒。④

qiāng zǐ wú nù, qiū yǐ wéi qī.
将子无怒，秋以为期。⑤

chéng bǐ guǐ yuán, yǐ wàng fù guān.
乘彼垝垣，以望复关。⑥

bù jiàn fù guān, qì tì lián lián.
不见复关，泣涕涟涟。⑦

孝经图之庶人章　明·仇　英

jì jiàn fù guān　zài xiào zài yán
既见复关，载笑载言。⑧
ěr bǔ ěr shì　tǐ wú jiù yán
尔卜尔筮，体无咎言。⑨
yǐ ěr chē lái　yǐ wǒ huì qiān
以尔车来，以我贿迁。⑩
sāng zhī wèi luò　qí yè wò ruò
桑之未落，其叶沃若。⑪
xū jiē jiū xī　wú shí sāng shèn
于嗟鸠兮，无食桑葚；⑫
xū jiē nǚ xī　wú yǔ shì dān
于嗟女兮，无与士耽。⑬
shì zhī dān xī　yóu kě tuō yě
士之耽兮，犹可说也；⑭
nǚ zhī dān xī　bù kě tuō yě
女之耽兮，不可说也。

采桑图　明·《便民图纂》

sāng zhī luò yǐ, qí huáng ér yǔn.
桑之落矣，其黄而陨。⑮

zì wǒ cú ěr, sān suì shí pín.
自我徂尔，三岁食贫。⑯

qí shuǐ shāng shāng, jiān chē wéi cháng.
淇水汤汤，渐车帷裳。⑰

nǚ yě bù shuǎng, shì tè qí háng.
女也不爽，士贰其行。⑱

shì yě wǎng jí, èr sān qí dé.
士也罔极，二三其德。⑲

sān suì wéi fù, mǐ shì láo yǐ;
三岁为妇，靡室劳矣；

sù xīng yè mèi, mǐ yǒu zhāo yǐ.
夙兴夜寐，靡有朝矣。⑳

yán jì suì yǐ, zhì yú bào yǐ.
言既遂矣，至于暴矣。㉑

鲁秋胡妻图　明·仇英

xiōng dì bù zhì　xì qí xiào yǐ
兄弟不知，咥其笑矣。㉒
jìng yán sī zhī　gōng zì dào yǐ
静言思之，躬自悼矣。㉓
jí ěr xié lǎo　lǎo shǐ wǒ yuàn
及尔偕老，老使我怨。
qí zé yǒu àn　xí zé yǒu pàn
淇则有岸，隰则有泮。㉔
zǒng jiǎo zhī yàn　yán xiào yàn yàn
总角之宴，言笑晏晏。㉕
xìn shì dàn dàn　bù sī qí fǎn
信誓旦旦，不思其反。㉖
fǎn shì bù sī　yì yǐ yān zāi
反是不思，亦已焉哉！

注释： ①**氓**：民，男子。**蚩蚩**：老实的样子。**布**：货币。一说布匹。②**即**：靠近。**谋**：商量。③**顿丘**：地名。④**愆**：过，误。⑤**将**：愿，请。⑥**垝垣**：破颓的墙。**复关**：诗中男子的住地。⑦**涟涟**：形容流泪的样子。⑧**载**：则。⑨**卜**：用龟甲卜吉凶。**筮**：用蓍草占吉凶。**体**：卜卦之体。**咎言**：凶，不吉之言。⑩**贿**：财物，嫁妆。⑪**沃若**：润泽貌。⑫**鸠**：斑鸠。**桑葚**：桑树的果实。传说斑鸠吃桑葚过多会醉。⑬**耽**：沉湎于爱情。⑭**说**：同脱。⑮**陨**：坠落。⑯**徂尔**：往你家，嫁与你。**食贫**：过贫苦生活。⑰**汤汤**：形容水大的样子。**渐**：沾湿。⑱**爽**：不专一。**贰**：通忒，差错。⑲**罔极**：没有准则，行为不端。**二三其德**：三心二意。⑳**夙兴**：早上起来。**夜寐**：晚上睡觉。㉑**遂**：久。㉒**知**：智。**咥**：嘲笑貌。㉓**躬**：自己，自身。㉔**淇**：淇水。**隰**：当作湿，水名，即漯河。**泮**：通畔，岸，水边。㉕**总角**：古时儿童两边梳辫，指童年。**宴**：乐。**晏晏**：柔和、快乐的样子。㉖**信誓**：守信的誓言。**旦旦**：诚实的、诚恳的样子。**不思**：没想到。**反**：违反、变心。

女孝经图卷之贤明章　宋·佚　名

59 竹竿

tì tì zhú gān yǐ diào yú qí
籊籊竹竿，以钓于淇。①
qǐ bù ěr sī yuǎn mò zhì zhī
岂不尔思？远莫致之。②

quán yuán zài zuǒ qí shuǐ zài yòu
泉源在左，淇水在右。③
nǚ zǐ yǒu háng yuàn xiōng dì fù mǔ
女子有行，远兄弟父母。④

qí shuǐ zài yòu quán yuán zài zuǒ
淇水在右，泉源在左。
qiǎo xiào zhī cuō pèi yù zhī nuó
巧笑之瑳，佩玉之傩。⑤

qí shuǐ yōu yōu guì jí sōng zhōu
淇水滺滺，桧楫松舟。⑥
jià yán chū yóu yǐ xiè wǒ yōu
驾言出游，以写我忧。⑦

注释：①**籊籊**：长而尖削貌。②**尔思**：思念你。**致**：达到。③**泉源**：即百泉，在卫之西北，东南流入淇。④**有行**：有道当嫁。**远**：远离。⑤**瑳**：玉色洁白。**傩**：通娜，婀娜。⑥**滺滺**：河水荡漾之状。**桧**：木名。**楫**：船桨。⑦**驾**：乘车船。**言**：语助词。**写**：同泻，宣泄。

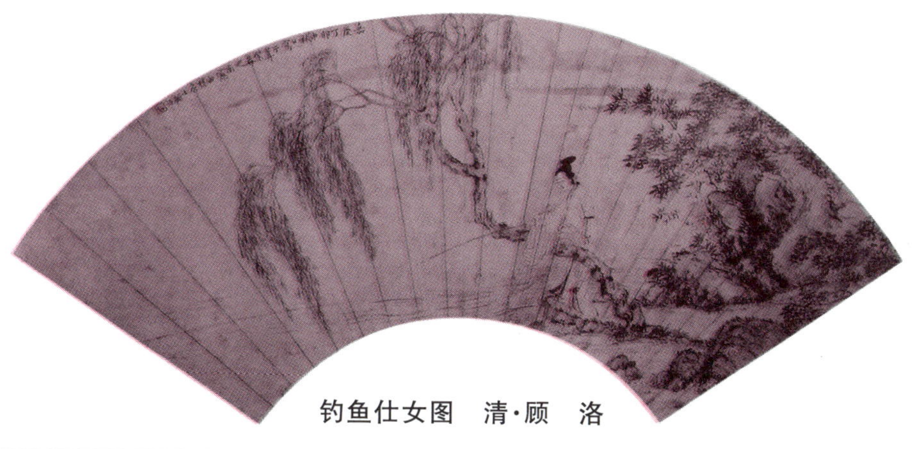

钓鱼仕女图　清·顾　洛

60 芄兰

wán lán zhī zhī，tóng zǐ pèi xī。
芄兰之支，童子佩觿。①
suī zé pèi xī，néng bù wǒ zhī？
虽则佩觿，能不我知？②
róng xī suì xī，chuí dài jì xī。
容兮遂兮，垂带悸兮。③

wán lán zhī yè，tóng zǐ pèi shè。
芄兰之叶，童子佩韘。④
suī zé pèi shè，néng bù wǒ jiǎ？
虽则佩韘，能不我甲？⑤
róng xī suì xī，chuí dài jì xī。
容兮遂兮，垂带悸兮。

注释：①**芄兰**：植物名。草本，蔓生。**觿**：象骨制的解绳结用具，形同锥，也可为装饰品，象征成人佩饰。②**虽则**：虽然。**不我知**：不知我。③**容**：佩刀。**遂**：佩玉。**悸**：带下垂貌。④**韘**：象骨制的钩弦用具，着于右手拇指，射箭时用于钩弦，俗称扳指。⑤**甲**：长也。

仕女图之美人香草图 清·改琦

hé guǎng
61 河广

shuí wèi hé guǎng yì wěi háng zhī
谁谓河广？一苇杭之。①

shuí wèi sòng yuǎn qǐ yú wàng zhī
谁谓宋远？跂予望之。②

shuí wèi hé guǎng zēng bù róng dāo
谁谓河广？曾不容刀。③

shuí wèi sòng yuǎn zēng bù zhōng zhāo
谁谓宋远？曾不崇朝。④

注释：①**河**：指黄河。卫国在戴公之前，都于朝歌，和宋国隔黄河相望。**苇杭**：形容河之狭。苇，苇叶；杭，通航，渡过。②**跂**：踮起脚尖。**予**：连词，而。③**曾**：乃。**刀**：通舠，小船。④**崇朝**：终朝，整个早上。

一苇渡江图　清·马骀

62 伯兮

bó xī qiè xī bāng zhī jié xī
伯兮朅兮，邦之桀兮。①
bó yě zhí shū wéi wáng qián qū
伯也执殳，为王前驱。②

zì bó zhī dōng shǒu rú fēi péng
自伯之东，首如飞蓬。③
qǐ wú gāo mù shuí shì wéi róng
岂无膏沐？谁适为容！④

qí yǔ qí yǔ gǎo gǎo chū rì
其雨其雨，杲杲出日。⑤
yuàn yán sī bó gān xīn shǒu jí
愿言思伯，甘心首疾。⑥

yān dé xuān cǎo yán shù zhī bèi
焉得谖草？言树之背。⑦
yuàn yán sī bó shǐ wǒ xīn mèi
愿言思伯，使我心痗。⑧

注释：①**伯**：本指兄弟，排行老大。这里是女子称其丈夫。**朅**：英武高大。**桀**：同杰，才智出众之人。②**殳**：古兵器，杖类。长丈二，无刃。**王**：国君。**前驱**：先锋。③**之**：去、往。**蓬**：草本植物，叶细长而散乱，茎干枯易断，随风飞旋，此喻头发散乱。④**膏沐**：妇女润发的油脂。**适**：悦。**为容**：修整容颜。⑤**杲杲**：明亮的样子。⑥**愿**：思念殷切的样子。**言**：语助词。**甘心**：情愿。**首疾**：头痛。⑦**谖草**：萱草，又名忘忧草。**言**：乃。**树**：种植。**背**：古时背、北通用，此处指北堂阶下。⑧**痗**：忧思成病。

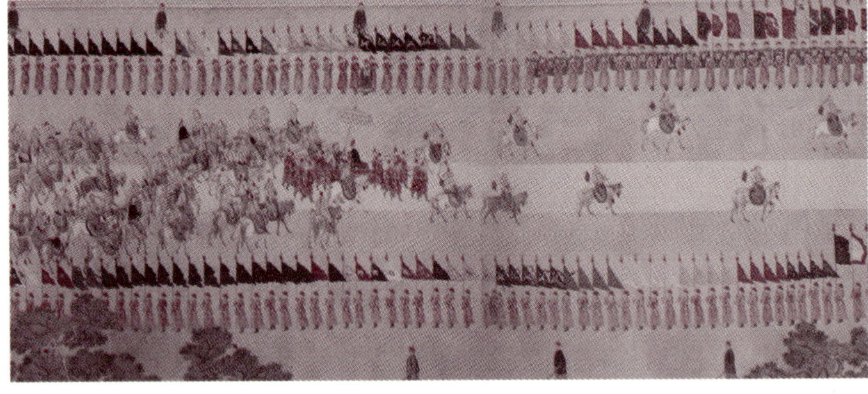

江宁阅兵图 清·佚名

yǒu hú

有狐

yǒu hú suí suí zài bǐ qí liáng

有狐绥绥，在彼淇梁。①

xīn zhī yōu yǐ zhī zǐ wú cháng

心之忧矣，之子无裳。②

yǒu hú suí suí zài bǐ qí lì

有狐绥绥，在彼淇厉。③

xīn zhī yōu yǐ zhī zǐ wú dài

心之忧矣，之子无带。④

yǒu hú suí suí zài bǐ qí cè

有狐绥绥，在彼淇侧。

xīn zhī yōu yǐ zhī zǐ wú fú

心之忧矣，之子无服。

注释：①**狐**：狐狸。一说喻男性。**绥绥**：从容独行的样子。**淇**：水名。**梁**：河里石梁。②**裳**：上曰衣，下曰裳。③**厉**：河中水浅可涉的地方。④**带**：衣带。

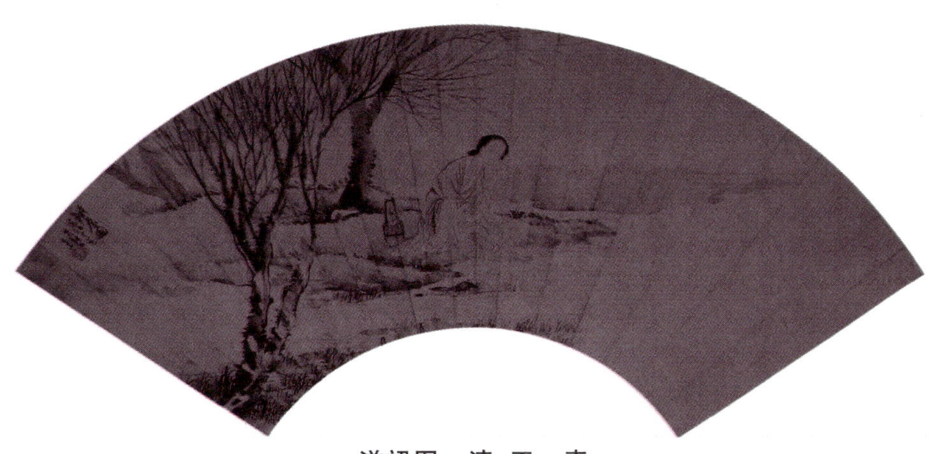

湔裙图　清·王　素

64 木瓜

mù guā

tóu wǒ yǐ mù guā, bào zhī yǐ qióng jū.
投我以木瓜，报之以琼琚。①
fěi bào yě, yǒng yǐ wèi hǎo yě!
匪报也，永以为好也！②

tóu wǒ yǐ mù táo, bào zhī yǐ qióng yáo.
投我以木桃，报之以琼瑶。③
fěi bào yě, yǒng yǐ wèi hǎo yě!
匪报也，永以为好也！

tóu wǒ yǐ mù lǐ, bào zhī yǐ qióng jiǔ.
投我以木李，报之以琼玖。④
fěi bào yě, yǒng yǐ wèi hǎo yě!
匪报也，永以为好也！

注释：①**投**：给予，赠送。**木瓜**：南方果木，果实椭圆，可食用。**琼**：赤色玉，形容玉美。**琚**：佩玉名。②**匪**：非。**永以为**：为了永久。③**木桃**：桃子。**瑶**：美玉。④**木李**：李子。**玖**：浅黑色玉石。

荷塘仕女图　清·樊　虚

王风

成汤放桀图　清·《八德须知·廉》

65 黍离

bǐ shǔ lí lí bǐ jì zhī miáo
彼黍离离，彼稷之苗。①
háng mài mǐ mǐ zhōng xīn yáo yáo
行迈靡靡，中心摇摇。②
zhī wǒ zhě wèi wǒ xīn yōu
知我者，谓我心忧；
bù zhī wǒ zhě wèi wǒ hé qiú
不知我者，谓我何求。③
yōu yōu cāng tiān cǐ hé rén zāi
悠悠苍天！此何人哉？④
bǐ shǔ lí lí bǐ jì zhī suì
彼黍离离，彼稷之穗。⑤

秋稔图 清·袁耀

hánɡ mài mǐ mǐ zhōnɡ xīn rú zuì
行迈靡靡，中心如醉。
zhī wǒ zhě wèi wǒ xīn yōu
知我者，谓我心忧；
bù zhī wǒ zhě wèi wǒ hé qiú
不知我者，谓我何求。
yōu yōu cānɡ tiān cǐ hé rén zāi
悠悠苍天！此何人哉？

bǐ shǔ lí lí bǐ jì zhī shí
彼黍离离，彼稷之实。⑥
hánɡ mài mǐ mǐ zhōnɡ xīn rú yē
行迈靡靡，中心如噎。⑦
zhī wǒ zhě wèi wǒ xīn yōu
知我者，谓我心忧；
bù zhī wǒ zhě wèi wǒ hé qiú
不知我者，谓我何求。
yōu yōu cānɡ tiān cǐ hé rén zāi
悠悠苍天！此何人哉？

注释：①**黍**：即黄米。**离离**：一行行排列整齐。**稷**：谷类，小米。**苗**：长苗。②**行迈**：路上行走。**靡靡**：行步迟缓貌。**摇摇**：形容心神不安。③**何求**：企望什么。④**悠悠**：形容遥远的样子。**苍天**：青天。⑤**穗**：即秀，谷类结实的顶端部分。⑥**实**：结的果实。⑦**噎**：忧深气逆，不能呼吸。

鲁漆室女图 明·仇英

66 君子于役

jūn zǐ yú yì

jūn zǐ yú yì bù zhī qí qī hé zhì zāi
君子于役，不知其期，曷至哉？①
jī qī yú shí rì zhī xī yǐ yáng niú xià lái
鸡栖于埘，日之夕矣，羊牛下来。②
jūn zǐ yú yì rú zhī hé wù sī
君子于役，如之何勿思！

jūn zǐ yú yì bù rì bù yuè hé qí yòu huó
君子于役，不日不月，曷其有佸？③
jī qī yú jié rì zhī xī yǐ yáng niú xià kuò
鸡栖于桀，日之夕矣，羊牛下括。④
jūn zǐ yú yì gǒu wú jī kě
君子于役，苟无饥渴！⑤

注释：①**君子：**指丈夫。**役：**服劳役。**曷：**何时。**至：**归家。②**埘：**鸡舍。在墙上挖洞做成。**夕：**傍晚。**下来：**下山回圈。③**不日不月：**没日没月，即无期。**有佸：**再相会。有，通又。④**桀：**鸡栖的木桩。**括：**来。⑤**苟：**大概，也许。**无饥渴：**不会饥渴。

平番得胜图　明·佚名

67

jūn zǐ yáng yáng

君子阳阳

jūn zǐ yáng yáng, zuǒ zhí huáng,
君子阳阳，左执簧，
yòu zhāo wǒ yóu fāng, qí lè zhǐ jū!
右招我由房，其乐只且！①

jūn zǐ táo táo, zuǒ zhí dào,
君子陶陶，左执翿，
yòu zhāo wǒ yóu áo, qí lè zhǐ jū!
右招我由敖，其乐只且！②

注释：①**阳阳：**洋洋得意。**簧：**笙簧，这里指笙。**由房：**游坊，即在坊间游玩。**其：**那。**只且：**语助词。②**陶陶：**和乐貌。**翿：**歌舞所用道具，羽毛做成，其形似扇。**由敖：**同游遨，到郊外游玩。

阙里观礼图　清·完颜麟庆

68 扬之水

yáng zhī shuǐ

yáng zhī shuǐ, bù liú shù xīn.
扬之水，不流束薪。①
bǐ jì zhī zǐ, bù yǔ wǒ shù shēn.
彼其之子，不与我戍申。②
huái zāi huái zāi, hé yuè yú huán guī zāi!
怀哉怀哉，曷月予还归哉！

yáng zhī shuǐ, bù liú shù chǔ.
扬之水，不流束楚。③
bǐ jì zhī zǐ, bù yǔ wǒ shù fǔ.
彼其之子，不与我戍甫。④
huái zāi huái zāi, hé yuè yú huán guī zāi!
怀哉怀哉，曷月予还归哉！

yáng zhī shuǐ, bù liú shù pú.
扬之水，不流束蒲。⑤
bǐ jì zhī zǐ, bù yǔ wǒ shù xǔ.
彼其之子，不与我戍许。⑥
huái zāi huái zāi, hé yuè yú huán guī zāi!
怀哉怀哉，曷月予还归哉！

注释：①**扬之水**：激扬之水，喻夫。**不流**：浮不起。**束薪**：一捆柴。②**彼**：那个。**其**：语助词。**戍**：防守。**申**：古国名，在今河南唐河县南。③**束楚**：一捆荆条。④**甫**：即吕国，在今河南南阳。⑤**束蒲**：一捆蒲柳。⑥**许**：许国，在今河南许昌。申、甫、许，皆指诸姜。

月下吹笛图　明·仇英

zhōng gǔ yǒu tuī

69 中谷有蓷

zhōng gǔ yǒu tuī　hàn qí gān yǐ
中谷有蓷，暵其干矣。①
yǒu nǚ pǐ lí　kǎi qí tàn yǐ
有女仳离，嘅其叹矣。②
kǎi qí tàn yǐ　yù rén zhī jiān nán yǐ
嘅其叹矣，遇人之艰难矣。③

zhōng gǔ yǒu tuī　hàn qí xiū yǐ
中谷有蓷，暵其脩矣。④
yǒu nǚ pǐ lí　tiáo qí xiào yǐ
有女仳离，条其歗矣。⑤
tiáo qí xiào yǐ　yù rén zhī bù shū yǐ
条其歗矣，遇人之不淑矣。⑥

zhōng gǔ yǒu tuī　hàn qí qī yǐ
中谷有蓷，暵其湿矣。⑦
yǒu nǚ pǐ lí　chuò qí qì yǐ
有女仳离，啜其泣矣。⑧
chuò qí qì yǐ　hé jiē jí yǐ
啜其泣矣，何嗟及矣。⑨

注释：①**蓷**：药草名，即益母草。**暵**：干枯。**其**：语助词。②**仳离**：别离。**嘅**：叹息。③**遇人**：找好的夫君。**难**：艰难。④**脩**：本义为干肉，此处为干。⑤**条**：长也。**歗**：同啸，撮口发长声。⑥**淑**：善良。⑦**湿**：通曝，将要干而未全干。⑧**啜**：抽噎的样子。**泣**：小声哭。⑨**何嗟及矣**：“嗟何及矣”的倒装。嗟，悲叹；及，赶上。

洛神图　清·萧晨

70 兔爰（tù yuán）

yǒu tù yuán yuán　zhì lí yú luó
有兔爰爰，雉离于罗。①
wǒ shēng zhī chū　shàng wú wéi
我生之初，尚无为；②
wǒ shēng zhī hòu　féng cǐ bǎi lí　shàng mèi wú é
我生之后，逢此百罹。尚寐无吪！③

yǒu tù yuán yuán　zhì lí yú fú
有兔爰爰，雉离于罦。④
wǒ shēng zhī chū　shàng wú zào
我生之初，尚无造；⑤
wǒ shēng zhī hòu　féng cǐ bǎi yōu　shàng mèi wú jiào
我生之后，逢此百忧。尚寐无觉！⑥

yǒu tù yuán yuán　zhì lí yú chōng
有兔爰爰，雉离于罿。⑦
wǒ shēng zhī chū　shàng wú yōng
我生之初，尚无庸；⑧
wǒ shēng zhī hòu　féng cǐ bǎi xiōng　shàng mèi wú cōng
我生之后，逢此百凶。尚寐无聪！⑨

注释：①**爰爰**：犹缓缓，逍遥自在。**雉**：野鸡。**离**：忧。**罗**：捕鸟的网。②**生之初**：生命之初。**尚**：还。**无为**：无事。③**百罹**：各种灾难。**无吪**：不动。④**罦**：一种装设机关的网，能自动掩捕鸟兽，又叫覆车网。⑤**造**：作为。⑥**觉**：醒来。⑦**罿**：捕鸟的网。⑧**庸**：即用，指劳役。⑨**聪**：听。

射猎图　清·郎世宁

71

葛藟

gé lěi

mián mián gé lěi, zài hé zhī hǔ.
绵绵葛藟，在河之浒。①
zhōng yuàn xiōng dì, wèi tā rén fù.
终远兄弟，谓他人父。②
wèi tā rén fù, yì mò wǒ gù.
谓他人父，亦莫我顾。③

mián mián gé lěi, zài hé zhī sì.
绵绵葛藟，在河之涘。④
zhōng yuàn xiōng dì, wèi tā rén mǔ.
终远兄弟，谓他人母。
wèi tā rén mǔ, yì mò wǒ yǒu.
谓他人母，亦莫我有。⑤

mián mián gé lěi, zài hé zhī chún.
绵绵葛藟，在河之漘。⑥
zhōng yuàn xiōng dì, wèi tā rén kūn.
终远兄弟，谓他人昆。⑦
wèi tā rén kūn, yì mò wǒ wèn.
谓他人昆，亦莫我闻。⑧

注释：①**绵绵**：连绵不断的样子。**葛**：多年生草本植物，茎蔓生。**藟**：即藤，植物的匍匐茎或攀缘茎。**浒**：水边。②**终**：既。**远**：远离。**谓**：称、呼。③**顾**：眷顾。④**涘**：水边。⑤**有**：同友，即亲近、亲爱。⑥**漘**：水边。⑦**昆**：兄，哥。⑧**闻**：通问，慰问。古字闻与问通。

大梅诗意图之团扇桃根可怜曲
清·任熊

72 采葛

cǎi gé

bǐ cǎi gé xī yí rì bú jiàn rú sān yuè xī
彼采葛兮，一日不见，如三月兮！①

bǐ cǎi xiāo xī yí rì bú jiàn rú sān qiū xī
彼采萧兮，一日不见，如三秋兮！②

bǐ cǎi ài xī yí rì bú jiàn rú sān suì xī
彼采艾兮，一日不见，如三岁兮！③

注释：①**葛**：草本植物，茎蔓生，可用于织布。②**萧**：蒿的一种，即青蒿。有香气，古时用于祭祀。**三秋**：通常一秋指一年，这里指三季。③**艾**：多年生草本植物，有香气，可入药，熏烟能驱蚊。

采摘鲁桑图　清·吴俊

73 大车

大车槛槛，毳衣如菼。①
岂不尔思？畏子不敢。②

大车啍啍，毳衣如璊。③
岂不尔思？畏子不奔。④

榖则异室，死则同穴。⑤
谓予不信，有如皦日。⑥

注释： ①**大车**：古代用牛拉的车。**槛槛**：车轮的响声。**毳衣**：古代冕服，一种绣衣。**菼**：初生的荻苇，形容嫩绿色。②**畏**：怕。**子**：指车中之人。**不敢**：无勇气。③**啍啍**：颠簸徐缓的样子。**璊**：红色美玉，喻红色。④**奔**：私奔，逃走。⑤**榖**：生，活着。**穴**：墓穴。⑥**皦**：同皎，光亮。

清明上河图(局部)　清·陈枚等

qiū zhōng yǒu má

74 丘中有麻

qiū zhōng yǒu má bǐ liú zǐ jiē

丘中有麻，彼留子嗟。①

bǐ liú zǐ jiē qiāng qí lái shī shī

彼留子嗟，将其来施施。②

qiū zhōng yǒu mài bǐ liú zǐ guó

丘中有麦，彼留子国。③

bǐ liú zǐ guó qiāng qí lái shí

彼留子国，将其来食。

qiū zhōng yǒu lǐ bǐ liú zhī zǐ

丘中有李，彼留之子。

bǐ liú zhī zǐ yí wǒ pèi jiǔ

彼留之子，贻我佩玖。④

注释：①**丘**：小土山。**麻**：草本植物，可用于织布。**留**：古通刘。刘本是邑名，周朝封其宗族于刘邑，故以刘为氏。②**子嗟**：人名。**将**：请，希望。**施施**：徐行貌。③**子国**：人名。④**贻**：赠送。**玖**：一种黑色的玉。

若苗有莠图　清·《钦定书经图说》

端阳景图　清·余　穉

郑 风

织丝图 清·吴 俊

75 缁衣

zī yī

zī yī zhī yí xī bì yú yòu gǎi wéi xī

缁衣之宜兮！敝，予又改为兮。①

shì zǐ zhī guǎn xī huán yú shòu zǐ zhī cān xī

适子之馆兮！还，予授子之粲兮。②

zī yī zhī hǎo xī bì yú yòu gǎi zào xī

缁衣之好兮！敝，予又改造兮。③

shì zǐ zhī guǎn xī huán yú shòu zǐ zhī cān xī

适子之馆兮！还，予授子之粲兮。

zī yī zhī xí xī bì yú yòu gǎi zuò xī

缁衣之蓆兮！敝，予又改作兮。④

shì zǐ zhī guǎn xī huán yú shòu zǐ zhī cān xī

适子之馆兮！还，予授子之粲兮。

注释：①**缁衣：**黑色的朝服。**敝：**破。**改为：**重新改作。②**适：**往。**馆：**客舍。**还：**回来。**授：**给。**粲：**同餐，食品。一说音 càn，形容新衣鲜明。③**造：**制作。④**蓆：**宽大舒适。

月曼清游图册之品茗　清·陈枚

76

将仲子

qiāng zhòng zǐ

qiāng zhòng zǐ xī, wú yú wǒ lǐ, wú zhé wǒ shù qǐ.
将仲子兮，无逾我里，无折我树杞。①
qǐ gǎn ài zhī? wèi wǒ fù mǔ.
岂敢爱之？畏我父母。②
zhòng kě huái yě, fù mǔ zhī yán yì kě wèi yě.
仲可怀也，父母之言亦可畏也。③

qiāng zhòng zǐ xī, wú yú wǒ qiáng, wú zhé wǒ shù sāng.
将仲子兮，无逾我墙，无折我树桑。
qǐ gǎn ài zhī? wèi wǒ zhū xiōng.
岂敢爱之？畏我诸兄。
zhòng kě huái yě, zhū xiōng zhī yán yì kě wèi yě.
仲可怀也，诸兄之言亦可畏也。

qiāng zhòng zǐ xī, wú yú wǒ yuán, wú zhé wǒ shù tán.
将仲子兮，无逾我园，无折我树檀。④
qǐ gǎn ài zhī? wèi rén zhī duō yán.
岂敢爱之？畏人之多言。
zhòng kě huái yě, rén zhī duō yán yì kě wèi yě.
仲可怀也，人之多言亦可畏也。

注释：①**将**：愿，请。**仲子**：排行老二的儿子。这里指情人。**逾**：越。**里**：邻里。二十五家为一里。**杞**：杞柳，又名榉，枝条可用来编器物。②**爱**：吝惜。**之**：指杞柳。③**怀**：思念。④**园**：果菜地。**树檀**：檀树，木质坚硬。

女孝经图卷之三才章 宋·佚名

77 叔于田

shū yú tián

shū yú tián xiàng wú jū rén
叔于田，巷无居人。①
qǐ wú jū rén bù rú shū yě
岂无居人？不如叔也。
xún měi qiě rén
洵美且仁！②

shū yú shòu xiàng wú yǐn jiǔ
叔于狩，巷无饮酒。③
qǐ wú yǐn jiǔ bù rú shū yě
岂无饮酒？不如叔也。
xún měi qiě hǎo
洵美且好！

shū shì yě xiàng wú fú mǎ
叔适野，巷无服马。④
qǐ wú fú mǎ bù rú shū yě
岂无服马？不如叔也。
xún měi qiě wǔ
洵美且武！⑤

注释：①**叔**：男子。**于**：去，往。**田**：同畋，打猎。②**洵**：真正的，的确。③**狩**：冬猎。④**野**：郊外。**服**：驾御。⑤**武**：威武勇敢。

古贤诗意图之月下独酌 明·杜堇

78

大叔于田
dà shū yú tián

shū yú tián chéng shèng mǎ
叔于田，乘乘马。①
zhí pèi rú zǔ liǎng cān rú wǔ
执辔如组，两骖如舞。②
shū zài sǒu huǒ liè jù jǔ
叔在薮，火烈具举。③
tǎn xī bào hǔ xiàn yú gōng suǒ
襢裼暴虎，献于公所。④
qiāng shū wù niǔ jiè qí shāng rǔ
将叔勿狃，戒其伤女。⑤

shū yú tián chéng shèng huáng
叔于田，乘乘黄。⑥
liǎng fú shàng xiāng liǎng cān yàn háng
两服上襄，两骖雁行。⑦
shū zài sǒu huǒ liè jù yáng
叔在薮，火烈具扬。⑧

大叔于田图 《监本诗经》

shū shàn shè jì, yòu liáng yù jì
叔善射忌，又良御忌。⑨

yì qìng kòng jì, yì zòng sòng jì
抑磬控忌，抑纵送忌。⑩

shū yú tián, chéng shèng bǎo
叔于田，乘乘鸨。⑪

liǎng fú qí shǒu, liǎng cān rú shǒu
两服齐首，两骖如手。⑫

shū zài sǒu, huǒ liè jù fù
叔在薮，火烈具阜。⑬

shū mǎ màn jì, shū fā hǎn jì
叔马慢忌，叔发罕忌。⑭

yì shì bīng jì, yì chàng gōng jì
抑释掤忌，抑鬯弓忌。⑮

注释：①**乘**：驾。**乘马**：四马拉的车。②**辔**：驾驭牲口用的缰绳。**组**：带子。**骖**：车辕外侧两旁的马。③**薮**：沼泽地带。**火烈**：放火烧草木围猎。**具**：俱。**举**：点燃。④**襢裼**：赤膊。**暴**：徒手搏击。**公所**：君王的宫室。⑤**将**：请。**狃**：反复做某事，习惯。**戒**：小心。**女**：同汝。⑥**黄**：黄毛的马。⑦**服**：一车驾四马，居中央驾辕的两匹马。**上襄**：马头昂起。**雁行**：像大雁飞行的行列。⑧**扬**：飞扬。⑨**忌**：语助词。⑩**抑**：语助词。**磬**：使马驰骋。**控**：使马停止。**纵**：射箭。**送**：逐兽。⑪**鸨**：黑白杂毛的马。⑫**齐首**：齐头并进。⑬**阜**：旺盛。⑭**发**：射箭。**罕**：稀少。⑮**掤**：箭筒盖。**鬯**：弓囊。

山水册之立马看秋山　清·袁耀

79 清人

qīng rén zài péng, sì jiè bēng bēng.
清人在彭，驷介旁旁。①
èr máo chóng yīng, hé shàng hū áo xiáng.
二矛重英，河上乎翱翔。②

qīng rén zài xiāo, sì jiè biāo biāo.
清人在消，驷介麃麃。③
èr máo chóng qiáo, hé shàng hū xiāo yáo.
二矛重乔，河上乎逍遥。④

qīng rén zài zhóu, sì jiè táo táo.
清人在轴，驷介陶陶。⑤
zuǒ xuán yòu chōu, zhōng jūn zuò hǎo.
左旋右抽，中军作好。⑥

注释：①**清**：郑国之邑。**彭**：黄河边的郑地名。**驷**：驾车的四匹马。**介**：铠甲。**旁旁**：驰驱不息之貌。②**二矛**：酋矛、夷矛。**重英**：以朱羽为矛饰，二矛树车上，遥遥相对，重叠相见。英即缨，矛头下的红色毛羽。**翱翔**：指驾车遨游。③**消**：郑国地名。**麃麃**：威武貌。④**乔**：通鷮，长尾野鸡，这里指以鷮羽为矛缨。⑤**轴**：郑国地名。**陶陶**：驱驰之貌。⑥**左旋右抽**：御者在车左，执辔御马；勇士在车右，执兵击刺。旋，掉转车头；抽，拔刀。**中军**：古三军为上军、中军、下军，中军将帅为主帅。**作**：摆出。**好**：好姿势。

平番得胜图　明·佚名

80 羔裘

羔裘如濡，洵直且侯。①
彼其之子，舍命不渝。②
羔裘豹饰，孔武有力。③
彼其之子，邦之司直。④
羔裘晏兮，三英粲兮。⑤
彼其之子，邦之彦兮。⑥

注释：①**羔裘**：羔羊皮裘。**濡**：润泽。**洵**：诚信。**侯**：美。②**舍命**：抛弃生命。**渝**：改变。③**豹饰**：用豹皮做衣袖的边。**孔**：甚，很。④**司直**：负责正人过失的官吏。⑤**晏**：鲜盛貌。**三英**：三道花边。**粲**：光耀。⑥**彦**：士的美称，俊杰。

启跸京师图 清·佚名

81

遵大路

zūn dà lù

zūn dà lù xī shǎn zhí zǐ zhī qū xī

遵大路兮，掺执子之袪兮！①

wú wǒ wù xī bù zǎn gù yě

无我恶兮，不寁故也！②

zūn dà lù xī shǎn zhí zǐ zhī shǒu xī

遵大路兮，掺执子之手兮！

wú wǒ chǒu xī bù zǎn hǎo yě

无我魗兮，不寁好也！③

注释：①**遵：**沿着。**掺执：**拉住。**袪：**袖口。②**无我恶：**不要厌恶我。**寁：**迅速。**故：**故人。③**魗：**通丑，不好看。一说为抛弃。**好：**旧好。

遵大路图 《监本诗经》

82 女曰鸡鸣

nǚ yuē jī míng

nǚ yuē jī míng　shì yuē mèi dàn
女曰鸡鸣，士曰昧旦。①

zǐ xīng shì yè　míng xīng yǒu làn
子兴视夜，明星有烂。②

jiāng áo jiāng xiáng　yì fú yǔ yàn
将翱将翔，弋凫与雁。③

yì yán jiā zhī　yǔ zǐ yí zhī
弋言加之，与子宜之。④

yí yán yǐn jiǔ　yǔ zǐ xié lǎo
宜言饮酒，与子偕老。⑤

qín sè zài yù　mò bù jìng hǎo
琴瑟在御，莫不静好。⑥

zhī zǐ zhī lái zhī　zá pèi yǐ zèng zhī
知子之来之，杂佩以赠之。⑦

zhī zǐ zhī shùn zhī　zá pèi yǐ wèn zhī
知子之顺之，杂佩以问之。⑧

zhī zǐ zhī hào zhī　zá pèi yǐ bào zhī
知子之好之，杂佩以报之。⑨

注释：①**昧旦：**天色将明未明之际。②**兴：**起来。**视夜：**观看夜空。**明星：**启明星。**烂：**明亮。③**将翱将翔：**将要翱翔。**弋：**射箭，以生丝系箭。**凫：**野鸭。④**加：**射中。**宜：**烹调。⑤**偕老：**相伴到老死。⑥**御：**奏。**莫：**无论何时。**静好：**安宁美好。⑦**来：**抚慰。**杂佩：**玉佩，用各种佩玉构成，称杂佩。⑧**顺：**柔顺。**问：**赠送。⑨**好：**喜爱。**报：**报答。

仿韩熙载夜宴图之听乐　明·唐寅

83

yǒu nǚ tóng chē
有女同车

yǒu nǚ tóng chē, yán rú shùn huā,
有女同车，颜如舜华，①
jiāng áo jiāng xiáng, pèi yù qióng jū.
将翱将翔，佩玉琼琚。②
bǐ měi mèng jiāng, xún měi qiě dū.
彼美孟姜，洵美且都。③
yǒu nǚ tóng háng, yán rú shùn yīng,
有女同行，颜如舜英，④
jiāng áo jiāng xiáng, pèi yù qiāng qiāng.
将翱将翔，佩玉将将。⑤
bǐ měi mèng jiāng, dé yīn bù wàng.
彼美孟姜，德音不忘。⑥

注释：①**同车**：指男子驾车到女家迎娶。**舜**：即芙蓉花，又名木槿。**华**：同花。②**将翱将翔**：指在外遨游。**琼**：赤玉。**琚**：古人的一种佩玉。③**孟姜**：姜姓的大女儿。**洵美**：确实好看。**都**：闲雅。④**行**：路。**英**：花。⑤**将将**：即锵锵，象声词。⑥**德音**：好名声。

有女同车图 清·吴友如

84

shān yǒu fú sū

山有扶苏

shān yǒu fú sū xí yǒu hé huā
山有扶苏，隰有荷华。①
bù jiàn zǐ dū nǎi jiàn kuáng jū
不见子都，乃见狂且。②
shān yǒu qiáo sōng xí yǒu yóu lóng
山有乔松，隰有游龙。③
bù jiàn zǐ chōng nǎi jiàn jiǎo tóng
不见子充，乃见狡童。④

注释：①**扶苏：**桑树。**隰：**洼地。**华：**同花。②**子都：**古代美男子。这里指恋人。**狂：**狂愚的人。**且：**狙的假借，指恶少。一说为语助词。③**乔：**高大。**游龙：**即荭草。④**子充：**古代美男子。此处代指恋人。**狡童：**顽皮的孩子。一说狡通姣，姣美。

山有乔松图 《监本诗经》

85 萚兮

tuò xī

tuò xī tuò xī, fēng qí chuī rǔ.
萚兮萚兮，风其吹女。①
shū xī bó xī, chàng yú hè rǔ.
叔兮伯兮，倡予和女。②
tuò xī tuò xī, fēng qí piāo rǔ.
萚兮萚兮，风其漂女。③
shū xī bó xī, chàng yú yāo rǔ.
叔兮伯兮，倡予要女。④

注释：①**萚**：枯叶、落叶。**其**：语助词。**女**：汝，指萚。②**倡**：唱。**和**：随唱。**女**：汝，这里指男子。③**漂**：通飘。④**要**：应和。

帝招俊义图　清·《钦定书经图说》

86 狡童（jiǎo tóng）

彼狡童兮，不与我言兮。①
(bǐ jiǎo tóng xī, bù yǔ wǒ yán xī.)

维子之故，使我不能餐兮。②
(wéi zǐ zhī gù, shǐ wǒ bù néng cān xī.)

彼狡童兮，不与我食兮。③
(bǐ jiǎo tóng xī, bù yǔ wǒ shí xī.)

维子之故，使我不能息兮。④
(wéi zǐ zhī gù, shǐ wǒ bù néng xī xī.)

注释：①**狡童：**小机灵。②**维：**因为。③**与我食：**和我一起进餐。④**息：**安宁。

若射有志图　清·《钦定书经图说》

87 褰裳

qiān cháng

zǐ huì sī wǒ qiān cháng shè zhēn
子惠思我，褰裳涉溱。①
zǐ bù wǒ sī qǐ wú tā rén
子不我思，岂无他人？②
kuáng tóng zhī kuáng yě jū
狂童之狂也且！③

zǐ huì sī wǒ qiān cháng shè wěi
子惠思我，褰裳涉洧。④
zǐ bù wǒ sī qǐ wú tā shì
子不我思，岂无他士？
kuáng tóng zhī kuáng yě jū
狂童之狂也且！

注释：①**惠**：爱。**褰**：揭起。**溱**：郑国水名，与洧水汇合后，注入贾鲁河。②**不我思**：即不思我。③**狂**：痴狂。**也且**：语助词。④**洧**：郑水名，即今河南双洎河。

仕女图之仿王鹿公团扇　清·改　琦

88 丰

fēng

丰

zǐ zhī fēng xī sì wǒ hū xiàng xī
子之丰兮，俟我乎巷兮，
huǐ yú bù sòng xī
悔予不送兮。①

zǐ zhī chāng xī sì wǒ hū táng xī
子之昌兮，俟我乎堂兮，
huǐ yú bù jiāng xī
悔予不将兮。②

yì jǐn jiǒng yī cháng jǐn jiǒng cháng
衣锦褧衣，裳锦褧裳。③
shū xī bó xī jià yú yǔ háng
叔兮伯兮，驾予与行。④

cháng jǐn jiǒng cháng yì jǐn jiǒng yī
裳锦褧裳，衣锦褧衣。
shū xī bó xī jià yú yǔ guī
叔兮伯兮，驾予与归。⑤

注释：①**丰**：丰满，标致。**俟**：等候。**送**：伴行至某处曰送，亲迎曰逆。②**昌**：健壮。**将**：出嫁时的迎送，一起走。③**衣**：穿。**锦**：锦衣，翟衣。**褧衣**：罩在外面的单衣，即披风。**裳**：穿。**褧裳**：单罩裳。④**驾**：乘车。**与行**：即于行，指出嫁。⑤**与归**：指女子出嫁。

柳荫仕女图 清·费丹旭

89

dōng mén zhī shàn
东门之墠

dōng mén zhī shàn rú lǘ zài bǎn
东门之墠，茹藘在阪。①
qí shì zé ěr qí rén shèn yuǎn
其室则迩，其人甚远。②
dōng mén zhī lì yǒu jiàn jiā shì
东门之栗，有践家室。③
qǐ bù ěr sī zǐ bù wǒ jí
岂不尔思？子不我即。④

注释：①**墠**：土坪。**茹藘**：即茜草，可染红色。**阪**：山坡。②**迩**：近。③**栗**：栗树。**践**：成行成列。④**不尔思**：不思念你。**不我即**：不接近我。

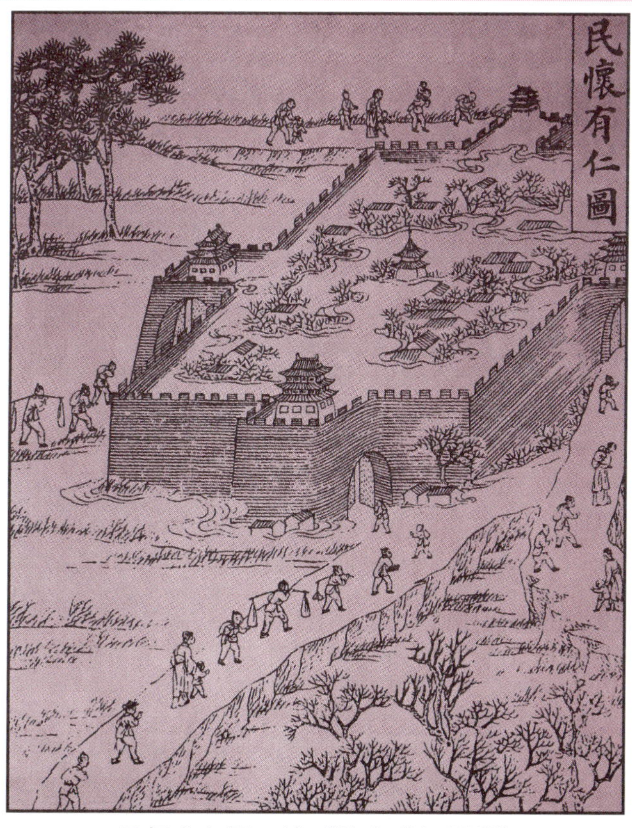

民怀有仁图　清·《钦定书经图说》

90 风雨

风雨凄凄，鸡鸣喈喈。①
既见君子，云胡不夷？②

风雨潇潇，鸡鸣胶胶。③
既见君子，云胡不瘳？④

风雨如晦，鸡鸣不已。⑤
既见君子，云胡不喜？

注释：①凄凄：寒凉。喈喈：指鸡鸣声。②夷：通怡，喜悦。③潇潇：猛烈。④瘳：病愈。⑤晦：昏暗，不明。

风雨归舟图 清·袁耀

91 子衿

qīng qīng zǐ jīn，yōu yōu wǒ xīn。
青青子衿，悠悠我心。①
zòng wǒ bù wǎng，zǐ nìng bù sì yīn？
纵我不往，子宁不嗣音？②

qīng qīng zǐ pèi，yōu yōu wǒ sī。
青青子佩，悠悠我思。
zòng wǒ bù wǎng，zǐ nìng bù lái？
纵我不往，子宁不来？

tāo xī tà xī，zài chéng què xī。
挑兮达兮，在城阙兮。③
yí rì bú jiàn，rú sān yuè xī。
一日不见，如三月兮。

注释：①**青青：**青黑色的。**衿：**衣领。**悠悠：**思绪绵长的样子。②**嗣：**寄。**音：**消息。③**挑达：**往来轻快貌。**城阙：**指城楼。

芭蕉仕女图　清·禹之鼎

玉楼仕女图　清·任颐

92 扬之水

yáng zhī shuǐ

扬之水

yáng zhī shuǐ bù liú shù chǔ
扬之水，不流束楚。①
zhōng xiǎn xiōng dì wéi yú yǔ rǔ
终鲜兄弟，维予与女。②
wú xìn rén zhī yán rén shí guàng rǔ
无信人之言，人实迋女。③

yáng zhī shuǐ bù liú shù xīn
扬之水，不流束薪。④
zhōng xiǎn xiōng dì wéi yú èr rén
终鲜兄弟，维予二人。
wú xìn rén zhī yán rén shí bù xìn
无信人之言，人实不信。⑤

注释：①**扬**：悠扬，缓慢无力的样子。**不流**：冲不走，浮不起。**束**：成捆的。**楚**：荆条。②**终**：既然。**鲜**：少。③**迋**：诳骗。④**薪**：柴。⑤**不信**：不可靠。

野航恰坐两三人图　清·钱慧安

93

出其东门

chū qí dōng mén

chū qí dōng mén　yǒu nǚ rú yún
出其东门，有女如云。①
suī zé rú yún　fěi wǒ sī cún
虽则如云，匪我思存。
gǎo yī qí jīn　liáo lè wǒ yún
缟衣綦巾，聊乐我员。②

chū qí yīn dū　yǒu nǚ rú tú
出其闉阇，有女如荼。③
suī zé rú tú　fěi wǒ sī cú
虽则如荼，匪我思且。④
gǎo yī rú lǘ　liáo kě yǔ yú
缟衣茹藘，聊可与娱。⑤

注释：①如云：形容多。②缟衣：白色绢衣。綦巾：青巾。员：同云，语助词。③闉阇：城门外曲城的重门。阇：城门。如荼：形容多。荼，白茅花。④且：思念。⑤茹藘：茜草，可染红色，指红色围巾。

月曼清游图册之秋千　清·陈枚

94 野有蔓草

野有蔓草，零露漙兮。①
有美一人，清扬婉兮。②
邂逅相遇，适我愿兮。③

野有蔓草，零露瀼瀼。④
有美一人，婉如清扬。⑤
邂逅相遇，与子偕臧。⑥

注释：①蔓：茂盛。零：落。漙：形容露水多。②清扬：眉清目秀。婉：美好。③邂逅：不期而遇。适：符合。④瀼瀼：形容露水大。⑤如：而。⑥偕：一起。臧：好，善。

洛神图 清·萧 晨

95 溱洧

zhēn wěi

zhēn yǔ wěi, fāng huàn huàn xī

溱与洧，方涣涣兮。①

shì yǔ nǚ, fāng bǐng jiān xī

士与女，方秉蕑兮。②

nǚ yuē guān hū? shì yuē jì cú

女曰观乎？士曰既且。③

qiě wǎng guān hū?

且往观乎？

wěi zhī wài, xún xū qiě lè

洧之外，洵訏且乐。④

wéi shì yǔ nǚ, yī qí jiāng xuè, zèng zhī yǐ sháo yào

维士与女，伊其将谑，赠之以勺药。⑤

汉宫秋月图 清·袁耀

zhēn yǔ wěi, liú qí qīng yǐ.
溱与洧，浏其清矣。⑥
shì yǔ nǚ, yīn qí yíng xī.
士与女，殷其盈兮。⑦
nǚ yuē guān hū? shì yuē jì cú.
女曰观乎？士曰既且。
qiě wǎng guān hū?
且往观乎？
wěi zhī wài, xún xū qiě lè.
洧之外，洵讦且乐。
wéi shì yǔ nǚ, yī qí jiāng xuè, zèng zhī yǐ sháo yào.
维士与女，伊其将谑，赠之以勺药。

注释：①**溱**：郑国水名，源出河南密县。**洧**：郑国水名，今河南双洎河。**方**：正。**涣涣**：春水盛貌。②**秉**：执。**蕑**：又名大泽兰，与山兰有别。③**既**：已经。**且**：同徂，即往、去。④**且**：再。**洵**：诚然。**讦**：大。⑤**维**：语助词。**伊**：语助词。**将谑**：犹“相谑”，相互调笑。**勺药**：一种香草。⑥**浏**：水深而清。⑦**殷**：众多。**盈**：满。

春台明月图　清·袁　耀

齐风

民归一德图　清·《钦定书经图说》

jī míng

96 鸡鸣

jī jì míng yǐ cháo jì yíng yǐ

鸡既鸣矣，朝既盈矣。①

fěi jī zé míng cāng yíng zhī shēng

匪鸡则鸣，苍蝇之声。②

dōng fāng míng yǐ cháo jì chāng yǐ

东方明矣，朝既昌矣。③

fěi dōng fāng zé míng yuè chū zhī guāng

匪东方则明，月出之光。

chóng fēi hōng hōng gān yǔ zǐ tóng mèng

虫飞薨薨，甘与子同梦。④

huì qiě guī yǐ wú shù yǔ zǐ zēng

会且归矣，无庶予子憎。⑤

注释：①朝：朝堂。盈：指人多。②匪：同非，不是。则：之。③昌：盛也，指人多。④薨薨：象声词，犹轰轰。甘：情愿。⑤会：上朝。且：再。无庶：不希望。予：给予。子憎：憎恶你。

鸡鸣图 《监本诗经》

97 还

xuán

zǐ zhī xuán xī zāo wǒ hū náo zhī jiān xī
子之还兮，遭我乎猺之间兮。①
bìng qū cóng liǎng jiān xī yī wǒ wèi wǒ xuān xī
并驱从两肩兮，揖我谓我儇兮。②

zǐ zhī mào xī zāo wǒ hū náo zhī dào xī
子之茂兮，遭我乎猺之道兮。③
bìng qū cóng liǎng mǔ xī yī wǒ wèi wǒ hǎo xī
并驱从两牡兮，揖我谓我好兮。④

zǐ zhī chāng xī zāo wǒ hū náo zhī yáng xī
子之昌兮，遭我乎猺之阳兮。⑤
bìng qū cóng liǎng láng xī yī wǒ wèi wǒ zāng xī
并驱从两狼兮，揖我谓我臧兮。⑥

注释： ①**还**：轻捷貌。**遭**：遇见。**猺**：山名，在山东淄博。②**并驱**：两匹马齐头奔驰。**从**：追赶。**肩**：三岁的兽。**揖**：拱手行礼，表敬佩。**儇**：灵巧娴熟。③**茂**：美。④**牡**：公兽。⑤**昌**：健壮的样子。**阳**：山南面。⑥**臧**：美好。

恒于游畋图　清·《钦定书经图说》

98

zhù
著

sì wǒ yú zhù hū ér
俟我于著乎而，①
chōng ěr yǐ sù hū ér
充耳以素乎而，②
shàng zhī yǐ qióng huá hū ér
尚之以琼华乎而！③

sì wǒ yú tíng hū ér
俟我于庭乎而，④
chōng ěr yǐ qīng hū ér
充耳以青乎而，⑤
shàng zhī yǐ qióng yíng hū ér
尚之以琼莹乎而！⑥

sì wǒ yú táng hū ér
俟我于堂乎而，⑦
chōng ěr yǐ huáng hū ér
充耳以黄乎而，⑧
shàng zhī yǐ qióng yīng hū ér
尚之以琼英乎而！⑨

注释：①**俟**：等候。**著**：通宁，大门与屏风之间的地方，古代婚娶亲迎的地方。**乎而**：语助词。②**充耳**：饰物，悬在冠冕两侧，以玉制成，下垂至耳。**素**：白色丝线。③**尚之**：缀之。**琼华**：美玉。④**庭**：庭院。⑤**青**：黑色的丝线。⑥**琼莹**：指晶莹的美石。⑦**堂**：厅堂。⑧**黄**：黄色丝线。⑨**琼英**：即琼瑛，似玉的美石。

月上柳梢头，人约黄昏后
清·钱吉生

99

东方之日

dōng fāng zhī rì

dōng fāng zhī rì xī　bǐ shū zhě zǐ　zài wǒ shì xī
东方之日兮，彼姝者子，在我室兮。①
zài wǒ shì xī　lǚ wǒ jí xī
在我室兮，履我即兮。②

dōng fāng zhī yuè xī　bǐ shū zhě zǐ　zài wǒ tà xī
东方之月兮，彼姝者子，在我闼兮。③
zài wǒ tà xī　lǚ wǒ fā xī
在我闼兮，履我发兮。④

注释：①**姝：**美。**子：**女子。②**履：**义同蹑，放轻脚步。**即：**就，亲近。③**闼：**门内。④**发：**走去。

征人晓发图　宋·佚　名

100 东方未明

dōng fāng wèi míng

dōng fāng wèi míng, diān dào yī cháng.
东方未明，颠倒衣裳。①
diān zhī dào zhī, zì gōng zhào zhī.
颠之倒之，自公召之。②

dōng fāng wèi xī, diān dào cháng yī.
东方未晞，颠倒裳衣。③
dào zhī diān zhī, zì gōng lìng zhī.
倒之颠之，自公令之。

zhé liǔ fán pǔ, kuáng fū jù jù.
折柳樊圃，狂夫瞿瞿。④
bù néng chén yè, bù sù zé mù.
不能辰夜，不夙则莫。⑤

注释：①**衣**：古代指上身服装。**裳**：古代指下身服装。②**自**：因。**公**：公家。**召**：召唤。③**晞**：破晓，天刚亮。④**樊**：藩篱，篱笆。**圃**：菜园。**狂夫**：监工。一说指小吏。**瞿瞿**：瞪目怒视的样子。⑤**不能辰夜**：指不能掌握时间。**夙**：早。**莫**：古暮字，即晚。

仿古山水册之困学斋图　清·王翚

101

南山
nán shān

nán shān cuī cuī, xióng hú suí suí.
南山崔崔，雄狐绥绥。①
lǔ dào yǒu dàng, qí zǐ yóu guī.
鲁道有荡，齐子由归。②
jì yuē guī zhǐ, hé yòu huái zhǐ?
既曰归止，曷又怀止？③

gé jù wǔ liǎng, guān ruí shuāng zhǐ.
葛屦五两，冠緌双止。④
lǔ dào yǒu dàng, qí zǐ yōng zhǐ.
鲁道有荡，齐子庸止。⑤
jì yuē yōng zhǐ, hé yòu cóng zhǐ?
既曰庸止，曷又从止？⑥

回娘家 清·佚名

yì　má　rú　zhī　hé　　héng　zòng　qí　mǔ
蓺麻如之何？衡从其亩。⑦

qǔ　qī　rú　zhī　hé　　bì　gào　fù　mǔ
取妻如之何？必告父母。⑧

jì　yuē　gào　zhǐ　　hé　yòu　jū　zhǐ
既曰告止，曷又鞠止？⑨

xī　xīn　rú　zhī　hé　　fěi　fǔ　bù　kè
析薪如之何？匪斧不克。⑩

qǔ　qī　rú　zhī　hé　　fěi　méi　bù　dé
取妻如之何？匪媒不得。

jì　yuē　dé　zhǐ　　hé　yòu　jí　zhǐ
既曰得止，曷又极止？⑪

注释：①**南山**：齐国山名。**崔崔**：山势高峻。**绥绥**：慢慢走。②**鲁道**：去鲁国的大道。**荡**：平坦。**齐子**：指文姜。**由**：从此。**归**：出嫁。③**止**：语助词。**怀**：思。④**葛屦**：麻、葛等制成的单底鞋。**五两**：五双。**绥**：帽带下垂部分。⑤**庸**：用，指文姜嫁与鲁桓公。⑥**从**：相从。⑦**蓺**：种植。**衡从**：即横纵。**亩**：田垄。⑧**取**：同娶。⑨**鞠**：放任无束。⑩**析**：劈。**薪**：柴。**克**：胜任。⑪**极**：放纵无束。

大起图　清·《康熙御制耕织图》

102 甫田

fǔ tián

甫田

wú diàn fǔ tián，wéi yǒu jiāo jiāo。

无田甫田，维莠骄骄。①

wú sī yuǎn rén，láo xīn dāo dāo。

无思远人，劳心忉忉。②

wú diàn fǔ tián，wéi yǒu jiē jiē。

无田甫田，维莠桀桀。③

wú sī yuǎn rén，láo xīn dá dá。

无思远人，劳心怛怛。④

wǎn xī luán xī，zǒng jiǎo guàn xī。

婉兮娈兮，总角丱兮。⑤

wèi jī jiàn xī，tū ér biàn xī。

未几见兮，突而弁兮。⑥

注释：①**无**：不要。**田**：音佃，用作动词，种田。**甫田**：大田地。**莠**：狗尾草。**骄骄**：高大貌。②**忉忉**：忧虑不安的样子。③**桀桀**：通揭，杂草又高又长的样子。④**怛怛**：悲伤。⑤**婉、娈**：年少而美好的样子。**总角**：童子将头发梳成两个髻。总即束扎。**丱**：形容总角翘起之状。⑥**未几**：不久。**突而**：突然。**弁**：古时成人戴的帽子，男子二十而冠。

乃亦有秋图　清·《钦定书经图说》

103

卢令

lú líng

lú líng líng　qí rén měi qiě rén

卢令令，其人美且仁。①

lú chóng huán　qí rén měi qiě quán

卢重环，其人美且鬈。②

lú chóng méi　qí rén měi qiě cāi

卢重镅，其人美且偲。③

注释：①**卢**：黑毛猎犬。**令令**：象声词，狗颈上挂的铃铛响声。**人**：指猎人。②**重环**：子母环。**鬈**：美好英俊。③**重镅**：一个大环套两个小环。**偲**：多才能。

历朝贤后故事册之身衣练服　清·焦秉贞

104

敝笱

敝笱在梁，其鱼鲂鳏。①

齐子归止，其从如云。②

敝笱在梁，其鱼鲂鱮。③

齐子归止，其从如雨。④

敝笱在梁，其鱼唯唯。⑤

齐子归止，其从如水。⑥

注释：①**敝笱**：破旧鱼笼，喻文姜。**梁**：捕鱼的水坝。**鲂**：鳊鱼。**鳏**：鲲鱼。②**齐子**：指齐国女子文姜。**归**：嫁。**止**：语助词。**从**：随从。**如云**：形容人多如密云。③**鱮**：鲢鱼。④**如雨**：形容人多如密雨。⑤**唯唯**：言不能制也，游鱼互相追随。⑥**如水**：形容人多如流水，绵绵不断。

仿古四季山水屏之渔庄秋霁图　清·王翚

105 载驱

zài qū

zài qū bó bó diàn fú zhū kuò
载驱薄薄，簟笰朱鞹。①
lǔ dào yǒu dàng qí zǐ fā xī
鲁道有荡，齐子发夕。②
sì lí jǐ jǐ chuí pèi nǐ nǐ
四骊济济，垂辔沵沵。③
lǔ dào yǒu dàng qí zǐ kǎi tì
鲁道有荡，齐子岂弟。④
wèn shuǐ shāng shāng xíng rén bāng bāng
汶水汤汤，行人彭彭。⑤
lǔ dào yǒu dàng qí zǐ áo xiáng
鲁道有荡，齐子翱翔。⑥
wèn shuǐ tāo tāo xíng rén biāo biāo
汶水滔滔，行人儦儦。⑦
lǔ dào yǒu dàng qí zǐ yóu áo
鲁道有荡，齐子游敖。⑧

注释：①**载**:语助词。**驱**：急走。**薄薄**：车疾行声。**簟**：方纹竹席。**笰**：竹制车帘。**朱鞹**：用红皮革做的车盖。②**鲁道**：去鲁国的道路。**荡**：平坦。**发夕**：天将明而太阳未出之时。③**骊**：黑马。**济济**：美貌。**辔**：马缰。**沵沵**：众多貌。一说柔软貌。④**岂弟**：同恺悌，欢乐。⑤**汶水**：水名。**汤汤**：水大貌。**彭彭**：众多貌。⑥**翱翔**：游荡。⑦**滔滔**：水流浩荡。**儦儦**：人流走动的样子。⑧**游敖**：遨游。

乾隆南巡图之过德州 清·佚名

106 猗嗟

yī jiē

猗嗟

yī jiē chāng xī, qí ér cháng xī
猗嗟昌兮，颀而长兮！①

yì ruò yáng xī, měi mù yáng xī
抑若扬兮，美目扬兮！②

qiǎo qū qiāng xī, shè zé zāng xī
巧趋跄兮，射则臧兮！③

yī jiē míng xī, měi mù qīng xī
猗嗟名兮，美目清兮！④

yí jì chéng xī, zhōng rì shè hóu
仪既成兮，终日射侯！⑤

bù chū zhēng xī, zhǎn wǒ shēng xī
不出正兮，展我甥兮！⑥

yī jiē luán xī, qīng yáng wǎn xī
猗嗟娈兮，清扬婉兮！⑦

wǔ zé xuàn xī, shè zé guàn xī
舞则选兮，射则贯兮！⑧

sì shǐ fǎn xī, yǐ yù luàn xī
四矢反兮，以御乱兮。⑨

注释：①**猗嗟**：叹词。**昌**：盛。**颀**：身材高。②**抑**：通懿，美貌。一说通印，印又通昂。**扬**：额角丰满。**美目扬**：眼睛漂亮有神。③**巧趋**：轻巧地疾走。**跄**：步伐有节奏。**射**：射箭。**臧**：好。④**名**：明，昌盛之意。**清**：眼珠黑白分明。⑤**仪**：指射仪，射箭时的姿势。**成**：完备。**侯**：靶。⑥**正**：靶中心彩画处。**展**：诚然，真是。**甥**：姊妹之子为甥。⑦**娈**：俏俊。**清扬**：眉清目秀。**婉**：妩媚。⑧**选**：出众。**贯**：中而穿革。⑨**反**：反复，指箭反复射中一处。**御**：抵抗。

将军夜引弓图 清·钱吉生

魏风

葛屦图　明·吴　求

图中几位仕女凭案围坐，手中飞针走线，正在缝制衣服。人物装束华丽，环境幽雅，表现了当时富贵人家的日常生活情景。

107

葛屦

纠纠葛屦，可以履霜。①

掺掺女手，可以缝裳。②

要之襋之，好人服之。③

好人提提，宛然左辟，④

佩其象揥。⑤

维是褊心，是以为刺。⑥

注释：①**纠纠**：缠绕。**葛屦**：葛麻鞋。**可**：能够。一说音 hé，同何。**履**：踏踩。②**掺掺**：同纤纤，形容柔细。③**要**：同褄，衣带，此处作动词用，即缝制衣带。**襋**：衣领，这里用作动词，即缝衣领。④**提提**：通媞媞，安适貌。**宛然**：回转貌。**辟**：通避。⑤**象揥**：象牙簪子，类似发篦。⑥**褊心**：心地狭窄。**是以**：因此。**刺**：讽刺。

月曼清游图册之绣花　清·陈枚

108 汾沮洳

fén jù rù

bǐ fén jù rù　yán cǎi qí mù

彼汾沮洳，言采其莫。①

bǐ jì zhī zǐ　měi wú dù

彼其之子，美无度。②

měi wú dù　shū yì hū gōng lù

美无度，殊异乎公路。③

bǐ fén yì fāng　yán cǎi qí sāng

彼汾一方，言采其桑。④

bǐ jì zhī zǐ　měi rú yīng

彼其之子，美如英。⑤

měi rú yīng　shū yì hū gōng háng

美如英，殊异乎公行。⑥

bǐ fén yì qū　yán cǎi qí xù

彼汾一曲，言采其蕒。⑦

bǐ jì zhī zǐ　měi rú yù

彼其之子，美如玉。

měi rú yù　shū yì hū gōng zú

美如玉，殊异乎公族。⑧

注释：①**汾：**汾水。**沮洳：**低湿的地方。**言：**发语词。**莫：**即酸模，又名羊蹄菜。②**无度：**不可度量，即非常。③**殊异：**优异出众。**公路：**官名，掌诸侯乘坐的车。④**一方：**一边。⑤**英：**花。⑥**公行：**官名，掌兵车的官。⑦**曲：**弯曲处。**蕒：**即泽泻草。⑧**公族：**官名，掌诸侯的宗族事务。

无盐采桑图　杨柳青木版年画

109 园有桃

yuán yǒu táo

yuán yǒu táo qí shí zhī yáo
园有桃，其实之殽。①
xīn zhī yōu yǐ wǒ gē qiě yáo
心之忧矣，我歌且谣。②
bù zhī wǒ zhě wèi wǒ shì yě jiāo
不知我者，谓我士也骄。③
bǐ rén shì zāi zǐ yuē hé jī
彼人是哉，子曰何其？④
xīn zhī yōu yǐ qí shuí zhī zhī
心之忧矣，其谁知之！
qí shuí zhī zhī hé yì wù sī
其谁知之！盖亦勿思！⑤

放牛桃林图　清·《钦定书经图说》

yuán yǒu jí qí shí zhī shí
园有棘，其实之食。[⑥]
xīn zhī yōu yǐ liáo yǐ xíng guó
心之忧矣，聊以行国。[⑦]
bù zhī wǒ zhě wèi wǒ shì yě wǎng jí
不知我者，谓我士也罔极。[⑧]
bǐ rén shì zāi zǐ yuē hé jī
彼人是哉，子曰何其？
xīn zhī yōu yǐ qí shuí zhī zhī
心之忧矣，其谁知之！
qí shuí zhī zhī hé yì wù sī
其谁知之！盖亦勿思！

注释：①**园：**果园。**实：**果实。**之：**是。**殽：**同肴，吃。②**歌：**曲合乐曰歌。**谣：**无乐而唱。③**知：**了解。④**是：**正确。**其：**语助词。⑤**盖：**通盍，何不。**亦：**语助词。⑥**棘：**指酸枣树。⑦**聊以：**姑且。**行国：**在国中行游。⑧**罔极：**无常。

鲁寡陶婴图 明·仇英

110

zhì hù

陟岵

zhì bǐ hù xī zhān wàng fù xī
陟彼岵兮，瞻望父兮。①

fù yuē jiē yú zǐ xíng yì sù yè wú yǐ
父曰："嗟！予子行役，夙夜无已。②

shàng shèn zhān zāi yóu lái wú zhǐ
上慎旃哉！犹来无止！"③

zhì bǐ qǐ xī zhān wàng mǔ xī
陟彼屺兮，瞻望母兮。④

mǔ yuē jiē yú jì xíng yì sù yè wú mèi
母曰："嗟！予季行役，夙夜无寐。⑤

shàng shèn zhān zāi yóu lái wú qì
上慎旃哉！犹来无弃！"

zhì bǐ gāng xī zhān wàng xiōng xī
陟彼冈兮，瞻望兄兮。⑥

xiōng yuē jiē yú dì xíng yì sù yè bì xié
兄曰："嗟！予弟行役，夙夜必偕。⑦

shàng shèn zhān zāi yóu lái wú sǐ
上慎旃哉！犹来无死！"

注释： ①**陟**：登。**岵**：有草木的山。**瞻**：看。②**行役**：远行服兵役。③**上**：尚，希望。**旃**：之，用作语助词。**犹来**：仍可归来。④**屺**：无草木的山。⑤**季**：少子，小儿子。**夙夜**：早晚。**寐**：睡觉。⑥**冈**：较低平的山脊。⑦**偕**：一起。

笋辇重去访石山图
清·钱慧安

111 十亩之间

shí mǔ zhī jiān

shí mǔ zhī jiān xī sāng zhě xián xián xī

十亩之间兮，桑者闲闲兮。①

xíng yǔ zǐ xuán xī

行与子还兮！②

shí mǔ zhī wài xī sāng zhě yì yì xī

十亩之外兮，桑者泄泄兮。③

xíng yǔ zǐ shì xī

行与子逝兮！④

注释：①**十亩：**表示很大面积。**之间：**中间。**桑者：**采桑的人。**闲闲：**宽闲的样子。②**行：**将要。③**泄泄：**悠闲的样子。④**逝：**往，去。

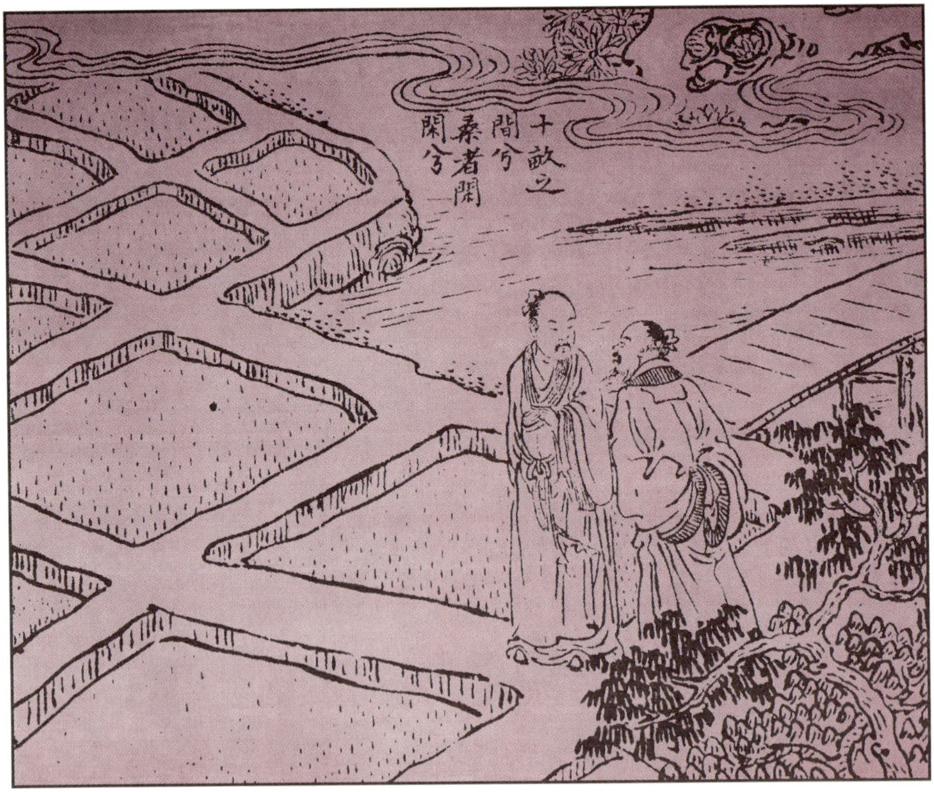

十亩之间兮，桑者闲闲兮　清·佚　名

112

fá tán
伐檀

kǎn kǎn fá tán xī, zhì zhī hé zhī gān xī.
坎坎伐檀兮，置之河之干兮。[1]

hé shuǐ qīng qiě lián yī.
河水清且涟猗。[2]

bù jià bù sè, hú qǔ hé sān bǎi chán xī?
不稼不穑，胡取禾三百廛兮？[3]

bù shòu bù liè, hú zhān ěr tíng yǒu xuán huán xī?
不狩不猎，胡瞻尔庭有县貆兮？[4]

bǐ jūn zǐ xī, bù sù cān xī!
彼君子兮，不素餐兮！[5]

kǎn kǎn fá fú xī, zhì zhī hé zhī cè xī.
坎坎伐辐兮，置之河之侧兮。[6]

hé shuǐ qīng qiě zhí yī.
河水清且直猗。[7]

隋山刊木图　清·《钦定书经图说》

bù jià bù sè, hú qǔ hé sān bǎi yì xī?
不稼不穑，胡取禾三百亿兮？[8]

bù shòu bù liè, hú zhān ěr tíng yǒu xuán tè xī?
不狩不猎，胡瞻尔庭有县特兮？[9]

bǐ jūn zǐ xī, bù sù shí xī!
彼君子兮，不素食兮！

kǎn kǎn fá lún xī, zhì zhī hé zhī chún xī.
坎坎伐轮兮，置之河之漘兮。[10]

hé shuǐ qīng qiě lún yī.
河水清且沦猗。[11]

bù jià bù sè, hú qǔ hé sān bǎi qūn xī?
不稼不穑，胡取禾三百囷兮？[12]

bù shòu bù liè, hú zhān ěr tíng yǒu xuán chún xī?
不狩不猎，胡瞻尔庭有县鹑兮？[13]

bǐ jūn zǐ xī, bù sù sūn xī!
彼君子兮，不素飧兮！[14]

注释：①**坎坎**：伐木声。**干**：河岸。②**涟**：波纹。**猗**：语助词。③**稼**：播种。**穑**：收割。**胡**：为什么。**禾**：稻谷。**廛**：束。④**狩**：冬季捕野兽。**猎**：夜间捕禽兽。狩、猎，都泛指打猎。**尔庭**：你的庭院。**县**：古悬字。**貆**：獾。⑤**素餐**：不劳而获。**素**：白，空。⑥**辐**：车轮中连接轴心和轮圈的直木。⑦**直**：直波，水流成直线纹路。⑧**亿**：十万为亿，此处指其数量之多。⑨**特**：三岁的兽。⑩**轮**：车轮。**漘**：河边。⑪**沦**：水的漩涡。⑫**囷**：圆形的谷仓。⑬**鹑**：即鹌鹑。⑭**飧**：熟食。

齐田稷母图　明·仇英

113

shuò shǔ
硕鼠

shuò shǔ shuò shǔ，wú shí wǒ shǔ
硕鼠硕鼠，无食我黍！①
sān suì guàn rǔ，mò wǒ kěn gù
三岁贯女，莫我肯顾。②
shì jiāng qù rǔ，shì bǐ lè tǔ
逝将去女，适彼乐土。③
lè tǔ lè tǔ，yuán dé wǒ suǒ
乐土乐土，爰得我所？④

shuò shǔ shuò shǔ，wú shí wǒ mài
硕鼠硕鼠，无食我麦！
sān suì guàn rǔ，mò wǒ kěn dé
三岁贯女，莫我肯德。⑤

沉湎冒色图　清·《钦定书经图说》

shì jiāng qù rǔ　　shì bǐ lè guó
逝将去女，适彼乐国。

lè guó lè guó　　yuán dé wǒ zhí
乐国乐国，爰得我直？⑥

shuò shǔ shuò shǔ　　wú shí wǒ miáo
硕鼠硕鼠，无食我苗！

sān suì guàn rǔ　　mò wǒ kěn lào
三岁贯女，莫我肯劳。⑦

shì jiāng qù rǔ　　shì bǐ lè jiāo
逝将去女，适彼乐郊。

lè jiāo lè jiāo　　shuí zhī yǒng háo
乐郊乐郊，谁之永号？⑧

注释：①**硕鼠**：大老鼠。**黍**：黏米，谷类。②**贯**：侍奉。**莫我肯顾**："莫肯顾我"的倒装。③**逝**：同誓，发誓。**去女**：离开你。**适**：往。④**爰**：哪里，何处。**所**：地方。⑤**德**：以……为恩德。⑥**直**：同值，值得的地方。⑦**劳**：慰劳。⑧**永号**：长叹。

瓜鼠图　明·朱瞻基

唐 风

水阁延凉图 清·王 翚

114

xī shuài

蟋蟀

xī shuài zài táng, suì yù qí mù
蟋蟀在堂，岁聿其莫。①

jīn wǒ bù lè, rì yuè qí chú
今我不乐，日月其除。②

wú yǐ tài kāng, zhí sī qí jū
无已大康，职思其居。③

hào lè wú huāng, liáng shì jù jù
好乐无荒，良士瞿瞿。④

xī shuài zài táng, suì yù qí shì
蟋蟀在堂，岁聿其逝。

jīn wǒ bù lè, rì yuè qí mài
今我不乐，日月其迈。⑤

蟋蟀图　宋·马和之

wú yǐ tài kāng zhí sī qí wài
无已大康，职思其外。
hào lè wú huāng liáng shì guì guì
好乐无荒，良士蹶蹶。⑥
xī shuài zài táng yì chē qí xiū
蟋蟀在堂，役车其休。⑦
jīn wǒ bù lè rì yuè qí tāo
今我不乐，日月其慆。⑧
wú yǐ tài kāng zhí sī qí yōu
无已大康，职思其忧。
hào lè wú huāng liáng shì xiū xiū
好乐无荒，良士休休。⑨

注释：①**聿**：语助词。**莫**：古暮字，晚。②**除**：过去。③**无**：勿。**已**：过，太。**大康**：享乐。大同泰。**职**：常。**居**：指人的处境。④**好乐**：爱好，娱乐。**无荒**：不要荒废正事。**瞿瞿**：惊顾的样子。一说勤勉的样子。⑤**迈**：行，消走。⑥**蹶蹶**：动作敏捷的样子。⑦**役车**：服役出差的车子。**休**：休息。⑧**慆**：逝去。⑨**休休**：安闲自在的样子。

密康公母图　明·仇　英

115

shān yǒu shū
山有枢

shān yǒu shū xí yǒu yú
山有枢，隰有榆。①
zǐ yǒu yī cháng fú yè fú lǚ
子有衣裳，弗曳弗娄。②
zǐ yǒu chē mǎ fú chí fú qū
子有车马，弗驰弗驱。③
wǎn qí sǐ yǐ tā rén shì yú
宛其死矣，他人是愉。④

shān yǒu kǎo xí yǒu niǔ
山有栲，隰有杻。⑤
zǐ yǒu tíng nèi fú sǎ fú sǎo
子有廷内，弗洒弗扫。⑥

山有枢图　宋·马和之

zǐ yǒu zhōng gǔ, fú gǔ fú kǎo
子有钟鼓，弗鼓弗考。⑦
wǎn qí sǐ yǐ, tā rén shì bǎo
宛其死矣，他人是保。⑧
shān yǒu qī, xí yǒu lì
山有漆，隰有栗。⑨
zǐ yǒu jiǔ shí, hé bù rì gǔ sè
子有酒食，何不日鼓瑟？⑩
qiě yǐ xǐ lè, qiě yǐ yǒng rì
且以喜乐，且以永日。⑪
wǎn qí sǐ yǐ, tā rén rù shì
宛其死矣，他人入室。

注释：①**枢：**刺榆。**隰：**低洼地。**榆：**白榆，又名枌。②**弗曳弗娄：**指有好衣裳而不穿。古时裳长拖地，需提着走。曳，拖；娄，拉，牵。③**驰、驱：**车马快跑。④**宛：**死貌。**其：**语助词。**愉：**快乐。⑤**栲：**山樗，臭椿树。**杻：**檍树。⑥**廷：**庭院。**内：**内室。⑦**考：**敲击。⑧**保：**占有。⑨**漆：**漆树。**栗：**栗树。⑩**日：**天天。⑪**且：**姑且。**永日：**终日，整天。

白傅姬人试舞图　清·范雪仪

116 扬之水

yáng zhī shuǐ

yáng zhī shuǐ　bái shí záo záo
扬之水，白石凿凿。①
sù yī zhū bó　cóng zǐ yú wò
素衣朱襮，从子于沃。②
jì jiàn jūn zǐ　yún hé bù lè
既见君子，云何不乐？③

yáng zhī shuǐ　bái shí hào hào
扬之水，白石皓皓。④
sù yī zhū xiù　cóng zǐ yú hú
素衣朱绣，从子于鹄。⑤
jì jiàn jūn zǐ　yún hé qí yōu
既见君子，云何其忧？

yáng zhī shuǐ　bái shí lín lín
扬之水，白石粼粼。⑥
wǒ wén yǒu mìng　bù gǎn yǐ gào rén
我闻有命，不敢以告人！

注释：①**扬之水**：悠缓的流水。**凿凿**：鲜明的样子。②**素**：白。**襮**：绣有饰纹的衣领，是诸侯的服饰。**子**：你。此处指桓叔。**于**：往，到。**沃**：曲沃，晋国的大邑，桓叔的封地，在今山西省闻喜县。③**君子**：指桓叔。④**皓皓**：洁白的样子。⑤**朱绣**：红边领上的花纹。**鹄**：地名。⑥**粼粼**：水清澈的样子。

扬之水图　宋·马和之

117

jiāo liáo

椒聊

jiāo liáo zhī shí fán yǎn yíng shēng

椒聊之实，蕃衍盈升。①

bǐ jì zhī zǐ shuò dà wú péng

彼其之子，硕大无朋。②

jiāo liáo jū yuǎn tiáo jū

椒聊且，远条且。③

jiāo liáo zhī shí fán yǎn yíng jū

椒聊之实，蕃衍盈匊。④

bǐ jì zhī zǐ shuò dà qiě dǔ

彼其之子，硕大且笃。⑤

jiāo liáo jū yuǎn tiáo jū

椒聊且，远条且。

注释：①**椒**：花椒，又名山椒。古人多以椒比喻妇人多子女。**聊**：聚，形容子实成串。**蕃衍**：繁盛。**升**：量器。②**硕**：巨。**朋**：比。③**且**：语助词。**远条**：长长的枝条。④**匊**：古掬字，两手合捧。⑤**笃**：忠实。

椒聊图 宋·马和之

118

chóu móu
绸缪

chóu móu shù xīn, sān xīng zài tiān.
绸缪束薪，三星在天。①
jīn xī hé xī, jiàn cǐ liáng rén.
今夕何夕，见此良人。
zǐ xī zǐ xī, rú cǐ liáng rén hé!
子兮子兮，如此良人何！②

chóu móu shù chú, sān xīng zài yú.
绸缪束刍，三星在隅。③
jīn xī hé xī, jiàn cǐ xiè hòu.
今夕何夕，见此邂逅。④
zǐ xī zǐ xī, rú cǐ xiè hòu hé!
子兮子兮，如此邂逅何！

chóu móu shù chǔ, sān xīng zài hù.
绸缪束楚，三星在户。⑤
jīn xī hé xī, jiàn cǐ càn zhě.
今夕何夕，见此粲者。⑥
zǐ xī zǐ xī, rú cǐ càn zhě hé!
子兮子兮，如此粲者何！

注释：①**绸缪**：缠绕。**束薪**：柴捆，喻夫妇情意缠绵。**三星**：即参宿三星。②**子兮**：你呀。**如此良人何**：该拿这可爱的人怎么办。③**刍**：喂牲口的青草。**隅**：角落。④**邂逅**：偶然遇见。⑤**束楚**：棘条捆。⑥**粲者**：美丽可爱的人。

绸缪图　宋·马和之

119

杕杜
dì dù

yǒu dì zhī dù, qí yè xǔ xǔ. dú xíng jǔ jǔ!
有杕之杜，其叶湑湑。[1]独行踽踽！[2]
qǐ wú tā rén? bù rú wǒ tóng fù.
岂无他人？不如我同父。[3]
jiē háng zhī rén, hú bù bǐ yān?
嗟行之人，胡不比焉？[4]
rén wú xiōng dì, hú bù cì yān?
人无兄弟，胡不佽焉？[5]

yǒu dì zhī dù, qí yè jīng jīng. dú xíng qióng qióng!
有杕之杜，其叶菁菁。[6]独行茕茕！[7]
qǐ wú tā rén? bù rú wǒ tóng xìng.
岂无他人？不如我同姓。[8]
jiē háng zhī rén, hú bù bǐ yān?
嗟行之人，胡不比焉？
rén wú xiōng dì, hú bù cì yān?
人无兄弟，胡不佽焉？

注释：①**有**：语助词。**杕**：独立。**杜**：棠梨树。**湑湑**：形容草木茂盛。②**踽踽**：孤独无依的样子。③**同父**：同父兄弟。④**嗟**：叹词。**行**：大路。**比**：亲近。⑤**佽**：同情，帮助。⑥**菁菁**：茂盛的样子。⑦**茕茕**：孤独无依的样子。⑧**同姓**：同祖的兄弟。一说同母的兄弟。

有杕之杜图　宋·马和之

120 羔裘

gāo qiú bào qū zì wǒ rén jù jù
羔裘豹袪，自我人居居！①
qǐ wú tā rén wéi zǐ zhī gù
岂无他人？维子之故。②
gāo qiú bào xiù zì wǒ rén jiū jiū
羔裘豹褎，自我人究究！③
qǐ wú tā rén wéi zǐ zhī hǎo
岂无他人？维子之好。④

注释：①**羔裘：**羊皮袄。**袪：**袖口。**自我人：**我的人。**居居：**即倨倨，傲慢无礼。②**维：**同唯，只。**之：**是。**故：**故旧，旧情。③**褎：**同袖。**究究：**傲慢的样子。④**好：**好友。

羔裘图　宋·马和之

121

bǎo yǔ

鸨羽

sù sù bǎo yǔ jí yú bāo xǔ

肃肃鸨羽，集于苞栩。①

wáng shì mǐ gǔ bù néng yì jì shǔ

王事靡盬，不能蓺稷黍。②

fù mǔ hé hù yōu yōu cāng tiān

父母何怙？悠悠苍天！③

hé qí yǒu suǒ

曷其有所？④

sù sù bǎo yì jí yú bāo jí

肃肃鸨翼，集于苞棘。⑤

wáng shì mǐ gǔ bù néng yì shǔ jì

王事靡盬，不能蓺黍稷。

鸨羽图　宋·马和之

fù mǔ hé sì yōu yōu cāng tiān
父母何食？悠悠苍天！
hé qí yǒu jí
曷其有极？⑥

sù sù bǎo háng jí yú bāo sāng
肃肃鸨行，集于苞桑。⑦
wáng shì mǐ gǔ bù néng yì dào liáng
王事靡盬，不能蓺稻粱。
fù mǔ hé cháng yōu yōu cāng tiān
父母何尝？悠悠苍天！⑧
hé qí yǒu cháng
曷其有常？⑨

注释：①肃肃：鸟翅扇动的响声。鸨：野雁。苞栩：茂密的柞树。②王事：国君的事务。靡：没有。盬：闲暇。蓺：种植。③怙：依靠，凭恃。悠悠：高远。苍：青色。④所：住的地方。⑤翼：翅膀。苞：丛生而繁密。棘：酸枣树。⑥极：尽头。⑦鸨行：鸨飞成行。⑧尝：鉴别滋味，引申为吃东西。⑨常：正常。

雨旸时若图　清·《钦定书经图说》

122

无衣

wú yī

qǐ yuē wú yī qī xī
岂曰无衣七兮？①
bù rú zǐ zhī yī ān qiě jí xī
不如子之衣，安且吉兮？②

qǐ yuē wú yī liù xī
岂曰无衣六兮？③
bù rú zǐ zhī yī ān qiě yù xī
不如子之衣，安且燠兮？④

注释：①**七**：七章之衣，诸侯的服饰。②**吉**：舒适。③**六**：六节衣，卿的服饰。④**燠**：暖。

无衣图　宋·马和之

123 有杕之杜

yǒu dì zhī dù

yǒu dì zhī dù shēng yú dào zuǒ
有杕之杜，生于道左。①
bǐ jūn zǐ xī shì kěn shì wǒ
彼君子兮，噬肯适我？②
zhōng xīn hào zhī hé yìn sì zhī
中心好之，曷饮食之？③

yǒu dì zhī dù shēng yú dào yòu
有杕之杜，生于道周。④
bǐ jūn zǐ xī shì kěn lái yóu
彼君子兮，噬肯来游？⑤
zhōng xīn hào zhī hé yìn sì zhī
中心好之，曷饮食之？

注释：①**杕**：孤零零的样子。**杜**：杜梨树，又叫棠梨树。②**噬**：发语词。**适**：到。③**中心**：心中。**饮食**：招待。④**周**：右的假借。⑤**游**：游逛。

有杕之杜图　宋·马和之

124

葛生（gé shēng）

gé shēng méng chǔ liǎn màn yú yě
葛生蒙楚，蔹蔓于野。①
yú měi wáng cǐ shuí yǔ dú chǔ
予美亡此。谁与独处！②

gé shēng méng jí liǎn màn yú yù
葛生蒙棘，蔹蔓于域。③
yú měi wáng cǐ shuí yǔ dú xī
予美亡此。谁与独息！④

jiǎo zhěn càn xī jǐn qīn làn xī
角枕粲兮，锦衾烂兮。⑤
yú měi wáng cǐ shuí yǔ dú dàn
予美亡此。谁与独旦！⑥

葛生图　宋·马和之

xià zhī rì dōng zhī yè
夏之日，冬之夜。⑦
bǎi suì zhī hòu guī yú qí jū
百岁之后，归于其居！⑧

dōng zhī yè xià zhī rì
冬之夜，夏之日。
bǎi suì zhī hòu guī yú qí shì
百岁之后，归于其室！⑨

注释：①**葛**：葛藤。**蒙**：覆盖。**楚**：荆条。**蔹**：草名，似栝楼。**野**：郊外。②**予美**：我的美人。**亡**：不在。**与**：相伴。③**域**：坟地。④**独息**：单独休息。⑤**角枕**：用兽角做装饰的枕头，敛尸的物品。**粲**：灿烂，鲜明。**锦衾**：锦缎褥，敛尸的物品。**烂**：鲜明。⑥**独旦**：单独到天亮。⑦**夏之日**：夏之日长。**冬之夜**：冬之夜长。⑧**其居**：亡夫的墓穴。⑨**其室**：亡夫的墓穴。

高读今古辨愚贤图 清·钱慧安

125

采苓

采苓采苓，首阳之巅。①
人之为言，苟亦无信。②
舍旃舍旃，苟亦无然。③
人之为言，胡得焉？④

采苦采苦，首阳之下。⑤
人之为言，苟亦无与。⑥

采苓图　宋·马和之

shě zhān shě zhān gū yì wú rán
舍旃舍旃，苟亦无然。
rén zhī wěi yán hú dé yān
人之为言，胡得焉？

cǎi fēng cǎi fēng shǒu yáng zhī dōng
采葑采葑，首阳之东。⑦
rén zhī wěi yán gū yì wú cóng
人之为言，苟亦无从。⑧
shě zhān shě zhān gū yì wú rán
舍旃舍旃，苟亦无然。
rén zhī wěi yán hú dé yān
人之为言，胡得焉？

注释：①**苓**：甘草。**首阳**：首阳山，在今山西永济市。②**为**：同伪。下同。**苟**：姑之假借，姑且。**无信**：不要轻信。③**舍**：舍弃。**旃**：之。**无然**：不要以为是对的。④**胡得**：何所取，指造谣者无所得。⑤**苦**：苦菜。⑥**无与**：勿用，指不要理会。⑦**葑**：芜菁。⑧**无从**：不跟从。

稼穑艰难图　清·《钦定书经图说》

秦 风

村医图(局部)　宋·李　唐

此图为风俗人物画，描述了走方郎中（村医）为村民治病的情形。图中树荫下，病人袒露着上身，双臂被妇人和少年紧紧地抓着，另一个少年则牢牢地按住了他的身子。病人双目圆瞪，张着大嘴，声嘶力竭地叫喊着，一条伸出的腿也被人劳劳踩住。这时的他无法行动，只能忍受背上的疮伤被艾火熏灼的疼痛。

126

chē lín
车邻

yǒu chē lín lín，yǒu mǎ bái diān
有车邻邻，有马白颠。①
wèi jiàn jūn zǐ，shì rén zhī lìng
未见君子，寺人之令。②

bǎn yǒu qī，xí yǒu lì
阪有漆，隰有栗。③
jì jiàn jūn zǐ，bìng zuò gǔ sè
既见君子，并坐鼓瑟。④
jīn zhě bù lè，shì zhě qí dié
今者不乐，逝者其耋。⑤

bǎn yǒu sāng，xí yǒu yáng
阪有桑，隰有杨。
jì jiàn jūn zǐ，bìng zuò gǔ huáng
既见君子，并坐鼓簧。⑥
jīn zhě bù lè，shì zhě qí wáng
今者不乐，逝者其亡。

注释：①**邻邻**：同辚辚，车行声。**白颠**：马额正中有块白毛，是良马。②**寺人**：宫中小臣，类似后世宦官。**令**：使。③**阪**：山坡。**漆**：漆树。**隰**：低湿地。④**鼓**：弹奏。⑤**逝者**：将来。**耋**：八十岁老人。⑥**鼓**：吹奏。**簧**：乐器名，笙类。

事茗图 明·唐 寅

127

驷驖

驷驖孔阜，六辔在手。①
公之媚子，从公于狩。②

奉时辰牡，辰牡孔硕。③
公曰左之，舍拔则获。④

游于北园，四马既闲。⑤
輶车鸾镳，载猃歇骄。⑥

注释：①**驷**：同驾一车的四马。**驖**：毛色似铁的好马。**孔**：大。**阜**：肥硕。**辔**：马缰。②**媚子**：亲信、宠爱的人。**从**：随从。**狩**：冬天打猎。③**奉**：猎人驱赶野兽以供射猎。**时**：是。**辰**：母鹿。**牡**：公兽。**硕**：肥大。④**左之**：从左面射它。**舍拔**：放箭。⑤**闲**：通娴，熟练。⑥**輶**：轻便的车。**鸾**：铃。**镳**：马衔铁。**猃**：长嘴的猎狗。**歇骄**：即猲獢，短嘴的猎狗。

尹兹东夏图　清·《钦定书经图说》

128

xiǎo róng
小 戎

xiǎo róng jiàn shōu wǔ mù liáng zhōu
小戎俴收，五楘梁辀。①

yóu huán xié qū yīn yǐn wù xù
游环胁驱，阴靷鋈续。②

wén yīn chàng gǔ jià wǒ qí zhù
文茵畅毂，驾我骐馵。③

yán niàn jūn zǐ wēn qí rú yù
言念君子，温其如玉。④

zài qí bǎn wū luàn wǒ xīn qū
在其板屋，乱我心曲。⑤

sì mǔ kǒng fù liù pèi zài shǒu
四牡孔阜，六辔在手。⑥

qí liú shì zhōng guā lí shì cān
骐駵是中，騧骊是骖。⑦

lóng dùn zhī hé wù yǐ jué nà
龙盾之合，鋈以觼軜。⑧

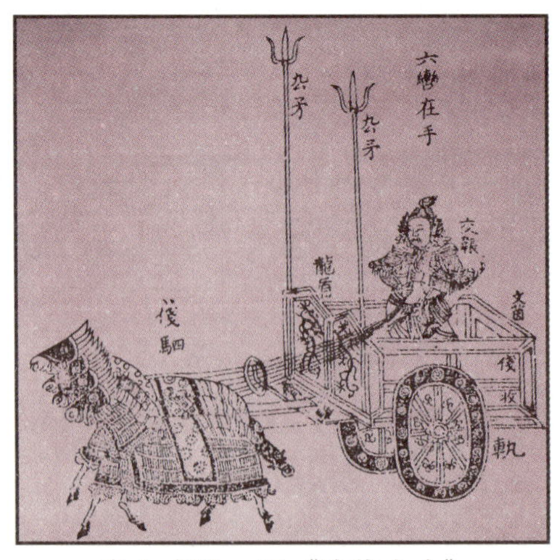

秦小戎图　明·《诗传大全》

yán niàn jūn zǐ　wēn qí zài yì
言念君子，温其在邑。⑨

fāng hé wéi qī　hú rán wǒ niàn zhī
方何为期？胡然我念之。⑩

jiàn sì kǒng qún　qiú máo wù duì
俴驷孔群，厹矛鋈錞。⑪

méng fá yǒu yuàn　hǔ chàng lòu yīng
蒙伐有苑，虎韔镂膺。⑫

jiāo chàng èr gōng　zhú bì gǔn téng
交韔二弓，竹闭绲縢。⑬

yán niàn jūn zǐ　zài qǐn zài xīng
言念君子，载寝载兴。⑭

yān yān liáng rén　zhì zhì dé yīn
厌厌良人，秩秩德音。⑮

注释：①**小戎**：兵车。车厢较小，为士兵所乘。**俴收**：浅的车厢。**俴**：浅。**收**：轸。四面束舆之木谓之轸。**五楘**：用皮革缠在车辕成X形。**梁辀**：曲辕。②**游环**：活动的环，设于辕马背上。**胁驱**：驾马皮条，上系于衡，后系于轸，控制骖马。**阴**：车轼前的横板。**靷**：引车前行的皮革。**鋈续**：以白铜镀的环紧紧扣住皮带。鋈即白铜，续即环。③**文茵**：虎皮坐垫。**畅毂**：即长毂。毂是车轮中心的圆木。**骐**：青黑色有花纹的马。**馵**：左后蹄白色的马。④**言**：语助词。**温**：温和。**其**：语助词。⑤**板屋**：木板房。**心曲**：心思。⑥**牡**：雄马。**孔**：巨大。**阜**：肥大。**辔**：驾驭牲口用的缰绳。⑦**骝**：通骝，赤身黑鬣的马。**騧**：黑嘴黄马。**骊**：黑马。**骖**：在辕马旁拉套的马。⑧**龙盾**：画龙的盾牌。**觼軜**：有舌的环，以舌穿过皮带，固定骖马内辔绳。⑨**邑**：属邑，行政区域。⑩**方**：将。**期**：归来的日子。**胡然**：为什么。⑪**俴驷**：披薄金甲的四马。**孔群**：群马很协调。**厹**：三棱形矛。**鋈錞**：以白铜镀矛戟柄末的平底金属套。⑫**蒙**：画杂乱的羽纹。**伐**：盾。**苑**：文貌。**虎韔**：虎皮弓囊。**镂膺**：在弓囊前刻花纹。膺即胸，指弓袋正面。⑬**闭**：同柲，竹制矫正弓弩的工具。**绲**：绳。**縢**：缠束。⑭**载**：语助词。**寝**：睡觉。**兴**：起来。⑮**厌厌**：安静。**秩秩**：有礼节。**德音**：好声誉。

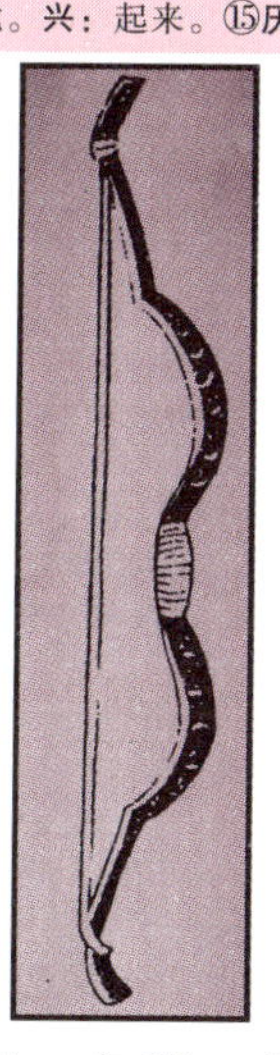
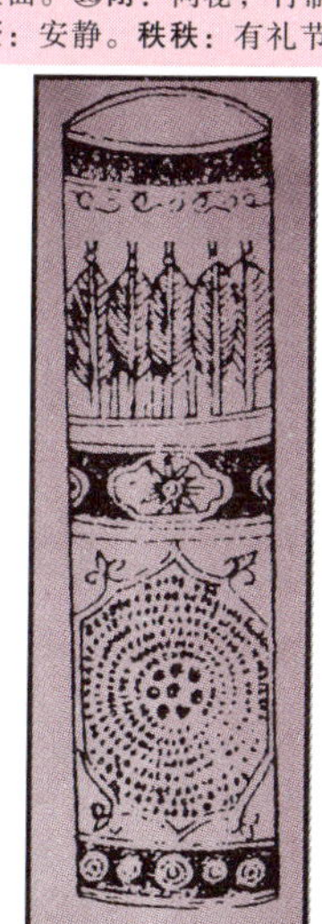
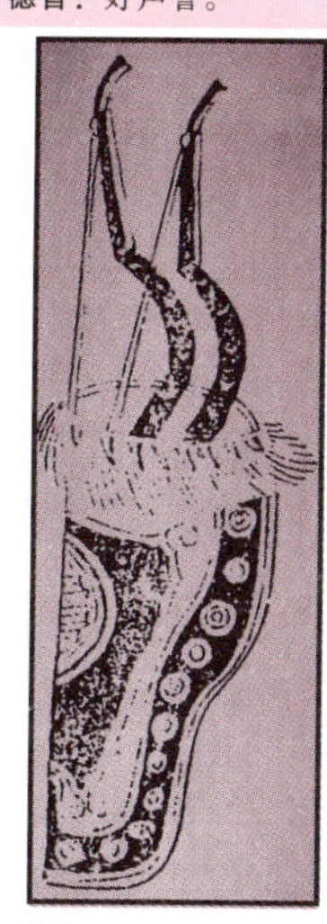

矢、弓、鱼服、虎韔图　明·《诗传大全》

129 蒹葭

jiān jiā

蒹 葭

jiān jiā cāng cāng, bái lù wéi shuāng.
蒹葭苍苍，白露为霜。①
suǒ wèi yī rén, zài shuǐ yì fāng.
所谓伊人，在水一方。②
sù huí cóng zhī, dào zǔ qiě cháng;
溯洄从之，道阻且长；③
sù yóu cóng zhī, wǎn zài shuǐ zhōng yāng.
溯游从之，宛在水中央。④

jiān jiā qī qī, bái lù wèi xī.
蒹葭凄凄，白露未晞。⑤
suǒ wèi yī rén, zài shuǐ zhī méi.
所谓伊人，在水之湄。⑥

蒹葭图 《诗经图》

sù huí cóng zhī dào zǔ qiě jī
溯洄从之，道阻且跻；⑦

sù yóu cóng zhī wǎn zài shuǐ zhōng chí
溯游从之，宛在水中坻。⑧

jiān jiā cǎi cǎi bái lù wèi yǐ
蒹葭采采，白露未已。⑨

suǒ wèi yī rén zài shuǐ zhī sì
所谓伊人，在水之涘。⑩

sù huí cóng zhī dào zǔ qiě yòu
溯洄从之，道阻且右；⑪

sù yóu cóng zhī wǎn zài shuǐ zhōng zhǐ
溯游从之，宛在水中沚。⑫

注释： ①**蒹**：没长穗的芦苇。**葭**：初生的芦苇。**苍苍**：鲜明、茂盛貌。**为**：凝成。②**所谓**：所说的。**伊人**：那个人。**一方**：另一边。③**溯洄**：逆流而上。**从**：沿着。**阻**：险阻。④**溯游**：顺流而下。**宛**：好像。⑤**凄凄**：一作萋萋，茂盛的样子。**晞**：干。⑥**湄**：岸边水草相接处。⑦**跻**：登；升。⑧**坻**：小渚。⑨**采采**：茂盛貌。**已**：停止。⑩**涘**：水边。⑪**右**：绕弯，迂回弯曲。⑫**沚**：水中的小沙滩。

仕女图册之拾翠图　清·改　琦

130 终南

zhōng nán

zhōng nán hé yǒu　yǒu tiáo yǒu méi
终南何有？有条有梅。①
jūn zǐ zhì zhǐ　jǐn yī hú qiú
君子至止，锦衣狐裘。②
yán rú wò dān　qí jūn yě zāi
颜如渥丹，其君也哉。③

zhōng nán hé yǒu　yǒu qǐ yǒu táng
终南何有？有纪有堂。④
jūn zǐ zhì zhǐ　fú yī xiù cháng
君子至止，黻衣绣裳。⑤
pèi yù qiāng qiāng　shòu kǎo bù wáng
佩玉将将，寿考不忘。⑥

注释：①**终南：**终南山，在今陕西西安市南。**条：**山楸树。**梅：**梅花树。②**至：**到来。**止：**语助词。③**颜：**脸。**渥：**湿润。**丹：**可作染料的赤色岩石。**其君也哉：**也许是秦君吧。其，表示推测的词。④**纪：**通杞，杞木。**堂：**即棠，棠梨树。⑤**黻：**黑色与青色花纹的礼服。**绣：**五彩俱备的绘画。⑥**将将：**佩玉相击之声。**寿考：**长寿。考，老。**忘：**即亡，结束。

园居图　明·仇英

131

huáng niǎo
黄鸟

jiāo jiāo huáng niǎo zhǐ yú jí
交交黄鸟，止于棘。①
shuí cóng mù gōng zǐ jū yǎn xī
谁从穆公？子车奄息。②
wéi cǐ yǎn xī bǎi fū zhī tè
维此奄息，百夫之特。③
lín qí xué zhuì zhuì qí lì
临其穴，惴惴其慄。④
bǐ cāng zhě tiān jiān wǒ liáng rén
彼苍者天，歼我良人。⑤
rú kě shú xī rén bǎi qí shēn
如可赎兮，人百其身！⑥

jiāo jiāo huáng niǎo zhǐ yú sāng
交交黄鸟，止于桑。
shuí cóng mù gōng zǐ jū zhòng háng
谁从穆公？子车仲行。⑦

驻跸姑苏图 清·佚名

wéi cǐ zhòng háng， bǎi fū zhī fáng。
维此仲行，百夫之防。⑧
lín qí xué， zhuì zhuì qí lì。
临其穴，惴惴其慄。
bǐ cāng zhě tiān， jiān wǒ liáng rén。
彼苍者天，歼我良人。
rú kě shú xī， rén bǎi qí shēn！
如可赎兮，人百其身！

jiāo jiāo huáng niǎo， zhǐ yú chǔ。
交交黄鸟，止于楚。⑨
shuí cóng mù gōng？ zǐ jū zhēn hǔ。
谁从穆公？子车鍼虎。⑩
wéi cǐ zhēn hǔ， bǎi fū zhī yù。
维此鍼虎，百夫之御。⑪
lín qí xué， zhuì zhuì qí lì。
临其穴，惴惴其慄。
bǐ cāng zhě tiān， jiān wǒ liáng rén。
彼苍者天，歼我良人。
rú kě shú xī， rén bǎi qí shēn！
如可赎兮，人百其身！

注释：①**交交**：鸟叫声。**黄鸟**：黄雀。**止**：停落。**棘**：酸枣树。②**从**：从死，即殉葬。**穆公**：春秋时期秦国国君，嬴姓，名任好。**子车奄息**：姓子车，名奄息。③**特**：杰出。④**穴**：指墓穴。**惴惴**：恐惧。**其**：语助词。**慄**：战慄。⑤**苍**：青色。**歼**：消灭，杀死。⑥**赎**：抵换。**人百其身**：以百人换其一人。⑦**子车仲行**：姓子车，名仲行。⑧**防**：匹敌。⑨**楚**：荆条，灌木。⑩**子车鍼虎**：姓子车，名鍼虎。⑪**御**：抵挡。

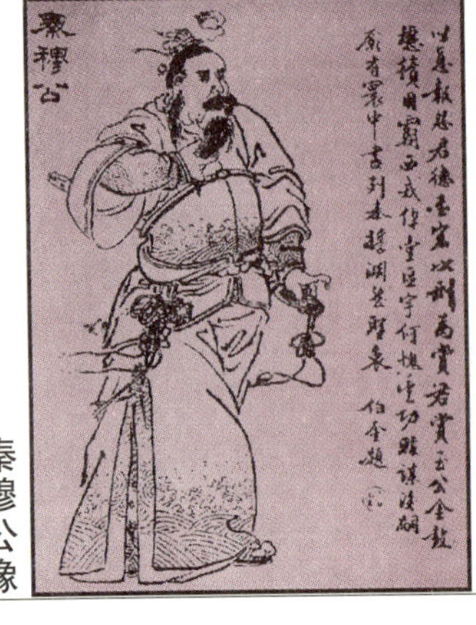

秦穆公像

花鸟图之野田黄雀图　清·华嵒

132

chén fēng
晨风

yù bǐ chén fēng, yù bǐ běi lín.
鴥彼晨风，郁彼北林。①
wèi jiàn jūn zǐ, yōu xīn qīn qīn.
未见君子，忧心钦钦。②
rú hé rú hé? wàng wǒ shí duō!
如何如何？忘我实多！③

shān yǒu bāo lì, xí yǒu liù bó.
山有苞栎，隰有六駮。④
wèi jiàn jūn zǐ, yōu xīn mǐ lè.
未见君子，忧心靡乐。⑤
rú hé rú hé? wàng wǒ shí duō!
如何如何？忘我实多！

shān yǒu bāo dì, xí yǒu shù suì.
山有苞棣，隰有树檖。⑥
wèi jiàn jūn zǐ, yōu xīn rú zuì.
未见君子，忧心如醉。
rú hé rú hé? wàng wǒ shí duō!
如何如何？忘我实多！

注释：①**鴥**：疾飞。**晨风**：鹯鸟，似鹞。**郁**：茂盛貌。**北林**：山北面的树林。②**钦钦**：忧愁的样子。③**实多**：实在可能。④**苞**：茂盛。**栎**：俗名柞树。**隰**：低湿的地方。**六駮**：梓榆树林。六表多；駮同驳，即梓榆。⑤**靡乐**：不乐。⑥**棣**：即唐棣。**檖**：即赤罗，山梨。

曲水流觞图 宋·佚名

133 无衣

wú yī

qǐ yuē wú yī yǔ zǐ tóng páo
岂曰无衣？与子同袍。①
wáng yú xīng shī xiū wǒ gē máo
王于兴师，修我戈矛，
yǔ zǐ tóng chóu
与子同仇！②

qǐ yuē wú yī yǔ zǐ tóng zé
岂曰无衣？与子同泽。③
wáng yú xīng shī xiū wǒ máo jǐ
王于兴师，修我矛戟，
yǔ zǐ xié zuò
与子偕作！④

qǐ yuē wú yī yǔ zǐ tóng cháng
岂曰无衣？与子同裳。
wáng yú xīng shī xiū wǒ jiǎ bīng
王于兴师，修我甲兵，
yǔ zǐ xié xíng
与子偕行！⑤

注释：①**袍**：长衣服的统称。②**王**：指秦王。**于**：同曰。**兴师**：出兵。**修**：整治。**戈**：长柄兵器，一边有刃。**同仇**：一致对敌。③**泽**：通襗，里衣。④**戟**：古代兵器，合戈、矛为一体。**偕作**：共同行动。⑤**甲**：铠甲。**兵**：兵器。**行**：往。

整砺戎器图　清·《钦定书经图说》

134

wèi yáng
渭 阳

wǒ sòng jiù shì, yuē zhì wèi yáng.
我送舅氏，曰至渭阳。①
hé yǐ zèng zhī? lù chē shèng huáng.
何以赠之？路车乘黄。②

wǒ sòng jiù shì, yōu yōu wǒ sì.
我送舅氏，悠悠我思。
hé yǐ zèng zhī? qióng guī yù pèi.
何以赠之？琼瑰玉佩。③

注释：①**曰**：语助词，无实义。**渭**：水名。**阳**：山之南、水之北。渭阳在渭河北咸阳一带。②**路车**：即辂车，诸侯所乘之车。**乘黄**：四匹黄马。③**琼**：美玉。**瑰**：次于玉的美石。

秦穆公姬图　明·仇　英

135 权舆

wū wǒ hū, xià wū qú qú
於我乎，夏屋渠渠。①
jīn yě měi sì wú yú
今也每食无余。
xū jiē hū, bù chéng quán yú
于嗟乎，不承权舆。②

wū wǒ hū, měi sì sì guǐ
於我乎，每食四簋。③
jīn yě měi sì bù bǎo
今也每食不饱。
xū jiē hū, bù chéng quán yú
于嗟乎，不承权舆。

注释：①**於我乎：**“我於乎”的倒装。於，通呜，叹词。**夏屋：**大俎，大的食器。**渠渠：**深广的样子。②**于：**同吁。**权舆：**草木萌芽的状态，引申为起始。③**簋：**古代青铜或陶制食器，圆口，圈足，方座，有两耳或四耳。

民不适居图　清·《钦定书经图说》

陈 风

陈国辩女图　明·仇　英

136

wǎn qiū
宛丘

zǐ zhī dàng xī wǎn qiū zhī shàng xī
子之汤兮，宛丘之上兮。①
xún yǒu qíng xī ér wú wàng xī
洵有情兮，而无望兮。②

kǎn qí jī gǔ wǎn qiū zhī xià
坎其击鼓，宛丘之下。③
wú dōng wú xià zhí qí lù yǔ
无冬无夏，值其鹭羽。④

kǎn qí jī fǒu wǎn qiū zhī dào
坎其击缶，宛丘之道。⑤
wú dōng wú xià zhí qí lù dào
无冬无夏，值其鹭翿。⑥

注释：①**子**：指跳舞的女子。**汤**：荡之借字，指舞姿轻盈、飘荡。**宛丘**：四周高中间低的土山。②**洵**：诚信。③**坎**：击鼓声。④**值**：持。**鹭羽**：舞蹈道具。⑤**缶**：瓦制的打击乐器。**道**：大路。⑥**鹭翿**：舞蹈道具，以鹭鸶羽编成的舞具，形似扇子或雨伞。

宛丘图　宋·马和之

dōng mén zhī fén
东门之枌

dōng mén zhī fén　wǎn qiū zhī xǔ
东门之枌，宛丘之栩。①
zǐ zhòng zhī zǐ　pó suō qí xià
子仲之子，婆娑其下。②
gǔ dàn yú chāi　nán fāng zhī yuán
穀旦于差，南方之原。③
bù jì qí má　shì yě pó suō
不绩其麻，市也婆娑。④
gǔ dàn yú shì　yuè yǐ zōng mài
穀旦于逝，越以鬷迈。⑤
shì ěr rú qiáo　yí wǒ wò jiāo
视尔如荍，贻我握椒。⑥

注释：①**枌**：木名。白榆。**栩**：柞树。②**子仲**：陈国的姓氏。**婆娑**：舞蹈。③**穀旦**：美好日子。**差**：择。**原**：郊外。④**绩**：织。**市**：集市。⑤**于逝**：将过去。**越以**：语助词。**鬷**：众。**迈**：行走。⑥**荍**：锦葵。**贻**：赠送。**握**：一把。**椒**：花椒。

东门之枌图　宋·马和之

138

héng mén

衡门

héng mén zhī xià， kě yǐ qī chí

衡门之下，可以栖迟。①

bì zhī yáng yáng， kě yǐ liáo jī

泌之洋洋，可以乐饥。②

qǐ qí shí yú， bì hé zhī fáng

岂其食鱼，必河之鲂？③

qǐ qí qǔ qī， bì qí zhī jiāng

岂其取妻，必齐之姜？④

qǐ qí shí yú， bì hé zhī lǐ

岂其食鱼，必河之鲤？

qǐ qí qǔ qī， bì sòng zhī zǐ

岂其取妻，必宋之子？⑤

注释：①**衡门：**横木为门，简陋的门。**可以：**何以。**栖迟：**游息。②**泌：**泉水名。**洋洋：**水流貌。**乐：**同疗，治疗。**饥：**饥饿。③**岂：**难道。④**姜：**姜氏。⑤**宋之子：**指宋国子姓的女子。子，宋国贵族的姓。

衡门图　宋·马和之

139

东门之池

dōng mén zhī chí

dōng mén zhī chí kě yǐ òu má
东门之池，可以沤麻。①
bǐ měi shū jī kě yǔ wù gē
彼美淑姬，可与晤歌。②

dōng mén zhī chí kě yǐ òu zhù
东门之池，可以沤纻。③
bǐ měi shū jī kě yǔ wù yǔ
彼美淑姬，可与晤语。

dōng mén zhī chí kě yǐ òu jiān
东门之池，可以沤菅。④
bǐ měi shū jī kě yǔ wù yán
彼美淑姬，可与晤言。

注释：①**池**：护城河。**沤**：用水浸泡。**麻**：黄麻，可织布。②**淑**：善良。**姬**：美女。**晤歌**：用歌声互相唱和。**晤**：即对。③**纻**：苎麻，可做绳，织夏布。④**菅**：菅草，多年生茅属草本，叶子细长，茎性韧，可做绳索。

东门之池图　宋·马和之

140 东门之杨

dōng mén zhī yáng qí yè zāng zāng

东门之杨，其叶牂牂，①

hūn yǐ wéi qī míng xīng huáng huáng

昏以为期，明星煌煌。②

dōng mén zhī yáng qí yè pèi pèi

东门之杨，其叶肺肺，③

hūn yǐ wéi qī míng xīng zhé zhé

昏以为期，明星晢晢。④

注释：①**牂牂：**风吹树叶的响声。②**昏：**黄昏。**期：**约会。**明星：**启明星。**煌煌：**明亮。③**肺肺：**犹牂牂，风吹树叶声。④**晢晢：**明亮。晢，又音 zhì。

东门之杨图　宋·马和之

141

墓门

mù mén

mù mén yǒu jí，fǔ yǐ sī zhī。
墓门有棘，斧以斯之。①
fú yě bù liáng，guó rén zhī zhī。
夫也不良，国人知之。②
zhī ér bù yǐ，chóu xī rán yǐ。
知而不已，谁昔然矣。③

mù mén yǒu méi，yǒu xiāo cuì zhǐ。
墓门有梅，有鸮萃止。④
fú yě bù liáng，gē yǐ suì zhī。
夫也不良，歌以讯之。⑤
suì yú bù gù，diān dào sī yú。
讯予不顾，颠倒思予。⑥

注释：①**墓门**：陈国城名。**棘**：酸枣树。**斯**：砍。②**夫**：那人。③**谁昔**：谁与畴在古时通用，畴昔即往昔，由来已久。**然**：这样。④**鸮**：猫头鹰，古人以之为不祥之鸟。**萃**：草丛生貌，引申为聚集。**止**：语助词。⑤**讯**：通谇，谏，劝。⑥**讯予**：讯而。**思予**：予思的倒文，即而思。予，连词，而。

墓门图　宋·马和之

142

fáng yǒu què cháo

防有鹊巢

fáng yǒu què cháo　qióng yǒu zhǐ tiáo
防有鹊巢，邛有旨苕。①
shuí zhōu yú měi　xīn yān dāo dāo
谁侜予美？心焉忉忉。②

zhōng táng yǒu pì　qióng yǒu zhǐ yì
中唐有甓，邛有旨鹝。③
shuí zhōu yú měi　xīn yān tì tì
谁侜予美？心焉惕惕。④

注释：①**防**：水坝。**巢**：鸟窝。**邛**：山丘。**旨**：味美。**苕**：草名，即凌霄花。②**侜**：谎言欺骗。**予美**：我的美人。**忉忉**：忧愁的样子。③**唐**：朝堂前和宗庙门内的大路。**甓**：砖，此指砖砌之道。**鹝**：同虉，绶草。④**惕惕**：忧惧。

防有鹊巢图　宋·马和之

143

月出

yuè chū

yuè chū jiǎo xī, jiǎo rén liǎo xī;
月出皎兮，佼人僚兮；①
shū yǎo jiǎo xī, láo xīn qiǎo xī.
舒窈纠兮，劳心悄兮。②

yuè chū hào xī, jiǎo rén liú xī;
月出皓兮，佼人懰兮；③
shū yōu shòu xī, láo xīn cǎo xī.
舒忧受兮，劳心慅兮。④

yuè chū zhào xī, jiǎo rén liáo xī;
月出照兮，佼人燎兮；⑤
shū yāo shào xī, láo xīn cǎn xī.
舒夭绍兮，劳心惨兮。⑥

注释：①**皎**：明亮而清白。**佼**：姣之假借。美好貌。**僚**：美丽。②**舒**：徐缓。**窈纠**：谓妇女行步舒缓。**劳心**：忧心，指思念之苦。**悄**：深忧。③**皓**：明亮。**懰**：妩媚。④**忧受**：舒迟之貌。**慅**：忧愁，心神不安。⑤**燎**：明亮。⑥**夭绍**：体态柔美。**惨**：忧愁貌。

月出图　宋·马和之

144 株林

hú wéi hū zhū lín cóng xià nán
胡为乎株林？从夏南？①

fěi shì zhū lín cóng xià nán
匪适株林，从夏南！②

jià wǒ shèng mǎ shuì yú zhū yě
驾我乘马，说于株野。③

chéng wǒ shèng jū zhāo shí yú zhū
乘我乘驹，朝食于株。④

注释：①**株林**：夏氏的食邑，指夏姬的住地。**从**：追逐。**夏南**：夏姬之子夏徵舒，字子南，省称夏南。②**匪适**：不是去。一说匪即彼，指陈灵公。③**我**：指陈灵公。**说**：停车休息。④**驹**：马六尺以下曰驹。

株林图　宋·马和之

145

zé bēi
泽陂

bǐ zé zhī bēi, yǒu pú yǔ hé.
彼泽之陂，有蒲与荷。①
yǒu měi yì rén, shāng rú zhī hé?
有美一人，伤如之何？②
wù mèi wú wéi, tì sì pāng tuó.
寤寐无为，涕泗滂沱。③

bǐ zé zhī bēi, yǒu pú yǔ jiān.
彼泽之陂，有蒲与蕑。④
yǒu měi yì rén, shuò dà qiě quán.
有美一人，硕大且卷。⑤
wù mèi wú wéi, zhōng xīn yuān yuān.
寤寐无为，中心悁悁。⑥

bǐ zé zhī bēi, yǒu pú hàn dàn.
彼泽之陂，有蒲菡萏。⑦
yǒu měi yì rén, shuò dà qiě yǎn.
有美一人，硕大且俨。⑧
wù mèi wú wéi, zhǎn zhuǎn fú zhěn.
寤寐无为，辗转伏枕。⑨

注释：①**泽**：水塘。**陂**：坡，堤岸。**蒲**：指香蒲。**荷**：芙蕖。②**伤**：忧思。③**无为**：无事可做。**涕**：眼泪。**泗**：鼻涕。**滂沱**：涌流。④**蕑**：兰草。⑤**硕大**：身材高大。**卷**：通婘，好貌。⑥**悁悁**：郁郁不乐。⑦**菡萏**：荷花。⑧**俨**：双下巴，指端庄。⑨**辗转**：翻来覆去。

泽陂图 宋·马和之

桧风

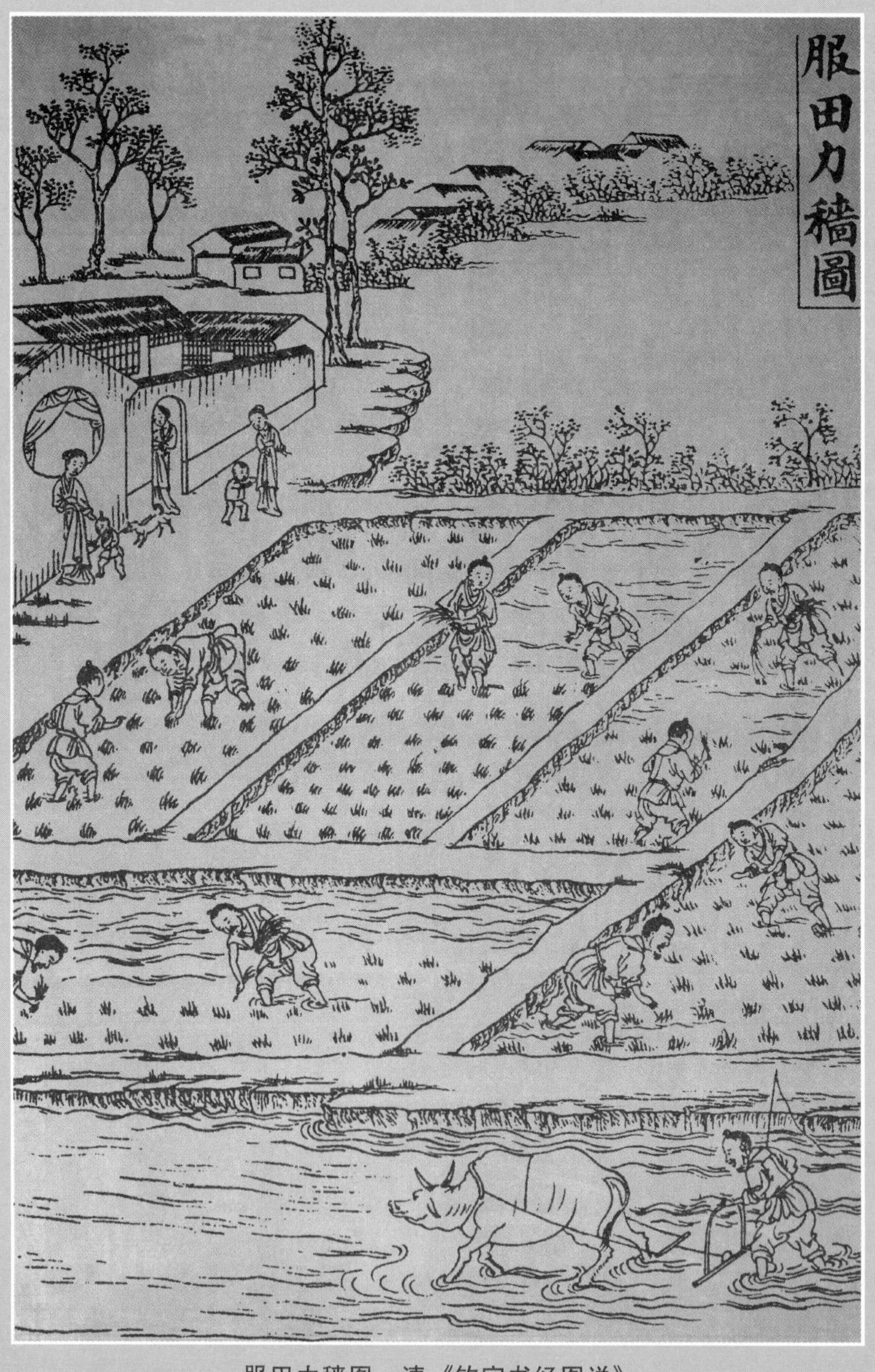

服田力穑图　清·《钦定书经图说》

146

gāo qiú
羔裘

gāo qiú xiāo yáo hú qiú yǐ cháo
羔裘逍遥，狐裘以朝。①
qǐ bù ěr sī láo xīn dāo dāo
岂不尔思？劳心忉忉。②
gāo qiú áo xiáng hú qiú zài táng
羔裘翱翔，狐裘在堂。③
qǐ bù ěr sī wǒ xīn yōu shāng
岂不尔思？我心忧伤。
gāo qiú rú gāo rì chū yǒu yào
羔裘如膏，日出有曜。④
qǐ bù ěr sī zhōng xīn shì dào
岂不尔思？中心是悼。⑤

注释：①**逍遥：**悠闲自得。**朝：**上朝。②**忉忉：**忧愁的样子。③**翱翔：**游逛。④**如膏：**油滑光亮如脂膏。**曜：**发光。⑤**悼：**恐惧，害怕。

织　图　清·《康熙御制耕织图》

147 素冠

sù guān

shù jiàn sù guān xī jí rén luán luán xī
庶见素冠兮？棘人栾栾兮，①
láo xīn tuán tuán xī
劳心慱慱兮。②

shù jiàn sù yī xī wǒ xīn shāng bēi xī
庶见素衣兮？我心伤悲兮，
liáo yǔ zǐ tóng guī xī
聊与子同归兮。③

shù jiàn sù bì xī wǒ xīn yùn jié xī
庶见素韠兮？我心蕴结兮，
liáo yǔ zǐ rú yī xī
聊与子如一兮。④

注释：①**庶**：幸，希冀。**素冠**：白帽，指清贫之人。**棘人**：瘠瘦。**栾栾**：瘦瘠貌，憔悴。②**劳心**：忧心。**慱慱**：忧苦不安貌。③**聊**：愿。**同归**：指同死。④**韠**：朝服的蔽膝。**蕴结**：郁结。

齐杞梁妻图 明·仇英

148

隰有苌楚
xí yǒu cháng chǔ

xí yǒu cháng chǔ　ē nuó qí zhī
隰有苌楚，猗傩其枝，①
ǎo zhī wò wò　lè zǐ zhī wú zhī
夭之沃沃，乐子之无知。②
xí yǒu cháng chǔ　ē nuó qí huā
隰有苌楚，猗傩其华，③
ǎo zhī wò wò　lè zǐ zhī wú jiā
夭之沃沃，乐子之无家。④
xí yǒu cháng chǔ　ē nuó qí shí
隰有苌楚，猗傩其实，
ǎo zhī wò wò　lè zǐ zhī wú shì
夭之沃沃，乐子之无室。⑤

注释：①**苌楚**：又名羊桃，猕猴桃。**猗傩**：同婀娜，轻盈柔美貌。②**夭**：初生的草木。**沃沃**：光泽。**子**：指苌楚。**无知**：无知觉。③**华**：同花。④**家**：女子嫁人叫有家。⑤**室**：男子娶妻叫有室。

桑土既蚕图　清·《钦定书经图说》

149 匪风

fěi fēng bō xī fěi chē jié xī
匪风发兮，匪车偈兮。①

gù zhān zhōu dào zhōng xīn dá xī
顾瞻周道，中心怛兮。②

fěi fēng piāo xī fěi chē piào xī
匪风飘兮，匪车嘌兮。③

gù zhān zhōu dào zhōng xīn diào xī
顾瞻周道，中心吊兮。④

shuí néng pēng yú gài zhī fǔ xín
谁能亨鱼？溉之釜鬵。⑤

shuí jiāng xī guī huái zhī hǎo yīn
谁将西归？怀之好音。⑥

注释：①**匪：**即彼。**发：**发发，风声。**偈：**疾驰貌。②**顾瞻：**回头看。**周道：**大路。**中心：**即心中。**怛：**悲伤。③**飘：**旋风。**嘌：**轻捷之状。④**吊：**悲伤。⑤**亨：**古烹字。**溉：**洗。**釜：**锅。**鬵：**大锅。⑥**怀：**送。**音：**消息。

峙乃糗粮图　清·《钦定书经图说》

曹风

奄甸万姓图　清·《钦定书经图说》

150 蜉蝣

fú yóu

蜉蝣

fú yóu zhī yǔ，yī cháng chǔ chǔ。

蜉蝣之羽，衣裳楚楚。①

xīn zhī yōu yǐ，yú wǒ guī chù？

心之忧矣，於我归处？②

fú yóu zhī yì，cǎi cǎi yī fú。

蜉蝣之翼，采采衣服。

xīn zhī yōu yǐ，yú wǒ guī xī？

心之忧矣，於我归息？

fú yóu jué xué，má yī rú xuě。

蜉蝣掘阅，麻衣如雪。③

xīn zhī yōu yǐ，yú wǒ guī shuì？

心之忧矣，於我归说？④

注释：①**蜉蝣：**幼虫在水中生活，成虫寿命很短，朝生暮死。**羽：**羽翼，翅膀。**楚楚：**鲜明整洁的样子。②**於：**语助词。**我：**何处，古音我何相通。③**掘阅：**穿穴，阅通穴。**麻衣：**麻织的素色衣服，此指蜉蝣的半透明羽翼。④**说：**止息。

仕女图册之莲香出游图　清·改琦

151

hòu rén
候人

bǐ hòu rén xī hè gē yǔ duì
彼候人兮，何戈与祋。①

bǐ jì zhī zǐ sān bǎi chì fèi
彼其之子，三百赤芾。②

wéi tí zài liáng bù rú qí yì
维鹈在梁，不濡其翼。③

bǐ jì zhī zǐ bù chèn qí fú
彼其之子，不称其服。④

wéi tí zài liáng bù rú qí zhòu
维鹈在梁，不濡其咮。⑤

bǐ jì zhī zǐ bù suì qí gōu
彼其之子，不遂其媾。⑥

huì xī wèi xī nán shān zhāo jī
荟兮蔚兮，南山朝隮。⑦

wǎn xī luán xī jì nǚ sī jī
婉兮娈兮，季女斯饥。⑧

注释： ①**候人**：管迎宾送客的小官。**何**：同荷，扛。**祋**：古兵器，即殳。②**赤芾**：冕服。大夫以上高官朝服的一部分，熟皮制成，穿上后遮着两膝，又叫蔽膝。③**鹈**：鹈鹕。**濡**：沾湿。④**称**：般配。⑤**咮**：鸟嘴。⑥**遂**：遂心，合心意。**媾**：褠之假借。臂衣。⑦**荟**：聚集。**蔚**：弥漫的样子。**朝隮**：早上的彩虹。⑧**婉**：美好。**娈**：年少貌美。**季女**：最小的女儿。

豪家佚乐图 清·杨晋

152 鸤鸠

shī jiū

鸤鸠在桑，其子七兮。①
shī jiū zài sāng, qí zǐ qī xī.

淑人君子，其仪一兮。②
shū rén jūn zǐ, qí yí yī xī.

其仪一兮，心如结兮。③
qí yí yī xī, xīn rú jié xī.

鸤鸠在桑，其子在梅。
shī jiū zài sāng, qí zǐ zài méi.

淑人君子，其带伊丝。④
shū rén jūn zǐ, qí dài yī sī.

其带伊丝，其弁伊骐。⑤
qí dài yī sī, qí biàn yī qí.

涉渊求济图　清·《钦定书经图说》

shī jiū zài sāng　qí zǐ zài jí

鸤鸠在桑，其子在棘。

shū rén jūn zǐ　qí yí bù tè

淑人君子，其仪不忒。⑥

qí yí bù tè　zhèng shì sì guó

其仪不忒，正是四国。⑦

shī jiū zài sāng　qí zǐ zài zhēn

鸤鸠在桑，其子在榛。⑧

shū rén jūn zǐ　zhèng shì guó rén

淑人君子，正是国人。⑨

zhèng shì guó rén　hú bù wàn nián

正是国人，胡不万年？⑩

注释：①**鸤鸠**：布谷鸟。**七**：非实数，形容多。②**淑**：善良。**仪**：言行。**一**：一致。③**结**：固而不散。④**其带伊丝**：佩带以素丝缘边。伊，是。⑤**弁**：皮帽。**骐**：本是青黑色马，这里指颜色。⑥**忒**：差错。⑦**正**：法则。⑧**榛**：榛树，子实可榨油。⑨**国人**：居住在城邑中的人。⑩**胡**：为何。**万年**：长久。

祭神图　清·《康熙御制耕织图》

153

下泉

xià quán

liè bǐ xià quán，jìn bǐ bāo láng。

洌彼下泉，浸彼苞稂。①

kài wǒ wù tàn，niàn bǐ zhōu jīng。

忾我寤叹，念彼周京。②

liè bǐ xià quán，jìn bǐ bāo xiāo。

洌彼下泉，浸彼苞萧。③

kài wǒ wù tàn，niàn bǐ jīng zhōu。

忾我寤叹，念彼京周。④

liè bǐ xià quán，jìn bǐ bāo shī。

洌彼下泉，浸彼苞蓍。⑤

kài wǒ wù tàn，niàn bǐ jīng shī。

忾我寤叹，念彼京师。⑥

péng péng shǔ miáo，yīn yǔ gào zhī。

芃芃黍苗，阴雨膏之。⑦

sì guó yǒu wáng，xún bó láo zhī。

四国有王，郇伯劳之。⑧

注释：①**洌**：寒冷。**下泉**：奔流而下的山泉。**苞**：丛生的。**稂**：狼尾草，田间害草。②**忾**：叹息。**寤**：睡不着。**周京**：指周朝所在的都城。③**萧**：青蒿。④**京周**：即周京。⑤**蓍**：锯齿草，古人用以占卜。⑥**京师**：天子所住的都城。⑦**芃芃**：茂盛。**黍**：黄米。**膏**：滋润。⑧**四国**：四方诸侯之国。**郇伯**：即荀伯，周文王之子。**劳**：辛劳。

苗民诅盟图　清·《钦定书经图说》

豳 风

豳风图之八月剥枣　明·吴　求

“豳风”是指今陕西及邻近地区的民风民俗，画家据此创作了很多具有生活气息的作品。该图描绘了几位农妇打枣的情景，人物有老有少，姿势有动有静，情趣盎然。

154

qī yuè
七月

qī yuè liú huǒ, jiǔ yuè shòu yī.
七月流火，九月授衣。①

yī zhī rì bì bō, èr zhī rì lì liè.
一之日觱发，二之日栗烈。②

wú yī wú hè, hé yǐ zú suì?
无衣无褐，何以卒岁？③

窖茧图　清·《康熙御制耕织图》

sān zhī rì yú sì sì zhī rì jǔ zhǐ
三之日于耜，四之日举趾。④

tóng wǒ fù zǐ yè bǐ nán mǔ
同我妇子，馌彼南亩。⑤

tián jùn zhì chì
田畯至喜！⑥

三之日于耜，四之日举趾　清·周慕桥

qī yuè liú huǒ jiǔ yuè shòu yī
七月流火，九月授衣。

chūn rì zài yáng yǒu míng cāng gēng
春日载阳，有鸣仓庚。[7]

nǚ zhí yì kuāng zūn bǐ wēi háng
女执懿筐，遵彼微行。[8]

yuán qiú róu sāng
爰求柔桑？[9]

chūn rì chí chí cǎi fán qí qí
春日迟迟，采蘩祁祁。[10]

nǚ xīn shāng bēi dài jí gōng zǐ tóng guī
女心伤悲，殆及公子同归。[11]

春日迟迟，采蘩祁祁　清·周慕桥

qī yuè liú huǒ bā yuè huán wěi
七月流火，八月萑苇。[12]
cán yuè tiāo sāng qǔ bǐ fǔ qiāng
蚕月条桑，取彼斧斨，[13]
yǐ fá yuǎn yáng jǐ bǐ nǚ sāng
以伐远扬，猗彼女桑。[14]

蚕月条桑，取彼斧斨　清·周慕桥

qī yuè míng jú bā yuè zài jì
七月鸣鵙，八月载绩。[15]
zài xuán zài huáng wǒ zhū kǒng yáng
载玄载黄，我朱孔阳，
wéi gōng zǐ cháng
为公子裳。[16]

七月鸣鵙，八月载绩　清·周慕桥

sì yuè xiù yāo　wǔ yuè míng tiáo
四月秀葽，五月鸣蜩。⑰
bā yuè qí huò　shí yuè yǔn tuò
八月其获，十月陨萚。⑱
yī zhī rì yú hé　qǔ bǐ hú lí
一之日于貉，取彼狐狸，
wéi gōng zǐ qiú
为公子裘。⑲

一之日于貉，取彼狐狸　清·周慕桥

èr zhī rì qí tóng zài zuǎn wǔ gōng
二之日其同，载缵武功。[20]

yán sī qí zōng xiàn jiān yú gōng
言私其豵，献豜于公。[21]

二之日其同，载缵武功 清·周慕桥

wǔ yuè sī zhōng dòng gǔ liù yuè suō jī zhèn yǔ
五月斯螽动股，六月莎鸡振羽。[22]
qī yuè zài yě bā yuè zài yǔ
七月在野，八月在宇，[23]
jiǔ yuè zài hù shí yuè xī shuài rù wǒ chuáng xià
九月在户，十月蟋蟀入我床下。[24]
qióng zhì xūn shǔ sè xiàng jìn hù
穹窒熏鼠，塞向墐户。[25]
jiē wǒ fù zǐ yuē wéi gǎi suì rù cǐ shì chǔ
嗟我妇子，曰为改岁，入此室处。[26]

七月图　宋·马和之

liù yuè shí yù jí yù qī yuè pēng kuí jí shū

六月食郁及薁，七月亨葵及菽。[27]

bā yuè pū zǎo shí yuè huò dào

八月剥枣，十月获稻。[28]

wéi cǐ chūn jiǔ yǐ jiè méi shòu

为此春酒，以介眉寿。[29]

qī yuè shí guā bā yuè duàn hú jiǔ yuè shū jū

七月食瓜，八月断壶，九月叔苴，[30]

cǎi tú xīn chū sì wǒ nóng fū

采荼薪樗，食我农夫。[31]

七月食瓜，八月断壶　清·周慕桥

jiǔ yuè zhù cháng pǔ shí yuè nà hé jià
九月筑场圃，十月纳禾稼。[32]

shǔ jì tóng lù hé má shū mài
黍稷重穋，禾麻菽麦。[33]

jiē wǒ nóng fū wǒ jià jì tóng
嗟我农夫，我稼既同，[34]

shàng rù zhí gōng gōng
上入执宫功。[35]

zhòu ěr yú máo xiāo ěr suǒ táo
昼尔于茅，宵尔索绹。[36]

jí qí chéng wū qí shǐ bō bǎi gǔ
亟其乘屋，其始播百谷。[37]

九月筑场圃，十月纳禾稼　清·周慕桥

èr zhī rì záo bīng chōng chōng sān zhī rì nà yú líng yīn
二之日凿冰冲冲，三之日纳于凌阴。[38]

sì zhī rì qí zǎo xiàn gāo jì jiǔ
四之日其蚤，献羔祭韭。[39]

jiǔ yuè sù shuāng shí yuè dí cháng
九月肃霜，十月涤场。[40]

二之日凿冰冲冲，三之日纳于凌阴　清·周慕桥

péng jiǔ sī xiǎng yuē shā gāo yáng
朋酒斯飨，曰杀羔羊。㊶

jī bǐ gōng táng chēng bǐ sì gōng
跻彼公堂，称彼兕觥：㊷

wàn shòu wú jiāng
万寿无疆！

注释： ①**七月**：夏历七月。在中原地区是初秋季节，相当于周历的九月。**流火**：大火星向西天流动，天气转凉。火即心宿（天蝎座星），又名大火。**授衣**：分发寒衣。②**一之日**：周历正月。相当于夏历十一月。**觱发**：大风吹物的声音，形容风寒盛。**栗烈**：寒气逼人的样子。③**褐**：粗麻和兽毛织的的衣服。**卒岁**：终岁，年底。④**三之日**：周历三月。相当于夏历正月。**于耜**：整修农具。**四之日**：周历四月。相当于夏历二月。**举趾**：举足下地，开始耕耘。趾即脚。⑤**妇子**：妻子和小孩。**馌**：送饭食。**南亩**：向阳的耕地。⑥**畯**：管农事的管家。**喜**：通饎，指酒食。⑦**载**：助语词。**阳**：温暖。**有**：语助词。**仓庚**：黄莺。⑧**女**：女子，女奴。**懿筐**：采桑用的深筐。**遵**：沿着。**微行**：小路。⑨**爰**：于是。**柔**：柔嫩。⑩**迟迟**：缓慢，指白日渐长。**蘩**：白蒿。**祁祁**：形容众多。⑪**殆**：恐，怕。**及**：与。**同归**：指被胁迫做妾婢。⑫**萑苇**：长成的荻苇。**萑**：荻草。**苇**：芦苇。⑬**蚕月**：夏历三月，宜养蚕。**条桑**：挑选桑叶，采桑。条通挑。**斨**：斧，方形孔受柄。⑭**远扬**：又长又高的桑枝。**猗彼女桑**：斜攀着采嫩桑。猗当为掎，偏引。女桑，嫩桑。⑮**鵙**：又名伯劳鸟。体态华丽，嘴大锐利，鸣声洪亮。**载绩**：纺麻。⑯**朱**：红色。**孔阳**：甚为鲜明。⑰**秀**：植物抽穗开花。**葽**：即远志草。**蜩**：蝉。⑱**获**：收获。**陨萚**：草木之叶陨落。⑲**于**：往，指捕猎。⑳**同**：会集。**缵**：继续。**武功**：武事。指田猎。㉑**言**：语助词，无实义。**私**：占有。**豵**：一岁的猪。**豜**：三岁的猪。㉒**斯螽**：蝗虫。**动股**：股翅相摩而鸣。**莎鸡**：昆虫名，即纺织娘。**振羽**：振动翅膀发出声响。㉓**宇**：屋檐。㉔**户**：门，指室内。㉕**穹窒**：堵好墙洞。**向**：北窗。**墐**：用泥涂抹。㉖**曰**：助词。同聿。**改岁**：过年。㉗**郁**：郁李。**薁**：野葡萄。**亨**：同烹。**葵**：滑菜，即冬葵。**菽**：豆类总称。㉘**剥**：同扑，打。㉙**春酒**：冬季酿酒，经过春天才做成。**介**：助。一说通丐，乞求。**眉寿**：人老眉长，表示长寿。㉚**断壶**：摘葫芦。壶通瓠。**叔**：拾取。**苴**：大麻子，可食。㉛**荼**：苦菜。**薪樗**：臭椿树为柴薪。㉜**筑**：夯土使平。**场**：打谷场。**圃**：菜园子。㉝**黍**：黄米。**稷**：小米。**重**：同穜，晚熟作物。**穋**：晚种早熟的谷类。㉞**同**：聚拢。㉟**上**：同尚，还要。**宫**：宫室。**功**：事。㊱**昼**：白天。**尔**：语助词。**于茅**：割茅草。**宵**：夜晚。**索绹**：搓绳。㊲**亟**：急。**乘屋**：上屋修缮。㊳**冲冲**：撞击声。**凌阴**：冰窖。㊴**蚤**：通早，早晨。**韭**：韭菜。㊵**九月**：指夏历九月，相当于周历十一月。**肃霜**：下霜。**涤场**：清扫打谷场。㊶**朋酒**：两壶酒。㊷**跻**：登。**公堂**：公共聚会的场所。**称**：举。**兕觥**：犀牛角酒具。

七月图 宋·马和之

155 鸱鸮

chī xiāo

chī xiāo chī xiāo jì qǔ wǒ zǐ wú huǐ wǒ shì
鸱鸮鸱鸮，既取我子，无毁我室。①
ēn sī qín sī yù zǐ zhī mǐn sī
恩斯勤斯，鬻子之闵斯！②

dài tiān zhī wèi yīn yǔ chè bǐ sāng dù chóu móu yǒu hù
迨天之未阴雨，彻彼桑土，绸缪牖户。③
jīn rǔ xià mín huò gǎn wǔ yú
今女下民，或敢侮予？

yú shǒu jié jū yú suǒ luō tú yú suǒ xù jū
予手拮据，予所捋荼，予所蓄租，④
yú kǒu zú tú yuē yú wèi yǒu shì jiā
予口卒瘏，曰予未有室家！⑤

yú yǔ qiáo qiáo yú wěi xiāo xiāo yú shì qiáo qiáo
予羽谯谯，予尾翛翛，予室翘翘，⑥
fēng yǔ suǒ piāo yáo yú wéi yīn xiāo xiāo
风雨所漂摇，予维音哓哓！⑦

注释：①**鸱鸮**：猫头鹰。**室**：鸟巢。②**恩**：恩爱。**斯**：语助词。**勤**：辛苦。**鬻**：养育。**闵**：病。③**迨**：趁着。**彻**：剥。**桑土**：桑根。土通杜，根。**绸缪**：本义为缠绵，指捆绑。**牖**：窗。**户**：指门。④**拮据**：困难，操作不能自如。**捋**：采。以手沿物摘取，即用手从一头向另一头抹取。**荼**：茅草的白花。**蓄**：聚。**租**：同苴，茅草。⑤**卒**：尽。**瘏**：病苦。**室家**：指鸟巢。⑥**谯谯**：羽毛枯黄貌。**翛翛**：羽毛凋敝貌。**翘翘**：危险不牢固。⑦**漂摇**：摇摆不定。**哓哓**：因恐惧而发出的凄苦的叫声。

鸱鸮图　宋·马和之

156

dōng shān

东山

wǒ cú dōng shān, tāo tāo bù guī.

我徂东山，慆慆不归。①

wǒ lái zì dōng, líng yǔ qí méng.

我来自东，零雨其濛。②

wǒ dōng yuē guī, wǒ xīn xī bēi.

我东曰归，我心西悲。③

zhì bǐ cháng yī, wù shì héng méi.

制彼裳衣，勿士行枚。④

yuān yuān zhě zhú, zhēng zài sāng yě.

蜎蜎者蠋，烝在桑野。⑤

duī bǐ dú sù, yì zài chē xià.

敦彼独宿，亦在车下。⑥

wǒ cú dōng shān, tāo tāo bù guī.

我徂东山，慆慆不归。

wǒ lái zì dōng, líng yǔ qí méng.

我来自东，零雨其濛。

东山图　宋·马和之

guǒ luǒ zhī shí yì yì yú yǔ
果臝之实，亦施于宇。⑦
yī wēi zài shì xiāo shāo zài hù
伊威在室，蟏蛸在户。⑧
tiǎn tuǎn lù cháng yì yào xiāo xíng
町畽鹿场，熠耀宵行。⑨
bù kě wèi yě yī kě huái yě
不可畏也，伊可怀也。⑩

wǒ cú dōng shān tāo tāo bù guī
我徂东山，慆慆不归。
wǒ lái zì dōng líng yǔ qí méng
我来自东，零雨其濛。
guàn míng yú dié fù tàn yú shì
鹳鸣于垤，妇叹于室。⑪
sǎ sǎo qióng zhì wǒ zhēng yù zhì
洒扫穹窒，我征聿至。⑫
yǒu tuán guā kǔ zhēng zài lì xīn
有敦瓜苦，烝在栗薪。⑬

平番得胜图　明·佚名

zì wǒ bù jiàn，yú jīn sān nián。
自我不见，于今三年。⑭

wǒ cú dōng shān，tāo tāo bù guī。
我徂东山，慆慆不归。

wǒ lái zì dōng，líng yǔ qí méng。
我来自东，零雨其濛。

cāng gēng yú fēi，yì yào qí yǔ。
仓庚于飞，熠耀其羽。⑮

zhī zǐ yú guī，huáng bó qí mǎ。
之子于归，皇驳其马。⑯

qīn jié qí lí，jiǔ shí qí yí。
亲结其缡，九十其仪。⑰

qí xīn kǒng jiā，qí jiù rú zhī hé？
其新孔嘉，其旧如之何？⑱

注释：①**徂**：往。**慆慆**：长久。②**零雨**：细雨。**濛**：弥漫貌。③**西悲**：因怀念西方的家乡而悲伤。④**士**：通事，从事。**行枚**：行通横，士兵行军口中衔横枚（似筷），以防喧哗。⑤**蜎蜎**：蠕动貌。**蠋**：毛虫，又名山蚕。**烝**：长久。⑥**敦**：孤独地。⑦**果蠃**：栝楼，又名瓜蒌，蔓生葫芦科植物。**施**：蔓延。**宇**：房檐。⑧**伊威**：潮虫，又叫土鳖虫。**蟏蛸**：长脚蜘蛛。⑨**町畽**：田舍旁空地。**熠耀**：萤光。**宵行**：萤火虫。⑩**伊**：是。⑪**鹳**：水鸟。**垤**：蚂蚁壅的土堆。⑫**穹**：尽。**窒**：阻塞。**聿**：语助词。⑬**敦**：通团，圆的。**瓜苦**：即苦瓜。**烝**：放置。**栗薪**：柴堆。⑭**于今**：到现在。⑮**仓庚**：黄莺。⑯**之子**：那个女子。**于归**：出嫁。**皇**：黄白相间。**驳**：红白相间。⑰**亲**：母亲。**缡**：古时女子的佩巾。**九十**：非实数，形容多。**仪**：礼节。⑱**其**：发语词。**新**：新婚时。**孔嘉**：很好。**旧**：久别以后。

西风匹马荒城路图 清·钱吉生

157 破斧（pò fǔ）

jì pò wǒ fǔ，yòu quē wǒ qiāng
既破我斧，又缺我斨。①

zhōu gōng dōng zhēng，sì guó shì kuāng
周公东征，四国是皇。②

āi wǒ rén sī，yì kǒng zhī jiāng
哀我人斯，亦孔之将。③

jì pò wǒ fǔ，yòu quē wǒ qí
既破我斧，又缺我锜。④

zhōu gōng dōng zhēng，sì guó shì é
周公东征，四国是吪。⑤

āi wǒ rén sī，yì kǒng zhī jiā
哀我人斯，亦孔之嘉。

jì pò wǒ fǔ，yòu quē wǒ qiú
既破我斧，又缺我銶。⑥

zhōu gōng dōng zhēng，sì guó shì qiú
周公东征，四国是遒。⑦

āi wǒ rén sī，yì kǒng zhī xiū
哀我人斯，亦孔之休。⑧

注释：①**缺**：缺口。**斨**：方孔柄的斧。②**皇**：通匡，匡正。③**斯**：语助词。**孔**：很。**将**：大。④**锜**：兵器，形如锹，双面刃，长柄。⑤**吪**：感化。⑥**銶**：兵器，又名酋矛，三面有锋。⑦**遒**：驯服。⑧**休**：美好。

破斧图　宋·马和之

158

fá kē
伐柯

fá kē rú hé fěi fǔ bù kè
伐柯如何？匪斧不克。①
qǔ qī rú hé fěi méi bù dé
取妻如何？匪媒不得。②

fá kē fá kē qí zé bù yuǎn
伐柯伐柯，其则不远。③
wǒ gòu zhī zǐ biān dòu yǒu jiàn
我觏之子，笾豆有践。④

注释：①**伐**：砍。**柯**：斧柄。**匪**：非。**克**：能够。②**取**：同娶。**不得**：不能成功。③**则**：法则。**不远**：就在近前。④**觏**：遇见。**笾**：古代祭祀和宴会时盛果品的竹篾食具。**豆**：古代盛肉的木制器皿。**践**：成行成列之状。

伐柯图　宋·马和之

159

九罭

九罭之鱼，鳟鲂。①
我觏之子，衮衣绣裳。②
鸿飞遵渚，公归无所，
於女信处。③

九罭图　宋·马和之

hóng fēi zūn lù　gōng guī bù fù
鸿飞遵陆，公归不复，
yú rǔ shēn sù
於女信宿。④

shì yǐ yǒu gǔn yī xī　wú yǔ wǒ gōng guī xī
是以有衮衣兮，无以我公归兮，
wú shǐ wǒ xīn bēi xī
无使我心悲兮。⑤

注释：①**九罭**：一种捕鱼的细网。**鳟**：赤眼鳟鱼。**鲂**：鳊鱼。②**觏**：遇见。**衮衣**：大公、君王的礼服。**绣裳**：绣有花纹的下衣。③**鸿**：天鹅。**遵**：沿着。**渚**：水中间的小块陆地。**於**：相依以居。**女**：同汝。**信处**：住两晚。信通伸，同申。申，重也。④**复**：返回。**信宿**：住两宿。⑤**有**：收藏。**无以**：不要与。以同与。

九罭图　明·《程氏墨苑》

160 狼跋

láng bá

láng bá qí hú zài zhì qí wěi
狼跋其胡，载疐其尾。①
gōng sūn shuò fū chì xì jǐ jǐ
公孙硕肤，赤舄几几。②
láng zhì qí wěi zài bá qí hú
狼疐其尾，载跋其胡。
gōng sūn shuò fū dé yīn pī xiá
公孙硕肤，德音不瑕！③

注释：①**跋：**践踏。**胡：**兽颔下垂肉。**载：**又。**疐：**踩；牵绊。②**硕肤：**甚美。肤又通胪，硕肤即肥肚子。**赤舄：**红鞋。舄，复底鞋。**几几：**弯曲的样子。③**德音：**好名声。**不：**丕，大。**瑕：**同遐，远。

狼跋图　宋·马和之

雅

秋稔图　清·袁　耀

画面中有青山绿水，红枫遍布，阡陌农家，充满了诗情画意。

小　雅

十八学士图　宋·佚名

唐太宗李世民为秦王时，于宫城西开文学馆，罗致四方文士，以杜如晦、房玄龄、陆德明等十八人，分为三番，每日六人值宿，讨论文献，商略古今，号为十八学士。后世多以此为画题。此幅名为十八学士图，画面上却只画其中四学士正在品评画卷。四学士神情风度皆不同，连僮仆也各有姿态。用笔工整，描画细致，有院体之风。

161

lù míng
鹿鸣

yōu yōu lù míng, shí yě zhī píng.
呦呦鹿鸣，食野之苹。①
wǒ yǒu jiā bīn, gǔ sè chuī shēng.
我有嘉宾，鼓瑟吹笙。②
chuī shēng gǔ huáng, chéng kuāng shì jiāng.
吹笙鼓簧，承筐是将。③
rén zhī hào wǒ, shì wǒ zhōu háng.
人之好我，示我周行。④

yōu yōu lù míng, shí yě zhī hāo.
呦呦鹿鸣，食野之蒿。⑤
wǒ yǒu jiā bīn, dé yīn kǒng zhāo.
我有嘉宾，德音孔昭。⑥
shì mín bù tiāo, jūn zǐ shì zé shì xiào.
视民不恌，君子是则是效。⑦
wǒ yǒu zhǐ jiǔ, jiā bīn shì yàn yǐ áo.
我有旨酒，嘉宾式燕以敖。⑧

鹿鸣图　宋·马和之

yōu yōu lù míng　shí yě zhī qín
呦呦鹿鸣，食野之芩。[9]

wǒ yǒu jiā bīn　gǔ sè gǔ qín
我有嘉宾，鼓瑟鼓琴。

gǔ sè gǔ qín　hé lè qiě dān
鼓瑟鼓琴，和乐且湛。[10]

wǒ yǒu zhǐ jiǔ　yǐ yàn lè jiā bīn zhī xīn
我有旨酒，以燕乐嘉宾之心。[11]

注释：①**呦呦：**鹿鸣声。**苹：**皤蒿，俗名艾蒿。②**鼓：**弹奏。**瑟：**古代弹拨乐器。**笙：**古代一种簧管乐器，靠片状振动体发声。③**承：**奉上。**筐：**盛币帛的竹器。**是将：**赠送。将，即奉献。④**周行：**大路，指为人处世的正路。⑤**蒿：**青蒿。⑥**德音：**好名声。**孔：**很。**昭：**著名。⑦**视：**示也。**民：**奴隶。**恌：**佻，轻薄。**则：**准则。**效：**效法，照样做。⑧**旨：**美味。**式：**发语词。**燕：**同宴。**敖：**游逛。⑨**芩：**蒿类植物。⑩**湛：**同耽，指沉溺在欢乐之中。⑪**燕乐：**使安乐。燕又通宴。

鹿鸣图　明·《程氏墨苑》

162

四牡

四牡騑騑，周道倭迟。①
岂不怀归？
王事靡盬，我心伤悲。②
四牡騑騑，啴啴骆马。③
岂不怀归？
王事靡盬，不遑启处。④
翩翩者鵻，载飞载下。⑤
集于苞栩。⑥

天雨反风图　清·《钦定书经图说》

wáng shì mǐ gǔ　bù huáng jiāng fù
王事靡盬，不遑将父。⑦

piān piān zhě zhuī　zài fēi zài zhǐ
翩翩者鵻，载飞载止。

jí yú bāo qǐ
集于苞杞。⑧

wáng shì mǐ gǔ　bù huáng jiāng mǔ
王事靡盬，不遑将母。

jià bǐ sì luò　zài zhòu qīn qīn
驾彼四骆，载骤骎骎。⑨

qǐ bù huái guī
岂不怀归？

shì yòng zuò gē　jiāng mǔ lái shěn
是用作歌，将母来谂。⑩

注释：①**四牡**：四匹驾车的公马。**骓骓**：马行走不停貌。**周道**：大道。**倭迟**：又作威夷、逶迤，道路迂回遥远貌。②**靡**：无。**盬**：闲暇。③**啴啴**：喘息貌。**骆马**：白毛黑鬣的马。④**遑**：暇，顾。**启处**：安居休息。⑤**翩翩**：动作轻疾生动的样子。**鵻**：斑鸠。**载飞载下**：或飞或下。⑥**集**：鸟群栖于树木上。**苞**：草木丛生。**栩**：栎树。⑦**将父**：赡养父亲。⑧**杞**：枸杞。⑨**骤**：马飞奔。**骎骎**：马速行貌。⑩**谂**：思念。

四牡图　宋·马和之

163

huáng huáng zhě huā

皇皇者华

huáng huáng zhě huā yú bǐ yuán xí
皇皇者华，于彼原隰。①

shēn shēn zhēng fū měi huái mǐ jí
駪駪征夫，每怀靡及。②

wǒ mǎ wéi jū liù pèi rú rú
我马维驹，六辔如濡。③

zài chí zài qū zhōu yuán zī zōu
载驰载驱，周爰咨诹。④

wǒ mǎ wéi qí liù pèi rú sī
我马维骐，六辔如丝。⑤

zài chí zài qū zhōu yuán zī móu
载驰载驱，周爰咨谋。⑥

wǒ mǎ wéi luò liù pèi wò ruò
我马维骆，六辔沃若。⑦

zài chí zài qū zhōu yuán zī duó
载驰载驱，周爰咨度。⑧

wǒ mǎ wéi yīn liù pèi jì jūn
我马维骃，六辔既均。⑨

zài chí zài qū zhōu yuán zī xún
载驰载驱，周爰咨询。⑩

注释：①**皇皇**：指草木的花光彩耀眼。**华**：同花。**原隰**：高而平曰原，低而湿曰隰。②**駪駪**：众多貌。**征夫**：负命之人。**每怀**：时常担心。**靡及**：未完成。③**维**：语助词。**驹**：本作骄，马高六尺曰骄。**辔**：马缰绳。**濡**：润泽，柔软。④**周**：忠信。**爰**：于也。**咨**：访问。**诹**：聚议。⑤**骐**：青黑色的马。**如丝**：像丝带。⑥**谋**：筹划。⑦**骆**：白毛黑鬣的马。**沃若**：光泽。⑧**度**：酌量。⑨**骃**：毛色黑白相间的马。**均**：协调。⑩**询**：究问。

皇皇者华图　宋·马和之

164

cháng dì
常棣

cháng dì zhī huā，è fū wěi wěi。
常棣之华，鄂不韡韡。①
fán jīn zhī rén，mò rú xiōng dì。
凡今之人，莫如兄弟。②
sǐ sāng zhī wèi，xiōng dì kǒng huái。
死丧之威，兄弟孔怀。③
yuán xí póu yǐ，xiōng dì qiú yǐ。
原隰裒矣，兄弟求矣。④
jí lìng zài yuán，xiōng dì jí nàn。
脊令在原，兄弟急难。⑤
měi yǒu liáng péng，kuàng yě yǒng tàn。
每有良朋，况也永叹。⑥
xiōng dì xì yú qiáng，wài yù qí wǔ。
兄弟阋于墙，外御其务。⑦
měi yǒu liáng péng，zhēng yě wú rǔ。
每有良朋，烝也无戎。⑧

常棣图 宋·马和之

sāng luàn jì píng　jì ān qiě níng
丧乱既平，既安且宁。

suī yǒu xiōng dì　bù rú yǒu shēng
虽有兄弟，不如友生。⑨

bīn ěr biān dòu　yǐn jiǔ zhī yù
傧尔笾豆，饮酒之饫。⑩

xiōng dì jì jù　hé lè qiě rú
兄弟既具，和乐且孺。⑪

qī zǐ hǎo hé　rú gǔ sè qín
妻子好合，如鼓瑟琴。⑫

xiōng dì jì xī　hé lè qiě dān
兄弟既翕，和乐且湛。⑬

yí ěr shì jiā　lè ěr qī nú
宜尔室家，乐尔妻帑。⑭

shì jiū shì tú　dǎn qí rán hū
是究是图，亶其然乎。⑮

注释：①**常棣**：即棠梨树。**华**：花。**鄂**：同萼，花萼。**不**：同柎，即花托，花蒂的象形。**韡韡**：光明貌。②**凡今**：当今，现在。**莫如**：没人能比。③**威**：同畏。**孔怀**：很关怀。④**裒**：聚集。**求**：寻求。⑤**脊令**：鸟名。背黑腹白，尖嘴尾长，好群居，飞时鸣叫互相呼应。⑥**每**：虽。**况**：发语词，兹也。**永叹**：长叹。⑦**阋**：争斗。**墙**：屋墙之内，即内部。**务**：通侮。⑧**烝**：长久。**戎**：相助。音如汝，与务合韵。⑨**友生**：朋友。生为助语词。⑩**傧**：陈设。**饫**：私，指家宴。⑪**具**：同俱，集。**和**：九族会曰和。**孺**：相亲。⑫**妻子**：妻子儿女。**鼓**：演奏。⑬**翕**：合，聚。**湛**：久乐。⑭**宜尔室家**：家庭和睦。**帑**：同孥，儿女。⑮**是究**：究是，即思考这种情况。**是图**：图是，即谋虑这种情况。**亶**：诚然，信然。

西域图册之回子　清·明福

165

伐木

伐木丁丁，鸟鸣嘤嘤。①
出自幽谷，迁于乔木。②
嘤其鸣矣，求其友声。③
相彼鸟矣，犹求友声，④
矧伊人矣，不求友生？⑤
神之听之，终和且平。⑥
伐木许许，酾酒有藇。⑦
既有肥羜，以速诸父。⑧
宁适不来，微我弗顾。⑨

幽谷迁乔图　明·《程氏墨苑》

wū càn sǎ sǎo, chén kuì bā guǐ.
於粲洒扫，陈馈八簋。⑩

jì yǒu féi mǔ, yǐ sù zhū jiù.
既有肥牡，以速诸舅。

nìng shì bù lái, wēi wǒ yǒu jiù.
宁适不来，微我有咎。⑪

fá mù yú bǎn, shī jiǔ yǒu yǎn.
伐木于阪，酾酒有衍。⑫

biān dòu yǒu jiàn, xiōng dì wú yuǎn.
笾豆有践，兄弟无远。⑬

mín zhī shī dé, gān hóu yǐ qiān.
民之失德，干糇以愆。⑭

yǒu jiǔ xǔ wǒ, wú jiǔ gū wǒ.
有酒湑我，无酒酤我。⑮

kǎn kǎn gǔ wǒ, cún cún wǔ wǒ.
坎坎鼓我，蹲蹲舞我。⑯

dài wǒ xiá yǐ, yǐn cǐ xǔ yǐ.
迨我暇矣，饮此湑矣。⑰

注释：①**丁丁**：伐木声。**嘤嘤**：鸟和鸣声。②**幽谷**：深深的山谷。**乔木**：主干高大的树。③**友声**：同类的声音。④**相**：视，看。**犹**：像。⑤**矧**：况且，何况。**伊**：语助词。**生**：语助词。⑥**神**：谨慎。**听**：随从。**终……且**：既……又。⑦**许许**：众人共力之声，即劳动号子。**酾**：滤酒。**藇**：美貌。⑧**羜**：五个月的小羊。**速**：邀请。⑨**宁**：难道。**适**：正好。**微**：莫非。⑩**於**：叹词。**粲**：洁净。**陈**：摆放。**馈**：食物。**簋**：盛食物的器皿。⑪**咎**：过错。⑫**阪**：山坡。**衍**：本指水多溢出来，这里形容酒之多而美。⑬**笾豆**：祭祀盛食物的器具。**践**：排列整齐。**无远**：不要疏远。⑭**民**：大众。**失德**：失去情谊而交恶的意思。**干糇**：干粮。**愆**：过失。⑮**湑**：滤过的酒，引申为清。**酤**：买酒。⑯**坎坎**：鼓声。**蹲蹲**：舞蹈的样子。⑰**迨**：等到。

伐木图 宋·马和之

166

天保

tiān bǎo

天保定尔，亦孔之固。①

(tiān bǎo dìng ěr, yì kǒng zhī gù)

俾尔单厚，何福不除。②

(bǐ ěr dǎn hòu, hé fú bù yǔ)

俾尔多益，以莫不庶。③

(bǐ ěr duō yì, yǐ mò bù shù)

天保定尔，俾尔戬穀。④

(tiān bǎo dìng ěr, bǐ ěr jiǎn gǔ)

罄无不宜，受天百禄。⑤

(qìng wú bù yí, shòu tiān bǎi lù)

降尔遐福，维日不足。⑥

(jiàng ěr xiá fú, wéi rì bù zú)

受天百禄图 清·沈铨

tiān bǎo dìng ěr, yǐ mò bù xīng
天保定尔，以莫不兴。[7]
rú shān rú fù, rú gāng rú líng
如山如阜，如冈如陵。[8]
rú chuān zhī fāng zhì, yǐ mò bù zēng
如川之方至，以莫不增。[9]

jí juān wéi chì, shì yòng xiào xiǎng
吉蠲为饎，是用孝享。[10]
yuè cí zhēng cháng, yú gōng xiān wáng
禴祠烝尝，于公先王。[11]
jūn yuē bì ěr, wàn shòu wú jiāng
君曰卜尔，万寿无疆。[12]

天保九如图　明·《程氏墨苑》

shén zhī dì yǐ　yí ěr duō fú

神之吊矣，诒尔多福。⑬

mín zhī zhì yǐ　rì yòng yǐn shí

民之质矣，日用饮食。⑭

qún lí bǎi xìng　biàn wéi ěr dé

群黎百姓，遍为尔德。⑮

rú yuè zhī gèng　rú rì zhī shēng

如月之恒，如日之升。⑯

rú nán shān zhī shòu　bù qiān bù bēng

如南山之寿，不骞不崩。⑰

rú sōng bǎi zhī mào　wú bù ěr huò chéng

如松柏之茂，无不尔或承。⑱

注释：①**天保：**上天保佑。**孔之固：**很安稳。②**俾：**使。**单厚：**尽厚。单，亶之假借。厚。**除：**同余，作予，即给予。③**益：**好处。**以：**发语词。**莫不：**定然。**庶：**众多。④**戬：**福。**穀：**禄，善。⑤**罄：**尽。⑥**遐：**远。**遐福：**永福。**维：**只是。⑦**兴：**盛大。⑧**阜：**土山。⑨**川：**大河。**方至：**正好奔流而来。⑩**吉蠲：**清洁。**饎：**酒食。**是用：**拿来。**孝享：**献祭。⑪**禴：**夏祭。**祠：**春祭。**烝：**冬祭。**尝：**秋祭。**于公先王：**对先公先王。⑫**君：**先公先王的统称。**曰：**托言说。**卜：**同畀，给予。⑬**吊：**至。**诒：**遗。⑭**民之质矣，日用饮食：**下民质朴，安居乐业。⑮**群黎：**民众。**为：**感化。**百姓：**百官族姓。战国以前贵族有姓，普通民众无姓。⑯**恒：**月上弦。⑰**寿：**长久。**骞：**亏也。**崩：**毁坏。⑱**或：**语助词。**承：**传下去。

天保图　宋·马和之

167

cǎi wēi

采薇

cǎi wēi cǎi wēi wēi yì zuò zhǐ

采薇采薇，薇亦作止。①

yuē guī yuē guī suì yì mù zhǐ

曰归曰归，岁亦莫止。②

mǐ shì mǐ jiā xiǎn yǔn zhī gù

靡室靡家，玁狁之故。③

bù huáng qǐ jū xiǎn yǔn zhī gù

不遑启居，玁狁之故。④

cǎi wēi cǎi wēi wēi yì róu zhǐ

采薇采薇，薇亦柔止。⑤

yuē guī yuē guī xīn yì yōu zhǐ

曰归曰归，心亦忧止。

yōu xīn liè liè zài jī zài kě

忧心烈烈，载饥载渴。⑥

采薇图　宋·马和之

wǒ shù wèi dìng, mǐ shǐ guī pìn
我戍未定，靡使归聘。⑦
cǎi wēi cǎi wēi, wēi yì gāng zhǐ
采薇采薇，薇亦刚止。⑧
yuē guī yuē guī, suì yì yáng zhǐ
曰归曰归，岁亦阳止。⑨
wáng shì mǐ gǔ, bù huáng qǐ chǔ
王事靡盬，不遑启处。⑩
yōu xīn kǒng jiù, wǒ háng bù lái
忧心孔疚，我行不来。⑪
bǐ nǐ wéi hé, wéi cháng zhī huā
彼尔维何，维常之华。⑫
bǐ lù sī hé, jūn zǐ zhī chē
彼路斯何，君子之车。⑬
róng chē jì jià, sì mǔ yè yè
戎车既驾，四牡业业。⑭
qǐ gǎn dìng jū, yī yuè sān jié
岂敢定居，一月三捷。⑮

布昭圣武图

采薇图

jià bǐ sì mǔ， sì mǔ kuí kuí
驾彼四牡，四牡骙骙。⑯
jūn zǐ suǒ yī， xiǎo rén suǒ bì
君子所依，小人所腓。⑰
sì mǔ yì yì， xiàng mǐ yú fú
四牡翼翼，象弭鱼服。⑱
qǐ bù rì jiè， xiǎn yǔn kǒng jí
岂不日戒，玁狁孔棘。⑲

xī wǒ wǎng yǐ， yáng liǔ yī yī
昔我往矣，杨柳依依。⑳
jīn wǒ lái sī， yù xuě fēi fēi
今我来思，雨雪霏霏。㉑
xíng dào chí chí， zài kě zài jī
行道迟迟，载渴载饥。㉒
wǒ xīn shāng bēi， mò zhī wǒ āi
我心伤悲，莫知我哀。

注释：①**薇**：野豌豆。**亦**：语助词。**作**：初生。**止**：语助词。②**岁亦莫止**：即岁暮，年尾。莫同暮。③**玁狁**：西周时西北地区少数民族，春秋时被称戎狄，秦汉时为匈奴，隋唐时为突厥。④**遑**：暇。**启居**：休息。⑤**柔**：幼嫩。⑥**烈烈**：忧愁如焚的样子。**载**：又。⑦**戍**：防守边疆。**未定**：不固定。**聘**：问候。⑧**刚**：坚硬。⑨**阳**：夏历十月。⑩**盬**：休止。⑪**疚**：病。**来**：归来。⑫**尔**：同茶，花盛貌。**常**：常棣。**华**：同花。⑬**路**：辂，大车。⑭**戎车**：兵车。**业业**：强壮的样子。⑮**定**：安定。**三**：多次。**捷**：胜利。⑯**骙骙**：马强壮貌。⑰**腓**：同庇，掩护。⑱**翼翼**：行列整齐貌，指马训练有素。**象弭**：象牙装饰的弓，弭是弓两端系弦的地方，代指弓。**鱼服**：鲛鱼皮制的箭袋。⑲**戒**：警惕。**棘**：急。⑳**昔**：过去。**往**：出发。**依依**：形容柳枝随风摆。㉑**思**：语助词。**雨雪**：即下雪。**霏霏**：雪大的样子。㉒**行道**：大路。**迟迟**：缓慢的样子。

修扞于艰图　清·《钦定书经图说》

168

chū chē
出车

wǒ chū wǒ chē, yú bǐ mù yǐ.
我出我车，于彼牧矣。①
zì tiān zǐ suǒ, wèi wǒ lái yǐ.
自天子所，谓我来矣。②
zhào bǐ pú fū, wèi zhī zài yǐ.
召彼仆夫，谓之载矣。③
wáng shì duō nàn, wéi qí jí yǐ.
王事多难，维其棘矣。④

wǒ chū wǒ chē, yú bǐ jiāo yǐ.
我出我车，于彼郊矣。
shè cǐ zhào yǐ, jiàn bǐ máo yǐ.
设此旐矣，建彼旄矣。⑤
bǐ yú zhào sī, hú bù pèi pèi.
彼旟旐斯，胡不旆旆。⑥
yōu xīn qiǎo qiǎo, pú fū huǎng cuì.
忧心悄悄，仆夫况瘁。⑦

围场马术表演图　清·冷枚

wáng mìng nán zhòng, wǎng chéng yú fāng
王命南仲，往城于方。⑧

chū chē bāng bāng, qí zhào yīng yīng
出车彭彭，旂旐央央。⑨

tiān zǐ mìng wǒ, chéng bǐ shuò fāng
天子命我，城彼朔方。⑩

hè hè nán zhòng, xiǎn yǔn yú xiāng
赫赫南仲，玁狁于襄。⑪

xī wǒ wǎng yǐ, shǔ jì fāng huā
昔我往矣，黍稷方华。⑫

jīn wǒ lái sī, yù xuě zài tú
今我来思，雨雪载涂。⑬

wáng shì duō nàn, bù huáng qǐ jū
王事多难，不遑启居。⑭

qǐ bù huái guī, wèi cǐ jiǎn shū
岂不怀归，畏此简书。⑮

yāo yāo cǎo chóng, tì tì fù zhōng
喓喓草虫，趯趯阜螽。⑯

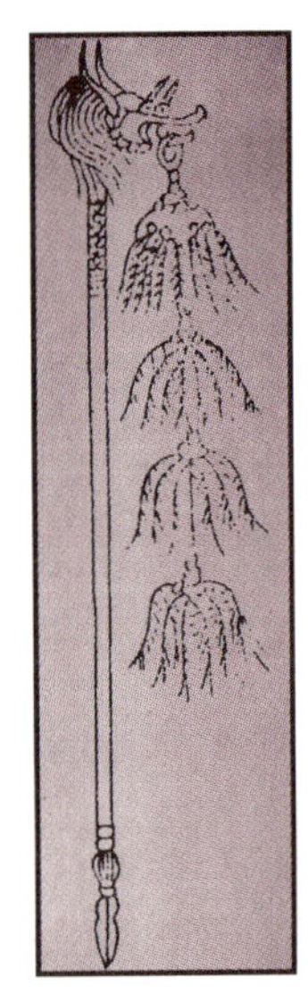
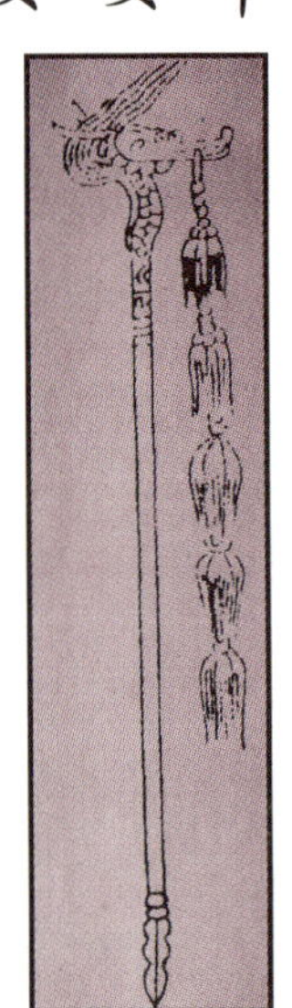
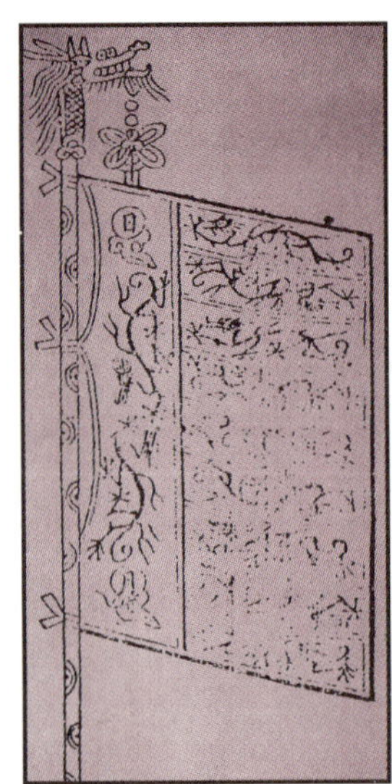
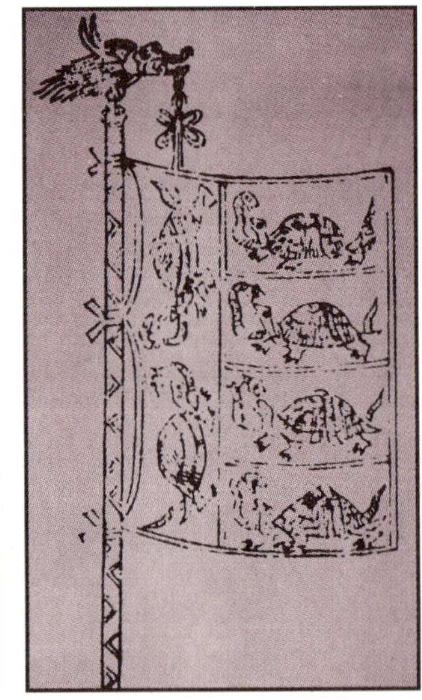

旌旄旂旐图　明·《诗传大全》

wèi jiàn jūn zǐ, yōu xīn chōng chōng
未见君子，忧心忡忡。⑰
jì jiàn jūn zǐ, wǒ xīn zé hōng
既见君子，我心则降。⑱
hè hè nán zhòng, bó fá xī róng
赫赫南仲，薄伐西戎。⑲
chūn rì chí chí, huì mù qī qī
春日迟迟，卉木萋萋。⑳
cāng gēng jiē jiē, cǎi fán qí qí
仓庚喈喈，采蘩祁祁。㉑
zhí xùn guó chǒu, bō yán xuán guī
执讯获丑，薄言还归。㉒
hè hè nán zhòng, xiǎn yǔn yú yí
赫赫南仲，玁狁于夷。㉓

注释：①**牧**：郊外谓之牧。②**所**：住的地方，即京都。**谓**：使也。③**召**：召集。**仆**：仆役。**载**：装载。④**棘**：急，紧急。⑤**设**：排列。**旐**：画着龟蛇的旗。**建**：树立。**旄**：牦牛尾装饰的旗子。⑥**旟**：画有鸟隼的旗。**旆旆**：飞扬。⑦**悄悄**：伤心的样子。**况瘁**：憔悴。况，通怳。⑧**南仲**：周宣王时将领。**于方**：北方。⑨**彭彭**：军马盛多的样子。**旂**：绘有龙和系有铃的旗。**央央**：鲜明貌。⑩**城**：筑城。**朔方**：北方。⑪**赫赫**：威名显扬。**玁狁**：北方的少数民族。**襄**：除。⑫**方**：正。**华**：同花。⑬**思**：语助词。**雨雪**：下雪。**载**：语助词。**涂**：同途，道路。⑭**不遑**：无暇。**启居**：休息。⑮**简书**：官书写在竹简上。⑯**喓喓**：草虫鸣叫声。**趯趯**：蹦跳的样子。**阜螽**：蚱蜢。⑰**忡忡**：忧虑不安的样子。⑱**降**：安定下来。⑲**薄**：发语词。**伐**：攻打。**西戎**：即猃狁。⑳**春日**：春天。**迟迟**：缓慢而长。**卉**：百草的统称。**木**：树的统称。**萋萋**：茂盛的样子。㉑**仓庚**：黄鹂。**喈喈**：黄鹂叫声。**蘩**：白蒿，野菜。**祁祁**：众多。㉒**执**：抓住。**讯**：审问。**获丑**：获同馘，古代杀敌割下左耳计功。**薄言**：语助词。㉓**夷**：平定。

出车图　宋·马和之

169 杕杜

有杕之杜，有睆其实。①
王事靡盬，继嗣我日。②
日月阳止，女心伤止，征夫遑止。③

有杕之杜，其叶萋萋。④
王事靡盬，我心伤悲。
卉木萋止，女心悲止，征夫归止。⑤

陟彼北山，言采其杞。⑥

杕杜图　宋·马和之

wáng shì mǐ gǔ, yōu wǒ fù mǔ.
王事靡盬，忧我父母。

tán chē chǎn chǎn, sì mǔ guǎn guǎn, zhēng fū bù yuǎn.
檀车幝幝，四牡痯痯，征夫不远。⑦

fěi zài fěi lái, yōu xīn kǒng jiù.
● 匪载匪来，忧心孔疚。⑧

qī shì bù zhì, ér duō wéi xù.
期逝不至，而多为恤。⑨

bǔ shì xié zhǐ, huì yán jìn zhǐ, zhēng fū ěr zhǐ.
卜筮偕止，会言近止，征夫迩止。⑩

注释：①杕：茂盛。杜：棠梨树的一种。睆：果实盛多。②盬：休止。继嗣：同义复用，继续，含有延长之意。③日月：日子。阳：阴历十月。止：语助词。遑：空闲。④萋萋：茂盛。⑤卉木：百草树木。⑥陟：登。言：语助词。杞：枸杞。⑦檀车：檀木制的车。幝幝：破敝的样子。痯痯：疲倦的样子。⑧匪：非。载：车乘。孔疚：很悲伤。⑨逝：过去。⑩卜：用龟甲或兽骨占卜。筮：用蓍草算卦。偕：嘉。会：都。近：很快。

nán gāi (shēng shī yě, yǒu shēng wū cí)
0-1 南陔（笙诗也，有声无辞）

bái huā (shēng shī yě)
0-2 白华（笙诗也）

huá shǔ (shēng shī yě)
0-3 华黍（笙诗也）

生民保居图　清·《钦定书经图说》

170

鱼丽

鱼丽于罶，鲿鲨。①
君子有酒，旨且多。②
鱼丽于罶，鲂鳢。③
君子有酒，多且旨。
鱼丽于罶，鰋鲤。④
君子有酒，旨且有。⑤
物其多矣，维其嘉矣。⑥

鱼丽图　宋·马和之

wù qí zhǐ yǐ wéi qí xié yǐ

物其旨矣，维其偕矣。⑦

wù qí yǒu yǐ wéi qí shí yǐ

物其有矣，维其时矣。⑧

注释：①**丽：**通罹，遭遇，落入。**罶：**竹制的捕鱼工具。在河中累石拦鱼，罶放石中，鱼进则不能出。**鲿：**黄鲿，黄颊鱼。**鲨：**吹沙鱼，比鲫鱼小。②**旨：**味美。③**鲂：**跟鳊鱼相似，银灰色，腹部隆起。**鳢：**鱼名，黑鱼。④**鰋：**鲇鱼。**鲤：**鲤鱼。⑤**有：**富有，多。⑥**其：**语助词。**维：**是。⑦**偕：**齐备。⑧**时：**适时。

yóu gēng shēng shī yě

0-4 由庚（笙诗也）

张丝网图《古今图书集成图集》

171

南有嘉鱼

nán yǒu jiā yú zhēng rán zhào zhào
南有嘉鱼，烝然罩罩。①
jūn zǐ yǒu jiǔ jiā bīn shì yàn yǐ lè
君子有酒，嘉宾式燕以乐。②

nán yǒu jiā yú zhēng rán shàn shàn
南有嘉鱼，烝然汕汕。③
jūn zǐ yǒu jiǔ jiā bīn shì yàn yǐ kàn
君子有酒，嘉宾式燕以衎。④

藻鱼图 元·赖庵

nán yǒu jiū mù gān hù léi zhī
南有樛木，甘瓠累之。⑤
jūn zǐ yǒu jiǔ jiā bīn shì yàn suí zhī
君子有酒，嘉宾式燕绥之。⑥

piān piān zhě zhuī zhēng rán lái sī
翩翩者雔，烝然来思。⑦
jūn zǐ yǒu jiǔ jiā bīn shì yàn yòu sī
君子有酒，嘉宾式燕又思。⑧

注释： ①**南**：江汉之间。**烝然**：众多的样子。**罩罩**：以罩罩鱼。②**式**：既，已经。**燕**：同宴。**以**：而。③**汕**：捕鱼工具，抄网。汕汕，指抄网多。④**衎**：乐。⑤**樛木**：向下弯曲的树。**瓠**：葫芦。**累**：缠绕。⑥**绥**：安好。⑦**雔**：斑鸠。**思**：语助词。⑧**又**：通侑，劝酒。

chǒng qiū shēng shī yě
0–5 崇丘（笙诗也）

德将无醉图 清·《钦定书经图说》

172

南山有台

南山有台，北山有莱。①
乐只君子，邦家之基。②
乐只君子，万寿无期。③

南山有桑，北山有杨。
乐只君子，邦家之光。④
乐只君子，万寿无疆。

南山有杞，北山有李。⑤
乐只君子，民之父母。
乐只君子，德音不已。⑥

秦淮冶游图 明·钱穀

nán shān yǒu kǎo　　běi shān yǒu niǔ
南山有栲，北山有杻。⑦
lè zhǐ jūn zǐ　　xiá bù méi shòu
乐只君子，遐不眉寿。⑧
lè zhǐ jūn zǐ　　dé yīn shì mào
乐只君子，德音是茂。

nán shān yǒu jǔ　　běi shān yǒu yú
南山有枸，北山有楰。⑨
lè zhǐ jūn zǐ　　xiá bù huáng gǒu
乐只君子，遐不黄耇。⑩
lè zhǐ jūn zǐ　　bǎo ài ěr hòu
乐只君子，保艾尔后。⑪

注释：①**台**：莎草，可做蓑衣。**莱**：即藜，亦称灰菜。②**乐**：欢乐。**只**：语助词。**基**：根本。③**期**：期限。④**光**：荣光。⑤**杞**：枸杞。⑥**德音**：好名声。⑦**栲**：山樗，类漆树。**杻**：檍树。⑧**眉寿**：长寿。⑨**枸**：枳椇，又称拐枣。**楰**：虎梓。⑩**黄耇**：黄发老者，人老发白，白久而黄。⑪**保**：安。**艾**：养。**尔**：你。**后**：后代。

yóu yí　　shēng shī yě
0-6　由仪（笙诗也）

南山有台图

173

lù xiāo

蓼萧

lù bǐ xiāo sī, líng lù xǔ xī

蓼彼萧斯，零露湑兮。①

jì jiàn jūn zǐ, wǒ xīn xiè xī

既见君子，我心写兮。②

yàn xiào yǔ xī, shì yǐ yǒu yù chǔ xī

燕笑语兮，是以有誉处兮。③

lù bǐ xiāo sī, líng lù ráng ráng

蓼彼萧斯，零露瀼瀼。④

jì jiàn jūn zǐ, wéi chǒng wéi guāng

既见君子，为龙为光。⑤

qí dé bù shuǎng, shòu kǎo bù wàng

其德不爽，寿考不忘。⑥

赵佛肸母图　明·仇英

lù bǐ xiāo sī, líng lù nǐ nǐ.
蓼彼萧斯，零露泥泥。⑦
jì jiàn jūn zǐ, kǒng yàn kǎi tì.
既见君子，孔燕岂弟。⑧
yí xiōng yí dì, lìng dé shòu kǎi.
宜兄宜弟，令德寿岂。⑨

lù bǐ xiāo sī, líng lù nóng nóng.
蓼彼萧斯，零露浓浓。⑩
jì jiàn jūn zǐ, tiáo gé chōng chōng.
既见君子，鞗革冲冲。⑪
hé luán yōng yōng, wàn fú yōu tóng.
和鸾雍雍，万福攸同。⑫

注释：①**蓼**：长大貌。**萧**：艾蒿。**零**：落。**湑**：清澈。②**写**：同泻，宣泄。③**燕**：宴饮。**誉处**：安处。④**瀼瀼**：露盛貌。⑤**龙**：通宠，受宠。**光**：荣光。⑥**爽**：差。**考**：老。⑦**泥泥**：濡湿貌。⑧**岂弟**：同恺悌，和易近人。⑨**令德**：美德。**岂**：乐。⑩**浓浓**：厚重的样子。⑪**鞗革**：皮革制马缰绳。**冲冲**：又作忡忡，垂饰貌。⑫**和鸾**：古代车马上的铃铛。在轼曰和，在镳曰鸾。**雍雍**：铃铛和鸣声。**攸**：所。

微子图　清·《钦定书经图说》

174 湛露 zhàn lù

zhàn zhàn lù sī, fěi yáng bù xī
湛湛露斯，匪阳不晞。①

yān yān yè yǐn, bù zuì wú guī
厌厌夜饮，不醉无归。②

zhàn zhàn lù sī, zài bǐ fēng cǎo
湛湛露斯，在彼丰草。③

yān yān yè yǐn, zài zōng zài kǎo
厌厌夜饮，在宗载考。④

zhàn zhàn lù sī, zài bǐ qǐ jí
湛湛露斯，在彼杞棘。

xiǎn yǔn jūn zǐ, mò bù lìng dé
显允君子，莫不令德。⑤

qí tóng qí yī, qí shí lí lí
其桐其椅，其实离离。⑥

kǎi tì jūn zǐ, mò bù lìng yí
岂弟君子，莫不令仪。⑦

注释：①**湛湛**：露水重重。**阳**：日出。**晞**：干。②**厌厌**：舒适安乐。③**丰草**：茂盛的草。④**宗**：宗庙。**载**：语助词。**考**：成也。⑤**显**：英明。**允**：诚信。**令德**：美德。⑥**其**：那些。**椅**：山桐子。**其实**：它的果实。**离离**：下垂的样子。⑦**岂弟**：同恺悌，和易近人。**令仪**：好仪表。

洗典用酒图　清·《钦定书经图说》

175

tóng gōng
彤弓

tóng gōng chāo xī shòu yán cáng zhī
彤弓弨兮，受言藏之。①
wǒ yǒu jiā bīn zhōng xīn kuàng zhī
我有嘉宾，中心贶之。②
zhōng gǔ jì shè yì zhāo xiǎng zhī
钟鼓既设，一朝飨之。③

tóng gōng chāo xī shòu yán zài zhī
彤弓弨兮，受言载之。④
wǒ yǒu jiā bīn zhōng xīn xǐ zhī
我有嘉宾，中心喜之。
zhōng gǔ jì shè yì zhāo yòu zhī
钟鼓既设，一朝右之。⑤

tóng gōng chāo xī shòu yán gāo zhī
彤弓弨兮，受言櫜之。⑥
wǒ yǒu jiā bīn zhōng xīn hào zhī
我有嘉宾，中心好之。
zhōng gǔ jì shè yì zhāo chóu zhī
钟鼓既设，一朝酬之。⑦

注释：①**彤弓**：朱红的弓。**弨**：放松弓弦。**受**：接过来。**言**：语助词。②**中心**：心中。**贶**：爱戴。③**一朝**：终朝，即整个上午。**飨**：设大宴款待人。④**载**：装载。⑤**右**：同侑，劝酒。⑥**櫜**：弓囊。在此用作动词，指藏在弓囊中。⑦**酬**：答谢，指宾主相互敬酒。

彤弓弨兮图 《五彩绘图监本诗经》

176

jīng jīng zhě é

菁菁者莪

jīng jīng zhě é　zài bǐ zhōng ē

菁菁者莪，在彼中阿。①

jì jiàn jūn zǐ　lè qiě yǒu yí

既见君子，乐且有仪。②

jīng jīng zhě é　zài bǐ zhōng zhǐ

菁菁者莪，在彼中沚。③

jì jiàn jūn zǐ　wǒ xīn zé xǐ

既见君子，我心则喜。

jīng jīng zhě é　zài bǐ zhōng líng

菁菁者莪，在彼中陵。④

jì jiàn jūn zǐ　xī wǒ bǎi péng

既见君子，锡我百朋。⑤

fàn fàn yáng zhōu　zài chén zài fú

汎汎杨舟，载沉载浮。⑥

jì jiàn jūn zǐ　wǒ xīn zé xiū

既见君子，我心则休。⑦

注释：①**菁菁：**茂盛的样子。**莪：**莪蒿。**中阿：**即阿中。阿，大的丘陵。②**既：**已经。**仪：**礼节。③**沚：**水中小洲。④**陵：**大土丘。⑤**锡：**赐与。**朋：**古代以贝壳为货币，五贝为一串，两串为一朋。⑥**汎汎：**同泛泛，在水中摇荡。**杨舟：**杨木船。**载沉载浮：**或降或升，指船在水中晃动。⑦**休：**喜。

齐宿瘤女图　明·仇英

177

liù yuè

六月

liù yuè xī xī róng chē jì chì

六月栖栖，戎车既饬。①

sì mǔ kuí kuí zài shì cháng fú

四牡骙骙，载是常服。②

xiǎn yǔn kǒng chì wǒ shì yòng jí

玁狁孔炽，我是用急。③

wáng yú chū zhēng yǐ kuāng wáng guó

王于出征，以匡王国。④

bǐ wù sì lí xián zhī wéi zé

比物四骊，闲之维则。⑤

wéi cǐ liù yuè jì chéng wǒ fú

维此六月，既成我服。⑥

wǒ fú jì chéng yú sān shí lǐ

我服既成，于三十里。⑦

wáng yú chū zhēng yǐ zuǒ tiān zǐ

王于出征，以佐天子。

朝步于征图　清·《钦定书经图说》

大巡六师图　清·《钦定书经图说》

sì mǔ xiū guǎng qí dà yǒu yóng
四牡修广，其大有颙。⑧

bó fá xiǎn yǔn yǐ zòu fū gōng
薄伐玁狁，以奏肤公。⑨

yǒu yán yǒu yì gòng wǔ zhī fú
有严有翼，共武之服。⑩

gòng wǔ zhī fú yǐ dìng wáng guó
共武之服，以定王国。

xiǎn yǔn fěi rú zhěng jū jiāo huò
玁狁匪茹，整居焦获。⑪

qīn hào jí fāng zhì yú jīng yáng
侵镐及方，至于泾阳。⑫

zhì wén niǎo zhāng bái pèi yīng yīng
织文鸟章，白旆央央。⑬

yuán róng shí shèng yǐ xiān qǐ háng
元戎十乘，以先启行。⑭

周元戎图　明·《诗传大全》

róng chē jì ān，rú zhì rú xuān

戎车既安，如轾如轩。⑮

sì mǔ jì jí，jì jí qiě xián

四牡既佶，既佶且闲。⑯

bó fá xiǎn yǔn，zhì yú tài yuán

薄伐玁狁，至于大原。⑰

wén wǔ jí fǔ，wàn bāng wéi xiàn

文武吉甫，万邦为宪。⑱

jí fǔ yàn xǐ，jì duō shòu zhǐ

吉甫燕喜，既多受祉。⑲

lái guī zì hào，wǒ háng yǒng jiǔ

来归自镐，我行永久。

yǐn yù zhū yǒu，páo biē kuài lǐ

饮御诸友，炰鳖脍鲤。⑳

hóu shuí zài yǐ，zhāng zhòng xiào yǒu

侯谁在矣，张仲孝友。㉑

注释：①**栖栖**：忙碌的样子。**饬**：整顿。②**骙骙**：马强壮貌。**载**：装载。**是**：这些。**常**：画着日月的、有垂饰的大旗。**服**：戎服。③**孔**：很。**炽**：强盛。**急**：紧急。④**于**：语助词。**匡**：扶正。⑤**比物**：同色的马配在一起。比，配，选择。物，马。**骊**：纯黑色的马。**闲**：同娴，熟练。**则**：法度。⑥**服**：军服。⑦**于三十里**：行军三十里。⑧**修**：长。**广**：大。**颙**：大头，引申为大貌。⑨**薄**：语助词。**奏**：为。**肤**：大。**公**：功，功劳。⑩**严**：威严。**翼**：谨肃。**共武之服**：共同作战。⑪**匪茹**：不自量力。**整居**：占领。**焦获**：周朝地名。⑫**镐、方**：皆指北方地名。在今宁夏宁武附近。镐不指周都。**至于**：到达。⑬**织文**：旗帜上的花纹。织，又作帜。**鸟章**：绘有鸟图的旗帜。**白旆**：帛做的旗端飘带。⑭**元戎**：大型兵车。**启行**：开路。⑮**轾**：车子前低后高。**轩**：车子前高后低。⑯**佶**：健壮貌。**闲**：同娴，训练有素。⑰**大原**：地名。⑱**吉甫**：即尹吉甫，周朝大将。**宪**：法。⑲**燕喜**：宴饮欢乐。**祉**：福分。⑳**饮**：设私宴。**御**：进。**炰**：烹煮。**脍鲤**：切细的鲤鱼肉。㉑**侯**：发语词。**张仲**：尹吉甫之友。

箪笸迎师图　清·《钦定书经图说》

178 采芑

薄言采芑，于彼新田。①
于此菑亩，方叔莅止。②
其车三千，师干之试。③
方叔率止，乘其四骐。④
四骐翼翼，路车有奭。⑤
簟茀鱼服，钩膺鞗革。⑥
薄言采芑，于彼新田。

江宁阅兵图 清·佚名

yú cǐ zhōng xiāng　fāng shū lì zhǐ
于此中乡，方叔莅止。⑦
qí chē sān qiān　qí zhào yīng yīng
其车三千，旂旐央央。⑧
fāng shū shuài zhǐ　yuē qí cuò héng
方叔率止，约軧错衡。⑨
bā luán qiāng qiāng　fú qí mìng fú
八鸾玱玱，服其命服。⑩
zhū fú sī huáng　yǒu qiāng cōng héng
朱芾斯皇，有玱葱珩。⑪
yù bǐ fēi sǔn　qí fēi lì tiān
●鴥彼飞隼，其飞戾天，⑫
yì jí yuán zhǐ　fāng shū lì zhǐ
亦集爰止，方叔莅止。⑬
qí chē sān qiān　shī gān zhī shì
其车三千，师干之试。
fāng shū shuài zhǐ　zhēng rén fá gǔ
方叔率止，钲人伐鼓。⑭
chén shī jū lǚ　xiǎn yǔn fāng shū
陈师鞠旅，显允方叔。⑮

惟乃世王图　清·《钦定书经图说》

张皇六师图　清·《钦定书经图说》

fá gǔ yuān yuān zhèn lǚ tián tián
伐鼓渊渊，振旅阗阗。⑯

chǔn ěr mán jīng dà bāng wéi chóu
蠢尔蛮荆，大邦为雠。⑰

fāng shū yuán lǎo kè zhuàng qí yóu
方叔元老，克壮其犹。⑱

fāng shū shuài zhǐ zhí xùn guó chǒu
方叔率止，执讯获丑。⑲

róng chē tān tān tān tān tuī tuī
戎车啴啴，啴啴焞焞。⑳

rú tíng rú léi xiǎn yǔn fāng shū
如霆如雷，显允方叔。㉑

zhēng fá xiǎn yǔn mán jīng lái wèi
征伐玁狁，蛮荆来威。㉒

注释：①**芑**：一种类似于苦菜的野菜。**新田**：开垦两年的田地。②**菑**：开垦一年的田地。**方叔**：周宣王的大臣，受命征伐荆蛮的主帅。**莅**：来到。**止**：语助词。③**其车三千**：古代行伍编制，兵车一乘有甲士三人，步卒七十二人，载辎重车二十五人，共百人；三千乘，应有三十万之众。**师干之试**：士卒皆有佐师捍敌之用。师，士兵。干，防御。试，用途。④**率**：统领。**骐**：青黑色的马。⑤**翼翼**：顺序貌。**路车**：兵车。**奭**：通赩，大红色。⑥**簟茀**：以竹席为车篷。**鱼服**：以鱼皮为矢服（箭囊）。**钩膺**：马胸腹上的带饰。膺，通缨，马带。**鞗革**：马头上的缰绳。⑦**乡**：处所。⑧**旂旐**：画有龙的旗和画有龟蛇的旗。**央央**：鲜明貌。⑨**约軝**：以皮革缠束兵车之毂。**错衡**：车上横木的花纹。⑩**八鸾**：铃在镳上叫鸾。每匹马两鸾，四马八鸾。**玱玱**：铃声。**服**：穿。**命服**：官服。⑪**朱芾**：朱黄色的蔽膝。**皇**：辉煌。**葱珩**：青色佩玉。⑫**鴥**：鸟疾飞。**隼**：鹞鹰。**戾**：至。⑬**集**：群鸟停树上。⑭**钲**：古时号令士众进退的一种乐器。⑮**陈师**：整列队伍。**鞠旅**：告戒旅士众。**显**：英明。**允**：诚信。⑯**渊渊**：鼓声。**振旅**：进军。**阗阗**：击鼓声。⑰**蠢**：愚蠢。**雠**：同仇。⑱**克**：能够。**壮**：显示。**犹**：通猷，谋略。⑲**执讯**：审讯俘虏。**获丑**：杀敌割下左耳。⑳**啴啴**：兵车行进声。**焞焞**：盛大貌。㉑**霆**：霹雷。㉒**威**：畏惧。

高宗劳外图　清·《钦定书经图说》

遏绝苗民图　清·《钦定书经图说》

179

chē gōng
车攻

wǒ chē jì gōng, wǒ mǎ jì tóng.
我车既攻，我马既同。①

sì mǔ lóng lóng, jià yán cú dōng.
四牡庞庞，驾言徂东。②

tián chē jì hǎo, sì mǔ kǒng fù.
田车既好，四牡孔阜。③

dōng yǒu pǔ cǎo, jià yán xíng shòu.
东有甫草，驾言行狩。④

zhī zǐ yú miáo, suàn tú xiāo xiāo.
之子于苗，选徒嚣嚣。⑤

jiàn zhào shè máo, bó shòu yú áo.
建旐设旄，搏兽于敖。⑥

jià bǐ sì mǔ, sì mǔ yì yì,
驾彼四牡，四牡奕奕，⑦

chì fú jīn xì, huì tóng yǒu yì.
赤芾金舄，会同有绎。⑧

江宁阅兵图 清·佚名

jué shí jì cì gōng shǐ jì tiáo
决拾既佽，弓矢既调。⑨

shè fū jì tóng zhù wǒ jǔ zì
射夫既同，助我举柴。⑩

sì huáng jì jià liǎng cān bù yǐ
四黄既驾，两骖不猗。⑪

bù shī qí chí shě shǐ rú pò
不失其驰，舍矢如破。⑫

xiāo xiāo mǎ míng yōu yōu pèi jīng
萧萧马鸣，悠悠旆旌。⑬

tú yù bù jǐng dà páo bù yíng
徒御不警，大庖不盈。⑭

zhī zǐ yú zhēng yǒu wén wú shēng
之子于征，有闻无声。⑮

yǔn yǐ jūn zǐ zhǎn yě dà chéng
允矣君子，展也大成。⑯

注释：①**攻**：同工，整治。**同**：整齐。②**庞庞**：强壮。**言**：语助词。**徂**：往。③**田车**：猎车。**田**：通畋，打猎。**孔**：很。**阜**：壮大。④**甫草**：甫田之草。甫即圃。⑤**之子**：指周宣王。**苗**：夏猎。**选**：通算，清点。**徒**：随从。**嚣嚣**：喧嚣。⑥**敖**：郑国地名。⑦**奕奕**：从容闲适的样子。⑧**赤芾**：红色的蔽膝服。**金舄**：黄红色的鞋子。**会同**：诸侯朝见天子，这里指聚集。**绎**：络绎不断。⑨**决**：扳指。**拾**：护臂衣。**佽**：齐备。**调**：指调配适当。⑩**射夫**：射箭的人。**同**：协同。**举**：堆放。**柴**：积也，指积禽。⑪**猗**：通倚，偏斜。⑫**不失其驰**：御者不失其驰驱之法。**舍矢**：发矢。**如破**：射中目标。如，而。⑬**萧萧**：马鸣声。**悠悠**：安闲静止貌。⑭**徒**：步行。**御**：驾车的人。**不**：岂不。**警**：警戒。**大庖**：指宣王的厨房。**盈**：满。⑮**有闻无声**：能听见车马之声，却没有人的喧哗声。⑯**允**：信，实。**展**：诚实。**大成**：很成功。

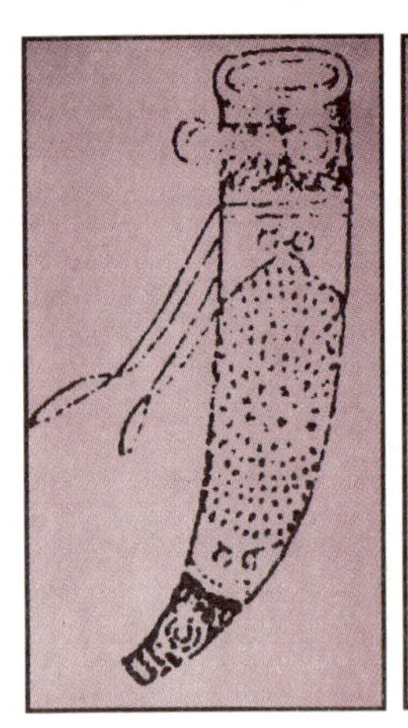
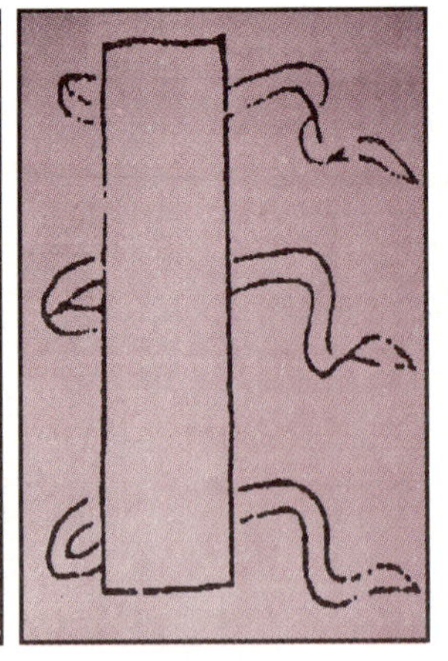
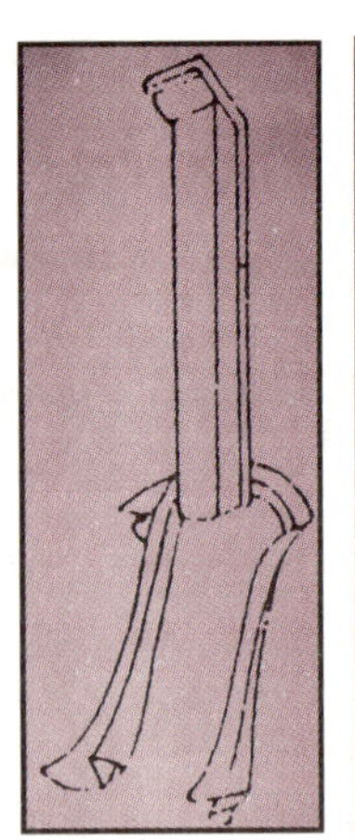
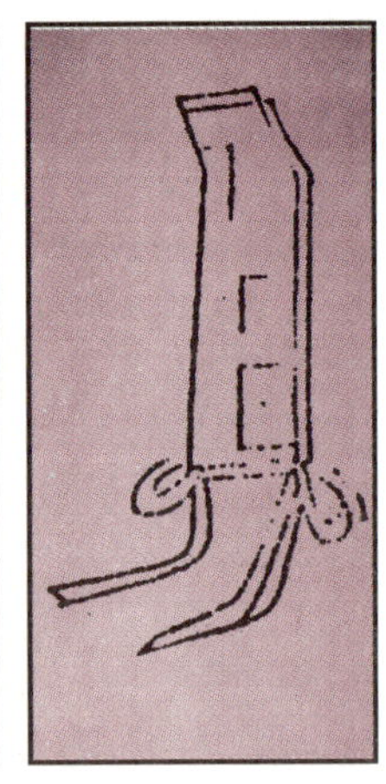

韝拾决图　明·《诗传大全》

180

吉日

吉日维戊，既伯既祷。①
田车既好，四牡孔阜。②
升彼大阜，从其群丑。③

吉日庚午，既差我马。④
兽之所同，麀鹿麌麌。⑤
漆沮之从，天子之所。⑥

御母洛汭图　清·《钦定书经图说》

四海仰德图　清·《钦定书经图说》

zhān bǐ zhōng yuán, qí qí kǒng yǒu
瞻彼中原，其祁孔有。⑦
biāo biāo sì sì, huò qún huò yǒu
儦儦俟俟，或群或友。⑧
xī shuài zuǒ yòu, yǐ yàn tiān zǐ
悉率左右，以燕天子。⑨
jì zhāng wǒ gōng, jì xié wǒ shǐ
既张我弓，既挟我矢。⑩
fā bǐ xiǎo bā, yì cǐ dà sì
发彼小豝，殪此大兕。⑪
yǐ yù bīn kè, qiě yǐ zhuó lǐ
以御宾客，且以酌醴。⑫

注释：①**戊**：戊日，系戊辰日。**既伯**：祭马神。**既祷**：祈祷。②**田车**：打猎的车。**孔阜**：很硕壮。③**升**：登上。**大阜**：大土山。**从**：追逐。**群丑**：兽三曰群，丑即众多。④**庚午**：戊辰日后的第三天。**差**：选择。⑤**同**：聚。**麀鹿**：母鹿。**麌麌**：鹿群聚貌。⑥**漆沮**：水名。**从**：驱赶。⑦**中原**：一说即原中。**祁**：原野广大。**孔有**：很富有。⑧**儦儦**：奔跑貌。**俟俟**：行走貌。**或群或友**：成群结队的意思。⑨**悉**：都，皆。**率**：驱赶。**燕**：本义为安乐，这里作动词用，等待。⑩**张**：拉开。**挟**：搭上。⑪**发**：射。**豝**：野猪。**殪**：射死。**兕**：犀牛。⑫**御**：款待。**酌**：饮酒。**醴**：甜酒。

若虞机张图　清·《钦定书经图说》

181

hóng yàn
鸿雁

hóng yàn yú fēi, sù sù qí yǔ
鸿雁于飞，肃肃其羽。①
zhī zǐ yú zhēng, qú láo yú yě
之子于征，劬劳于野。②
yuán jí jīn rén, āi cǐ guān guǎ
爰及矜人，哀此鳏寡。③

hóng yàn yú fēi, jí yú zhōng zé
鸿雁于飞，集于中泽。④
zhī zǐ yú yuán, bǎi dǔ jiē zuò
之子于垣，百堵皆作。⑤
suī zé qú láo, qí jiū ān zhái
虽则劬劳，其究安宅。⑥

hóng yàn yú fēi, āi míng áo áo
鸿雁于飞，哀鸣嗷嗷。⑦
wéi cǐ zhé rén, wèi wǒ qú láo
维此哲人，谓我劬劳。⑧
wéi bǐ yú rén, wèi wǒ xuān jiāo
维彼愚人，谓我宣骄。⑨

注释：①**鸿雁：**大雁。**于：**语助词。**肃肃：**振翅飞行声。②**之子：**这些人。③**爰：**语助词。**及：**连及。**矜人：**可怜人，受苦人。**鳏：**老而无妻。**寡：**老而无夫。④**集：**停。**中泽：**泽中。⑤**垣：**筑矮墙。**堵：**墙壁。筑墙，一丈为板，五板为堵。⑥**究：**终穷。**宅：**居。⑦**嗷嗷：**鸟悲鸣声。⑧**哲人：**智者，聪明人。⑨**宣骄：**骄傲。

云无心以出岫图　明·李在

182 庭燎

tíng liáo

庭燎

yè rú hé jī

夜如何其？

yè wèi yāng tíng liáo zhī guāng

夜未央，庭燎之光。①

jūn zǐ zhì zhǐ luán shēng qiāng qiāng

君子至止，鸾声将将。②

yè rú hé jī

夜如何其？

yè wèi ài tíng liáo zhé zhé

夜未艾，庭燎晣晣。③

jūn zǐ zhì zhǐ luán shēng huì huì

君子至止，鸾声哕哕。④

yè rú hé jī yè xiàng chén tíng liáo yǒu huī

夜如何其？夜乡晨，庭燎有辉。⑤

jūn zǐ zhì zhǐ yán guān qí qí

君子至止，言观其旂。⑥

注释：①**其**：语助词，表疑问。**未央**：未尽。**庭燎**：宫庭中用以照明的火烛；又称大烛。②**君子**：指诸侯。**鸾**：车铃。**将将**：同锵锵，车铃声。③**未艾**：未止。**晣晣**：明亮貌。④**哕哕**：有节奏的铃声。⑤**乡晨**：同向晨，即近晓。**辉**：指火光。一说指烟气。⑥**旂**：上面绘有龙并系有铃的旗帜。

归庄图 元·何澄

183

miǎn shuǐ
沔水

miǎn bǐ liú shuǐ, cháo zōng yú hǎi.
沔彼流水，朝宗于海。①

yù bǐ fēi sǔn, zài fēi zài zhǐ.
鴥彼飞隼，载飞载止。②

jiē wǒ xiōng dì, bāng rén zhū yǒu.
嗟我兄弟，邦人诸友。③

mò kěn niàn luàn, shuí wú fù mǔ.
莫肯念乱，谁无父母。④

miǎn bǐ liú shuǐ, qí liú shāng shāng.
沔彼流水，其流汤汤。⑤

yù bǐ fēi sǔn, zài fēi zài yáng.
鴥彼飞隼，载飞载扬。⑥

无弱孤幼图　清·《钦定书经图说》

niàn bǐ bù jì　zài qǐ zài háng
念彼不迹，载起载行。⑦

xīn zhī yōu yǐ　bù kě mǐ wàng
心之忧矣，不可弭忘。⑧

yù bǐ fēi sǔn　shuài bǐ zhōng líng
鴥彼飞隼，率彼中陵。⑨

mín zhī é yán　nìng mò zhī chéng
民之讹言，宁莫之惩。⑩

wǒ yǒu jǐng yǐ　chán yán qí xīng
我友敬矣，谗言其兴。⑪

注释：①**沔**：水流盛貌。**朝宗**：指百川入海犹如诸侯朝见天子。②**鴥**：鸟疾飞貌。**隼**：鹰类猛禽。鹞鹰。**载**：或，又。③**嗟**：哀叹。**兄弟**：指同姓族人。**邦人**：国人。④**念**：顾念。**乱**：社会的动乱。⑤**汤汤**：水流浩大貌。⑥**扬**：高翔。⑦**不迹**：不轨的事。⑧**弭忘**：消除，忘记。⑨**率**：沿着。**陵**：大土山。⑩**讹言**：谣言。**宁**：为什么。**莫之惩**：莫惩之。惩，制止。⑪**敬**：同儆，警惕。**兴**：兴起。

涉河迁民图　清·《钦定书经图说》

汪德温鄞人官至觀文殿大學士提舉
台州崇道觀築室西山月集諸儒講學以
教授族閭之子弟鄉稱崇儒館
壬申四月新羅山人寫於解弢館

崇儒馆图 清·华嵒

曲水流觞图 清·佚 名

184 鹤鸣

鹤鸣于九皋，声闻于野。①
鱼潜在渊，或在于渚。②
乐彼之园，爰有树檀，其下维萚。③
它山之石，可以为错。④

鹤鸣于九皋，声闻于天。
鱼在于渚，或潜在渊。
乐彼之园，爰有树檀，其下维榖。⑤
它山之石，可以攻玉。⑥

注释：①**皋**：皋，沼泽。**九皋**：九曲之泽，指深远。②**渊**：深水池。**渚**：水中小洲。③**爰**：发语词。**树檀**："檀树"的倒文，喻贤人。**萚**：当为檡之讹。檡，软枣，一名梬枣。④**它山**：山名。**错**：可以琢玉的砺石。⑤**榖**：楮树，其皮可制纸。⑥**攻**：加工，雕刻。

鹤鸣于九皋图 《五彩绘图监本诗经》

185 祈父（qí fǔ）

qí fǔ yú wáng zhī zhǎo yá
祈父，予王之爪牙。①
hú zhuǎn yú yú xù mǐ suǒ zhǐ jū
胡转予于恤，靡所止居。②

qí fǔ yú wáng zhī zhǎo shì
祈父，予王之爪士。③
hú zhuǎn yú yú xù mǐ suǒ zhǐ zhǐ
胡转予于恤，靡所厎止。④

qí fǔ dǎn bù cōng
祈父，亶不聪。⑤
hú zhuǎn yú yú xù yǒu mǔ zhī shī yōng
胡转予于恤，有母之尸饔。⑥

注释： ①**祈父**：主管都城的高级武官。祈，通圻。**爪牙**：武将。这里指祈父。②**胡**：为什么。**转**：调动。**恤**：忧。指艰苦的地方。**所**：处所。**止居**：停留居住。③**爪士**：虎臣，对武臣的比喻。④**厎**：同止，至。⑤**亶**：实在。⑥**尸饔**：即不能奉养的意思。**尸**：同失，没有。**饔**：熟食。

视听自民图　清·《钦定书经图说》

186

白驹

bái jū

jiǎo jiǎo bái jū, shí wǒ chǎng miáo.

皎皎白驹，食我场苗。①

zhí zhī wéi zhī, yǐ yǒng jīn zhāo.

絷之维之，以永今朝。②

suǒ wèi yī rén, yú yān xiāo yáo.

所谓伊人，于焉逍遥。③

jiǎo jiǎo bái jū, shí wǒ chǎng huò.

皎皎白驹，食我场藿。④

zhí zhī wéi zhī, yǐ yǒng jīn xī.

絷之维之，以永今夕。⑤

suǒ wèi yī rén, yú yān jiā kè.

所谓伊人，于焉嘉客。

人马图　元·赵孟頫

jiǎo jiǎo bái jū， bì rán lái sī
皎皎白驹，贲然来思。[6]

ěr gōng ěr hóu， yì yù wú qī
尔公尔侯，逸豫无期。[7]

shèn ěr yōu yóu， miǎn ěr dùn sī
慎尔优游，勉尔遁思。[8]

jiǎo jiǎo bái jū， zài bǐ kōng gǔ
皎皎白驹，在彼空谷。[9]

shēng chú yí shù， qí rén rú yù
生刍一束，其人如玉。[10]

wú jīn yù ěr yīn， ér yǒu xiá xīn
毋金玉尔音，而有遐心。[11]

注释：①**皎皎**：洁白。②**絷**：绊。**维**：拴。**永**：长久。③**伊**：这个。**于焉**：在何处。**逍遥**：安闲自得的样子。④**藿**：豆叶。⑤**今夕**：今夜。⑥**贲然**：文饰之貌。**思**：语助词。⑦**逸豫**：安乐。⑧**慎**：小心。**优游**：悠闲自得。**勉**：劝勉。**遁**：逃去，隐去。⑨**空谷**：无人的山谷。⑩**生刍**：喂牲的草。⑪**音**：音讯。**遐心**：疏远之心。

人骑图　元·赵孟頫

187

huáng niǎo

黄鸟

huáng niǎo huáng niǎo，wú jí yú gǔ，wú zhuó wǒ sù。

黄鸟黄鸟，无集于穀，无啄我粟。①

cǐ bāng zhī rén，bù wǒ kěn gǔ。

此邦之人，不我肯穀。②

yán xuán yán guī，fù wǒ bāng zú。

言旋言归，复我邦族。③

huáng niǎo huáng niǎo，wú jí yú sāng，wú zhuó wǒ liáng。

黄鸟黄鸟，无集于桑，无啄我粱。④

cǐ bāng zhī rén，bù kě yǔ méng。

此邦之人，不可与明。⑤

yán xuán yán guī，fù wǒ zhū xiōng。

言旋言归，复我诸兄。

huáng niǎo huáng niǎo，wú jí yú xǔ，wú zhuó wǒ shǔ。

黄鸟黄鸟，无集于栩，无啄我黍。⑥

cǐ bāng zhī rén，bù kě yǔ chǔ。

此邦之人，不可与处。

yán xuán yán guī，fù wǒ zhū fù。

言旋言归，复我诸父。⑦

注释：①**穀**：楮树，皮可制纸。②**邦**：诸侯的领地。**不我肯穀**：不肯穀我的倒文，即不肯养我之意。穀，养。③**言**：发语词。**旋**：回来。**复**：返。④**粱**：黄粱。⑤**明**：音义同盟，起誓，指信任。⑥**栩**：柞树。**黍**：小米。⑦**诸父**：同族长辈的总称。

杂画图 清·华嵒

wǒ xíng qí yě

188 我行其野

wǒ xíng qí yě　bì fèi qí chū
我行其野，蔽芾其樗。①
hūn yīn zhī gù　yán jiù ěr jū
昏姻之故，言就尔居。②
ěr bù wǒ xù　fù wǒ bāng jiā
尔不我畜，复我邦家。③

wǒ xíng qí yě　yán cǎi qí zhú
我行其野，言采其蓫。④
hūn yīn zhī gù　yán jiù ěr sù
昏姻之故，言就尔宿。
ěr bù wǒ xù　yán guī sī fù
尔不我畜，言归思复。

wǒ xíng qí yě　yán cǎi qí fú
我行其野，言采其葍。⑤
bù sī jiù yīn　qiú ěr xīn tè
不思旧姻，求尔新特。⑥
chéng bù yǐ fù　yì zhī yǐ yì
成不以富，亦祇以异。⑦

注释：①**行**：行走。**蔽芾**：草木茂盛貌。**樗**：臭椿树。②**昏姻**：同婚姻。**就**：靠近。③**畜**：养。**复**：回。**邦家**：偏义复词，指母亲家。④**蓫**：羊蹄菜。⑤**葍**：又名小旋花，多年生的蔓草，地下茎可食。⑥**求**：追求。**特**：匹，配偶。⑦**成**：同诚，确实。**以**：因为。**祇**：只，仅仅。**异**：变心。

山径春行图　宋·马远

sī gān
189 斯干

zhì zhì sī gān， yōu yōu nán shān
秩秩斯干，幽幽南山。①

rú zhú bāo yǐ， rú sōng mào yǐ
如竹苞矣，如松茂矣。②

xiōng jí dì yǐ， shì xiāng hǎo yǐ， wú xiāng yóu yǐ
兄及弟矣，式相好矣，无相犹矣。③

sì xù bǐ zǔ， zhù shì bǎi dǔ
似续妣祖，筑室百堵。④

xī nán qí hù， yuán jū yuán chǔ， yuán xiào yuán yǔ
西南其户，爰居爰处，爰笑爰语。⑤

yuē zhī gé gé， zhuó zhī tuó tuó
约之阁阁，椓之橐橐。⑥

fēng yǔ yōu chú， niǎo shǔ yōu qù， jūn zǐ yōu yǔ
风雨攸除，鸟鼠攸去，君子攸芋。⑦

庶殷丕作图　清·《钦定书经图说》

rú qí sī yì rú shǐ sī jí
如跂斯翼，如矢斯棘，[8]
rú niǎo sī gé rú huī sī fēi jūn zǐ yōu jī
如鸟斯革，如翚斯飞，君子攸跻。[9]

zhí zhí qí tíng yǒu jué qí yíng
殖殖其庭，有觉其楹。[10]
kuài kuài qí zhēng huì huì qí míng jūn zǐ yōu níng
哙哙其正，哕哕其冥，君子攸宁。[11]

xià guān shàng diàn nǎi ān sī qǐn
下莞上簟，乃安斯寝。[12]
nǎi qǐn nǎi xīng nǎi zhān wǒ mèng
乃寝乃兴，乃占我梦。
jí mèng wéi hé
吉梦维何？
wéi xióng wéi pí wéi huǐ wéi shé
维熊维罴，维虺维蛇。[13]

tài rén zhān zhī wéi xióng wéi pí nán zǐ zhī xiáng
大人占之，维熊维罴，男子之祥。[14]
wéi huǐ wéi shé nǚ zǐ zhī xiáng
维虺维蛇，女子之祥。

作邑东国图　清·《钦定书经图说》

nǎi shēng nán zǐ, zài qǐn zhī chuáng,
乃生男子，载寝之床，[15]
zài yì zhī cháng, zài nòng zhī zhāng.
载衣之裳，载弄之璋。[16]
qí qì huáng huáng, zhū fú sī huáng, shì jiā jūn wáng.
其泣喤喤，朱芾斯皇，室家君王。[17]

nǎi shēng nǚ zǐ, zài qǐn zhī dì,
乃生女子，载寝之地，
zài yì zhī tì, zài nòng zhī wǎ.
载衣之裼，载弄之瓦。[18]
wú fēi wú yí, wéi jiǔ shí shì yì,
无非无仪，唯酒食是议，[19]
wú fù mǔ yí lí.
无父母诒罹。[20]

注释： ①**秩秩**：顺序貌。**干**：水涯，水边。**幽幽**：深远貌。②**竹苞**：丛生而茂盛的竹子。③**及**：和。**式**：发语词。**犹**：通猷，欺诈。④**似续**：同嗣续。继承。**妣祖**：指继承先祖的家业。妣，原指死去的母亲。祖，这里指远祖。⑤**西南其户**：门向西南。**爰**：于是。⑥**约**：束。**阁阁**：历历，分明可数。**椓**：夯击。**橐橐**：板筑时用杵实土的声音。⑦**攸**：语助词。**芋**：同宇，居住。⑧**跂**：企，踮起后跟站着。**棘**：棱角。⑨**革**：通翱，鸟翼。**翚**：野鸡。**跻**：登。⑩**殖殖**：平正。**楹**：厅堂前的柱子。⑪**哙哙**：宽明之貌。**正**：昼，白天。**哕哕**：犹昧昧，深广昏暗的样子。**冥**：夜。**宁**：安宁。⑫**莞**：水葱，席子草。**簟**：竹席。⑬**罴**：棕熊。**虺**：似蜥蜴之小蛇。⑭**大人**：占梦之官，即太卜。**祥**：征兆。⑮**载**：则，就。⑯**衣**：穿。**弄**：拿提。**璋**：古时上朝用的玉制物。⑰**喤喤**：洪亮的哭声。**朱芾**：红色蔽膝。⑱**裼**：婴儿包被。**瓦**：古代纺线的纺锤。⑲**无非**：无违，指妇女不违背丈夫。**无仪**：即无议，指不说长道短。⑳**诒**：通贻，留给。**罹**：忧患。

田家乐　明·《便民图纂》

190 无羊（wú yáng）

shuí wèi ěr wú yáng, sān bǎi wéi qún
谁谓尔无羊，三百维群。①
shuí wèi ěr wú niú, jiǔ shí qí chún
谁谓尔无牛，九十其犉。②
ěr yáng lái sī, qí jiǎo jí jí
尔羊来思，其角濈濈。③
ěr niú lái sī, qí ěr shī shī
尔牛来思，其耳湿湿。④

huò jiàng yú ē, huò yǐn yú chí,
或降于阿，或饮于池，
huò qǐn huò é
或寝或讹。⑤

东宁陈氏番俗图　清·佚　名

ěr mù lái sī, hè suō hè lì,
尔牧来思，何蓑何笠，
huò fù qí hóu.
或负其糇。⑥
sān shí wéi wù, ěr shēng zé jù.
三十维物，尔牲则具。⑦
ěr mù lái sī, yǐ xīn yǐ zhēng,
尔牧来思，以薪以蒸，
yǐ cí yǐ xióng.
以雌以雄。⑧
ěr yáng lái sī, jīn jīn jīng jīng,
尔羊来思，矜矜兢兢，
bù qiān bù bēng.
不骞不崩。⑨
huī zhī yǐ gōng, bì lái jì shēng.
麾之以肱，毕来既升。⑩

二羊图　元·赵孟頫

mù rén nǎi mèng　zhōng wéi yú yǐ
牧人乃梦，众维鱼矣，
zhào wéi yú yǐ
旐维旟矣。[11]
tài rén zhān zhī　zhōng wéi yú yǐ
大人占之，众维鱼矣，
shí wéi fēng nián
实维丰年。
zhào wéi yú yǐ　shì jiā zhēn zhēn
旐维旟矣，室家溱溱。[12]

注释：①**维**：为。②**犉**：牛七尺为犉。③**濈濈**：聚集貌。④**湿湿**：牲畜耳朵摇动貌。⑤**降**：下。**阿**：山坡。**讹**：通吪，动。⑥**何**：同荷，戴。**糇**：干粮。⑦**三十**：多数之称，虚指。**物**：颜色。**具**：具备。⑧**以**：又。**薪**：粗柴。**蒸**：细柴。⑨**矜矜**：谨慎坚强貌。**兢兢**：惟恐貌。**骞**：亏损。**崩**：溃散，指完全失散。⑩**麾**：指挥。**肱**：臂。**毕**：全部。**既**：尽。**升**：进。⑪**众**：同螽，蝗虫。**旐**：画有龟蛇的旗。**旟**：画有鸟隼的旗。⑫**溱溱**：子孙众多。

莱夷作牧图　清·《钦定书经图说》

191

jié nán shān
节南山

jié bǐ nán shān, wéi shí yán yán。
节彼南山，维石岩岩。①
hè hè shī yǐn, mín jù ěr zhān。
赫赫师尹，民具尔瞻。②
yōu xīn rú tán, bù gǎn xì tán。
忧心如惔，不敢戏谈。③
guó jì zú zhǎn, hé yòng bù jiàn。
国既卒斩，何用不监。④

jié bǐ nán shān, yǒu shí qí ē。
节彼南山，有实其猗。⑤
hè hè shī yǐn, bù píng wèi hé。
赫赫师尹，不平谓何。
tiān fāng jiàn cuó, sāng luàn hóng duō。
天方荐瘥，丧乱弘多。⑥
mín yán wú jiā, cǎn mò chéng jiē。
民言无嘉，憯莫惩嗟。⑦

节南山图 宋·马和之

yǐn shì tài shī　wéi zhōu zhī dǐ
尹氏大师，维周之氐。⑧
bǐng guó zhī jūn　sì fāng shì wéi
秉国之均，四方是维。⑨
tiān zǐ shì pí　bǐ mín bù mí
天子是毗，俾民不迷。⑩
bù diào hào tiān　bù yí kòng wǒ shī
不吊昊天，不宜空我师。⑪
fú gōng fú qīn　shù mín fú xìn
弗躬弗亲，庶民弗信。

fú wèn fú shì　wù wǎng jūn zǐ
弗问弗仕，勿罔君子。⑫
shì yí shì yǐ　wú xiǎo rén dài
式夷式已，无小人殆。⑬
suǒ suǒ yīn yà　zé wú wǔ shì
琐琐姻亚，则无膴仕。⑭

hào tiān bù yōng　jiàng cǐ jū xiōng
昊天不傭，降此鞠讻。⑮
hào tiān bù huì　jiàng cǐ dà lì
昊天不惠，降此大戾。⑯

幽王烽火戏诸侯　《东周列国志》

西戎即叙图　清·《钦定书经图说》

jūn zǐ rú jiè　bǐ mín xīn què
君子如届，俾民心阕。[17]

jūn zǐ rú yí　è nù shì wéi
君子如夷，恶怒是违。[18]

bù diào hào tiān　luàn mǐ yǒu dìng
不吊昊天，乱靡有定。

shì yuè sī shēng　bǐ mín bù níng
式月斯生，俾民不宁。[19]

yōu xīn rú chéng　shuí bǐng guó chéng
忧心如酲，谁秉国成。[20]

bù zì wéi zhèng　zú láo bǎi xìng
不自为政，卒劳百姓。[21]

jià bǐ sì mǔ　sì mǔ xiàng lǐng
驾彼四牡，四牡项领。[22]

wǒ zhān sì fāng　cù cù mǐ suǒ chěng
我瞻四方，蹙蹙靡所骋。[23]

阿玉锡袭营图　清·汪承霈

fāng mào ěr è xiàng ěr máo yǐ
方茂尔恶，相尔矛矣。㉔

jì yí jì yì rú xiāng chóu yǐ
既夷既怿，如相酬矣。㉕

hào tiān bù píng wǒ wáng bù níng
昊天不平，我王不宁。

bù chéng qí xīn fù yuàn qí zhèng
不惩其心，覆怨其正。㉖

jiā fù zuò sòng yǐ jiū wáng xiōng
家父作诵，以究王讻。㉗

shì é ěr xīn yǐ xù wàn bāng
式讹尔心，以畜万邦。㉘

注释：①**节**：高峻貌。**岩岩**：石重积貌。②**赫赫**：显贵盛大的样子。**师尹**：太师尹氏。周三公之一，权位最高。**具**：同俱。**尔瞻**：瞻尔，即仰望你。③**惔**：通炎，火烧。**戏谈**：随意谈论。④**卒**：尽。**斩**：灭绝。**监**：察。⑤**有**：同又。**实**：即实实，指草木充实，茂盛貌。**猗**：同阿，指山坡。⑥**荐**：降。**瘥**：疾病。**弘多**：很多。⑦**憯**：竟然。**惩**：警戒。**嗟**：叹息。⑧**氐**：同柢，根基。⑨**秉**：执掌。**均**：制陶器所用的转盘，喻权力关键。**维**：维系，控制。⑩**毗**：辅佐。**俾**：使。⑪**吊**：关怀。**昊天**：老天。**空**：空乏，困穷。**师**：大军。⑫**问**：考察。**仕**：任用。⑬**式**：发语词，或。**夷**：平，消除。**已**：停止，制止。**殆**：接近。⑭**琐琐**：细小。**姻亚**：指亲戚。**膴仕**：重用，高位厚禄。⑮**傭**：均，公平。**鞫**：极端的。**讻**：祸乱。⑯**戾**：灾祸。⑰**届**：至，到。**阕**：平静、止息。⑱**夷**：平。⑲**式**：发语词。**月**：抈的假借，折损。**斯**：这些。**生**：众生。**宁**：安宁。⑳**酲**：酒醉。**国成**：国家的成规。㉑**卒**：终，最后。㉒**项领**：肥脖子。㉓**蹙蹙**：缩小之貌。局促不得舒展。**所**：地方。**骋**：放马。㉔**方**：刚好。**茂**：盛。**恶**：作恶。**相**：看。㉕**怿**：喜悦。**酬**：敬酒。㉖**覆**：反而。**正**：谏，规正，指正直的人。㉗**作诵**：作诗讽谏。㉘**讹**：改变。**畜**：养育。

淮夷徐戎图　清·《钦定书经图说》

犬戎主大闹镐京　《东周列国志》

192

正月

zhēng yuè

zhēng yuè fán shuāng, wǒ xīn yōu shāng
正月繁霜，我心忧伤。①

mín zhī é yán, yì kǒng zhī jiāng
民之讹言，亦孔之将。②

niàn wǒ dú xī, yōu xīn jīng jīng
念我独兮，忧心京京。③

āi wǒ xiǎo xīn, shǔ yōu yǐ yǎng
哀我小心，癙忧以痒。④

fù mǔ shēng wǒ, hú bǐ wǒ yù
父母生我，胡俾我瘉。⑤

bù zì wǒ xiān, bù zì wǒ hòu
不自我先，不自我后。

hǎo yán zì kǒu, yǒu yán zì kǒu
好言自口，莠言自口。⑥

正月图　宋·马和之

yōu xīn yù yù，shì yǐ yǒu wǔ
忧心愈愈，是以有侮。⑦

yōu xīn qióng qióng，niàn wǒ wú lù
忧心惸惸，念我无禄。⑧

mín zhī wú gū，bìng qí chén pú
民之无辜，并其臣仆。⑨

āi wǒ rén sī，yú hé cóng lù
哀我人斯，于何从禄。

zhān wū yuán zhǐ，yú shuí zhī wū
瞻乌爰止，于谁之屋。⑩

zhān bǐ zhōng lín，hóu xīn hóu zhēng
瞻彼中林，侯薪侯蒸。⑪

mín jīn fāng dài，shì tiān méng méng
民今方殆，视天梦梦。⑫

jì kè yǒu dìng，mǐ rén fú shèng
既克有定，靡人弗胜。⑬

yǒu huáng shàng dì，yī shuí yún zēng
有皇上帝，伊谁云憎。⑭

鞠谋保居图　清·《钦定书经图说》

wèi shān hé bēi wéi gāng wéi líng
谓山盖卑？为冈为陵。⑮

mín zhī é yán nìng mò zhī chéng
民之讹言，宁莫之惩。⑯

zhào bǐ gù lǎo xùn zhī zhān mèng
召彼故老，讯之占梦，⑰

jù yuē yú shèng shuí zhī wū zhī cí xióng
具曰予圣，谁知乌之雌雄。⑱

wèi tiān hé gāo bù gǎn bù jú
谓天盖高？不敢不局。⑲

wèi dì hé hòu bù gǎn bù jí
谓地盖厚？不敢不蹐。⑳

wéi háo sī yán yǒu lún yǒu jǐ
维号斯言，有伦有脊。㉑

āi jīn zhī rén hú wéi huǐ yì
哀今之人，胡为虺蜴。㉒

zhān bǐ bǎn tián yǒu yù qí tè
瞻彼阪田，有菀其特。㉓

tiān zhī wù wǒ rú bù wǒ kè
天之扤我，如不我克。㉔

鞠谋保居图 清·《钦定书经图说》

bǐ qiú wǒ zé，rú bù wǒ dé。
彼求我则，如不我得。㉕

zhí wǒ qiú qiú，yì bù wǒ lì。
执我仇仇，亦不我力。㉖

xīn zhī yōu yǐ，rú huò jié zhī。
心之忧矣，如或结之。㉗

jīn zī zhī zhèng，hú rán lì yǐ。
今兹之正，胡然厉矣。㉘

liáo zhī fāng yáng，nìng huò miè zhī。
燎之方扬，宁或灭之。㉙

hè hè zōng zhōu，bāo sì miè zhī。
赫赫宗周，褒姒灭之。㉚

zhōng qí yǒng huái，yòu jiǒng yīn yǔ。
终其永怀，又窘阴雨。㉛

qí chē jì zài，nǎi qì ěr fǔ。
其车既载，乃弃尔辅。㉜

zài shū ěr zài，qiāng bó zhù yú。
载输尔载，将伯助予。㉝

褒姒图　清·马　骀

褒人赎罪献美女图　《东周列国志》

wú qì ěr fǔ yún yú ěr fú
无弃尔辅，员于尔辐。[34]

lǚ gù ěr pú bù shū ěr zài
屡顾尔仆，不输尔载。[35]

zhōng yú jué xiǎn zēng shì bù yì
终逾绝险，曾是不意。[36]

yú zài yú zhǎo yì fěi kè lè
鱼在于沼，亦匪克乐。[37]

qián suī fú yǐ yì kǒng zhī zhāo
潜虽伏矣，亦孔之炤。[38]

yōu xīn cǎn cǎn niàn guó zhī wéi nüè
忧心惨惨，念国之为虐。[39]

溪桥访友图　明·王谔

bǐ yǒu zhǐ jiǔ　yòu yǒu jiā yáo
彼有旨酒，又有嘉肴。㊵
qià bǐ qí lín　hūn yīn kǒng yún
洽比其邻，昏姻孔云。㊶
niàn wǒ dú xī　yōu xīn yīn yīn
念我独兮，忧心慇慇。㊷

cǐ cǐ bǐ yǒu wū　sù sù fāng yǒu gǔ
佌佌彼有屋，蔌蔌方有榖。㊸
mín jīn zhī wú lù　tiān yāo shì zhuó
民今之无禄，天夭是椓。㊹
gě yǐ fù rén　āi cǐ qióng dú
哿矣富人，哀此惸独。㊺

注释：①**正月**：夏历四月。一说周历六月。**繁霜**：霜多。②**讹言**：谣言。**孔**：甚。**将**：大。③**京京**：忧虑不止的样子。④**小心**：心眼小。**癙忧**：同义复词，忧。**痒**：病。⑤**俾**：使。**痡**：病。⑥**莠言**：恶言。⑦**愈愈**：忧惧貌。**是以**：因此。⑧**惸惸**：同茕茕，孤独貌。⑨**无辜**：无罪。**并**：皆。**臣仆**：奴仆。⑩**瞻**：仰望。**乌**：乌鸦。**爰**：语助词。**止**：降落。⑪**中林**：林中。**侯**：维也。**薪**：粗柴木。**蒸**：细柴木。⑫**殆**：危险。**梦梦**：形容昏聩。⑬**克**：能够。**定**：定乱。**靡**：没有。⑭**有皇**：即皇皇，光明正大。**上帝**：指君王。**伊**：语助词。**云**：说。**憎**：恨。⑮**盖**：同盍，何。**卑**：低下。**为**：是。⑯**宁**：竟。⑰**故老**：地老。**讯**：问。⑱**具**：俱。⑲**局**：曲，弯着身子。⑳**蹐**：小步轻走。㉑**维**：只有。**号**：喊。**伦**：道。**脊**：理。㉒**虺蜴**：毒蛇、四脚蛇，指害人者。㉓**阪田**：山坡上的田。**菀**：茂盛貌。**特**：独生之苗。㉔**扤**：动，摇，摧折。**如**：而。**克**：制胜。㉕**则**：语助词。㉖**仇仇**：傲慢的样子。**不我力**：不用我。㉗**或**：有人。㉘**兹**：这里。**正**：政。**然**：这样。**厉**：暴虐。㉙**燎**：火炬。**方**：刚才。**扬**：兴起。**宁**：乃。**或**：有人。㉚**宗周**：镐京，指西周王朝。**褒姒**：褒国女子，周幽王宠妃，使幽王亡国。**灭**：本义为灭火，引申指灭亡。㉛**永怀**：深忧。**窘**：困迫。㉜**载**：装满。**辅**：车箱板。㉝**载**：语助词。**输**：堕。**尔载**：你的运载。**将**：请。**伯**：长者。㉞**员**：加固。**辐**：车轮的辐条。㉟**屡**：经常。**顾**：关照。**仆**：车夫。㊱**曾**：竟然。**是**：指以上几个措施。**不意**：不在意。㊲**匪**：非。**克**：能够。㊳**潜**：在水下。**伏**：藏匿。**炤**：明显。㊴**惨惨**：忧郁貌。㊵**旨**：美。**嘉**：好。**肴**：菜。㊶**昏姻**：亲戚。**云**：周旋。㊷**慇慇**：悲痛貌。㊸**佌佌**：卑小。**蔌蔌**：陋也。**榖**：俸禄。㊹**夭**：摧残。**椓**：以斧劈柴，喻沉重打击，残害。㊺**哿**：乐，表称许之词。**惸独**：孤苦伶仃之人。

秦女吹箫图　清·范雪仪

193

shí yuè zhī jiāo
十月之交

shí yuè zhī jiāo shuò rì xīn mǎo
十月之交，朔日辛卯。①
rì yòu shí zhī yì kǒng zhī chǒu
日有食之，亦孔之丑。②
bǐ yuè ér wēi cǐ rì ér wēi
彼月而微，此日而微。③
jīn cǐ xià mín yì kǒng zhī āi
今此下民，亦孔之哀。

rì yuè gào xiōng bù yòng qí háng
日月告凶，不用其行。④
sì guó wú zhèng bù yòng qí liáng
四国无政，不用其良。
bǐ yuè ér shí zé wéi qí cháng
彼月而食，则维其常。

十月之交图　宋·马和之

cǐ rì ér shí　yú hé bù zāng
此日而食，于何不臧。⑤

yè yè zhèn diàn　bù níng bù lìng
烨烨震电，不宁不令。⑥

bǎi chuān fèi téng　shān zhǒng cù bēng
百川沸腾，山冢崒崩。⑦

gāo àn wéi gǔ　shēn gǔ wéi líng
高岸为谷，深谷为陵。

āi jīn zhī rén　hú cǎn mò chéng
哀今之人，胡憯莫惩。⑧

huáng fǔ qīng shì　pān wéi sī tú
皇父卿士，番维司徒。⑨

jiā bó wéi zǎi　zhòng yǔn shàn fū
家伯维宰，仲允膳夫。⑩

zōu zǐ nèi shǐ　guì wéi cǒu mǎ
聚子内史，蹶维趣马。⑪

jǔ wéi shī shì　yàn qī shān fāng chǔ
楀维师氏，艳妻煽方处。⑫

稷下地震逃奔图　《聊斋图说》

yì cǐ huáng fǔ, qǐ yuē bù shí
抑此皇父，岂曰不时。⑬

hú wèi wǒ zuò, bù jí wǒ móu
胡为我作，不即我谋。⑭

chè wǒ qiáng wū, tián zú wū lái
彻我墙屋，田卒汙莱。⑮

yuē yú bù qiāng, lǐ zé rán yǐ
曰予不戕，礼则然矣。⑯

huáng fǔ kǒng shèng, zuò dū yú xiàng
皇父孔圣，作都于向。⑰

zé sān yǒu shì, dǎn hóu duō cáng
择三有事，亶侯多藏。⑱

bù yìn yí yì lǎo, bǐ shǒu wǒ wáng
不慭遗一老，俾守我王。⑲

zé yǒu chē mǎ, yǐ jū cú xiàng
择有车马，以居徂向。⑳

mǐn miǎn cóng shì, bù gǎn gào láo
黾勉从事，不敢告劳。㉑

wú zuì wú gū, chán kǒu áo áo
无罪无辜，谗口嚣嚣。㉒

xià mín zhī niè, fěi jiàng zì tiān
下民之孽，匪降自天。

历朝贤后故事之禁苑种谷
清·焦秉贞

zǔn tà bèi zēng, zhí jìng yóu rén.
噂沓背憎，职竞由人。㉓

yōu yōu wǒ lǐ, yì kǒng zhī mèi.
悠悠我里，亦孔之痗。㉔

sì fāng yǒu xiàn, wǒ dú jī yōu.
四方有羡，我独居忧。㉕

mín mò bù yì, wǒ dú bù gǎn xiū.
民莫不逸，我独不敢休。㉖

tiān mìng bù chè,
天命不彻，

wǒ bù gǎn xiào wǒ yǒu zì yì.
我不敢效我友自逸。㉗

注释：①**十月**：周历十月，即夏历八月。**交**：交替。**朔**：月光复苏为朔，夏历每月初一称朔。**辛卯**：指周幽王六年（前776年）十月初一。②**丑**：恶，不好。③**微**：无光。指月食。④**告凶**：预示凶兆。**行**：轨道。⑤**臧**：善。⑥**烨烨**：电光强烈貌，可能是地震时出现的地光。**震**：雷，可能是地震时的隆隆声。**宁**：安宁。歇息。**令**：善。⑦**冢**：山顶。**崒崩**：突然崩塌。⑧**憯**：曾。⑨**皇父**：人名。**卿士**：总管朝政的官名。**番**：姓氏。**司徒**：掌人口、土地的官。⑩**家伯**：人名。**宰**：掌管王室内外事务的官。**仲允**：人名。**膳夫**：掌管王室饮食。⑪**棸子**：人名。**内史**：管爵、禄废置的官。**蹶**：人名。**趣马**：管养马的官。⑫**楀**：人名。**师氏**：管教育贵族子弟的官。**艳妻**：指褒姒。**煽**：赤，盛也。**方处**：正居其位。⑬**抑**：同噫。**不时**：不当。⑭**我作**：使我劳作。**即**：接近。**谋**：商量。⑮**彻**：同撤。**卒**：尽。**汙莱**：荒芜。汙，水池壅塞不通；莱，草名，泛指野草。⑯**戕**：残害。⑰**圣**：高明，这里有讽刺之意。**向**：邑名。⑱**有事**：有司。**亶**：诚然。**侯**：语助词。**藏**：积蓄；聚敛。⑲**慭**：愿也。**老**：旧臣。⑳**居**：语助词。**徂**：往。㉑**黾勉**：尽力。**告**：诉说。㉒**辜**：罪。**嚣嚣**：众口诋毁的样子。㉓**噂沓**：相对谈语，**背憎**：背后相互憎恨。**职**：主要。**竞**：追逐。㉔**悠悠**：无穷尽。**里**：通瘦，忧伤。**痗**：病。㉕**有羡**：有余，宽裕。㉖**逸**：安适。㉗**天命不彻**：上天不遵循常道。**效**：仿效。

文王卑服图　清·《钦定书经图说》

194

雨无正
yǔ wú zhèng

hào hào hào tiān，bù jùn qí dé。
浩浩昊天，不骏其德。①

jiàng sāng jī jǐn，zhǎn fá sì guó。
降丧饥馑，斩伐四国。②

mín tiān jí wēi，fú lǜ fú tú。
旻天疾威，弗虑弗图。③

shě bǐ yǒu zuì，jì fú qí gū。
舍彼有罪，既伏其辜。④

ruò cǐ wú zuì，lún xū yǐ pū。
若此无罪，沦胥以铺。⑤

zhōu zōng jì miè，mǐ suǒ zhǐ lì。
周宗既灭，靡所止戾。⑥

zhèng dà fū lí jū，mò zhī wǒ yì。
正大夫离居，莫知我勚。⑦

雨无正图　宋·马和之

sān shì dà fū mò kěn sù yè
三事大夫，莫肯夙夜。⑧
bāng jūn zhū hóu mò kěn zhāo xī
邦君诸侯，莫肯朝夕。
shù yuē shì zāng fù chū wéi è
庶曰式臧，覆出为恶。⑨
rú hé hào tiān bì yán bù xìn
如何昊天？辟言不信。⑩
rú bǐ háng mài zé mǐ suǒ zhēn
如彼行迈，则靡所臻。⑪
fán bǎi jūn zǐ gè jìng ěr shēn
凡百君子，各敬尔身。
hú bù xiāng wèi bù wèi yú tiān
胡不相畏！不畏于天。
róng chéng bù tuì jī chéng bù suì
戎成不退，饥成不遂。⑫
zēng wǒ xiè yù cǎn cǎn rì cuì
曾我暬御，憯憯日瘁。⑬
fán bǎi jūn zǐ mò kěn yòng xùn
凡百君子，莫肯用讯。⑭
tīng yán zé dá zèn yán zé tuì
听言则答，谮言则退。⑮

养正图之修养德行　清·冷枚

āi zāi bù néng yán fěi shé shì chū wéi gōng shì cuì
哀哉不能言，匪舌是出，维躬是瘁。[16]
gě yǐ néng yán qiǎo yán rú liú bǐ gōng chǔ xiū
哿矣能言，巧言如流，俾躬处休。[17]
wéi yuē yú shì kǒng jí qiě dài
维曰于仕，孔棘且殆。[18]
yún bù kě shǐ dé zuì yú tiān zǐ
云不可使，得罪于天子；
yì yún kě shǐ yuàn jí péng yǒu
亦云可使，怨及朋友。

wèi ěr qiān yú wáng dū yuē yú wèi yǒu shì jiā
谓尔迁于王都，曰予未有室家。[19]
shǔ sī qì xuè wú yán bù jí
鼠思泣血，无言不疾。[20]
xī ěr chū jū shuí cóng zuò ěr shì
昔尔出居，谁从作尔室。[21]

注释： ①**浩浩**：广大的。**昊天**：皇天。**骏**：常也。②**饥馑**：谷不熟曰饥，菜不熟曰馑。**斩伐**：攻打，残害。③**旻天**：即皇天，苍天。旻系昊之误。**疾威**：暴虐。④**伏**：藏匿。**辜**：罪状。⑤**沦**：沉沦。**胥**：连带。**铺**：同痛，病苦。⑥**所**：地方。**戾**：安定。⑦**正大夫**：大正，六卿之长。**勚**：疲劳。⑧**三事**：即三司（司徒、司马、司空）。⑨**庶**：幸也。**式**：语助词。⑩**辟言**：法度之言。⑪**行迈**：路上行走。**臻**：至。⑫**戎成**：指用兵。**遂**：顺利。⑬**暬御**：侍御，左右亲近之臣。**憯憯**：忧伤。**瘁**：病。⑭**讯**：谏。⑮**听言**：顺从的话。**谮言**：谏诤的话。⑯**出**：拙劣。⑰**哿**：表称许之词，嘉。**俾**：使。**躬**：身体。**处休**：安适。⑱**于仕**：仕途。**孔棘**：很急。**殆**：危险。⑲**谓**：劝。⑳**鼠思**：忧思，鼠通癙。**泣血**：饮泣至泪血。㉑**出居**：迁出居处，指离开王都。

摹天籁阁宋人画册之闲居　明·仇英

195 小旻

xiǎo mín

mín tiān jí wēi fū yú xià tǔ
旻天疾威，敷于下土。①

móu yóu huí yù hé rì sī jǔ
谋犹回遹，何日斯沮？②

móu zāng bù cóng bù zāng fù yòng
谋臧不从，不臧覆用。③

wǒ shì móu yóu yì kǒng zhī qióng
我视谋犹，亦孔之邛。④

xì xì zǐ zǐ yì kǒng zhī āi
潝潝訿訿，亦孔之哀。⑤

móu zhī qí zāng zé jù shì wéi
谋之其臧，则具是违。⑥

móu zhī bù zāng zé jù shì yī
谋之不臧，则具是依。⑦

wǒ shì móu yóu yī yú hú dǐ
我视谋犹，伊于胡底？⑧

小旻图　宋·马和之

wǒ guī jì yàn　bù wǒ gào yáo
我龟既厌，不我告犹。⑨
móu fū kǒng duō　shì yòng bù jí
谋夫孔多，是用不集。⑩
fā yán yíng tíng　shuí gǎn zhí qí jiù
发言盈庭，谁敢执其咎。⑪
rú fěi háng mài móu　shì yòng bù dé yú dào
如匪行迈谋，是用不得于道。⑫

āi zāi wéi yóu
哀哉为犹，
fěi xiān mín shì chéng　fěi dà yóu shì jīng
匪先民是程，匪大犹是经。⑬
wéi ěr yán shì tīng　wéi ěr yán shì zhēng
维迩言是听，维迩言是争。⑭
rú bǐ zhù shì yú dào móu　shì yòng bù suì yú chéng
如彼筑室于道谋，是用不溃于成。⑮

卜稽如台图　清·《钦定书经图说》

guò suī mǐ zhǐ, huò shèng huò fǒu.
国虽靡止，或圣或否。[16]

mín suī mǐ wǔ, huò zhé huò móu, huò sù huò ài.
民虽靡膴，或哲或谋，或肃或艾。[17]

rú bǐ quán liú, wú lún xū yǐ bài.
如彼泉流，无沦胥以败。[18]

bù gǎn bào hǔ, bù gǎn píng hé.
不敢暴虎，不敢冯河。[19]

rén zhī qí yī, mò zhī qí tā.
人知其一，莫知其他。

zhàn zhàn jīng jīng, rú lín shēn yuān, rú lǚ bó bīng.
战战兢兢，如临深渊，如履薄冰。[20]

注释：①**旻天：**犹苍天，皇天。②**谋犹：**同义复词，谋划。犹，通猷。**回遹：**邪僻。**斯：**语助词。**沮：**止。③**臧：**善，好。**从：**听从，顺从。④**孔：**甚，很。**邛：**病。⑤**潝潝：**翕翕，附和的样子。**訿訿：**诋毁。訿，同訾。⑥**其：**语助词。**具：**同俱。⑦**依：**听从。⑧**于：**往。**底：**至。⑨**我龟既厌：**占卦过频，灵龟厌烦。龟，占卜的龟甲。厌，不耐烦。**犹：**繇的假借，卦兆之占辞。**不我告犹：**繇辞不显。⑩**谋夫：**谋士。**是用：**因此。**集：**就，成就。⑪**盈：**满。**执：**承担。**咎：**责任。⑫**行迈：**走远路。**道：**方法。⑬**先民：**古人。**程：**效法。**大犹：**大道。**经：**行。⑭**迩言：**缺乏远见的言论。⑮**于道谋：**与过路人商议。**是用：**因此。**溃：**同遂，成功。⑯**靡止：**不大。⑰**膴：**多也。**或：**有的。**哲：**明智。**谋：**智谋。**肃：**认真。**艾：**治也，指办事干练。⑱**沦胥：**牵连受苦。**败：**此指国家败亡。⑲**暴虎：**搏虎，徒手打虎。**冯河：**无舟船而涉水过河。⑳**战战：**因恐惧而发抖。**兢兢：**小心谨慎的样子。**临：**靠近。**渊：**深潭。**履：**踏上。

雪渔图 清·丁观鹏

196

xiǎo wǎn

小宛

wǎn bǐ míng jiū hàn fēi lì tiān
宛彼鸣鸠，翰飞戾天。①
wǒ xīn yōu shāng niàn xī xiān rén
我心忧伤，念昔先人。
míng fā bù mèi yǒu huái èr rén
明发不寐，有怀二人。②

rén zhī zhāi shèng yǐn jiǔ yùn kè
人之齐圣，饮酒温克。③
bǐ hūn bù zhī yī zuì rì bǐ
彼昏不知，壹醉日富。④
gè jìng ěr yí tiān mìng bù yòu
各敬尔仪，天命不又。⑤

zhōng yuán yǒu shū shù mín cǎi zhī
中原有菽，庶民采之。⑥
míng líng yǒu zǐ guǒ luǒ fù zhī
螟蛉有子，蜾蠃负之。⑦
jiào huì ěr zǐ shì gǔ sì zhī
教诲尔子，式穀似之。⑧

王孙氏母图 明·仇英

tí bǐ jí lìng　zài fēi zài míng
题彼脊令，载飞载鸣。⑨
wǒ rì sī mài　ér yuè sī zhēng
我日斯迈，而月斯征。⑩
sù xīng yè mèi　wú tiǎn ěr suǒ shēng
夙兴夜寐，无忝尔所生。⑪

jiāo jiāo sāng hù　shuài cháng zhuó sù
交交桑扈，率场啄粟。⑫
āi wǒ tiǎn guǎ　yí àn yí yù
哀我填寡，宜岸宜狱。⑬
wò sù chū bǔ　zì hé néng gǔ
握粟出卜，自何能穀。⑭

wēn wēn gōng rén　rú jí yú mù
温温恭人，如集于木。⑮
zhuì zhuì xiǎo xīn　rú lín yú gǔ
惴惴小心，如临于谷。⑯
zhàn zhàn jīng jīng　rú lǚ bó bīng
战战兢兢，如履薄冰。

注释：①**宛**：小貌。**鸠**：斑鸠。**翰**：高。**戾**：至。②**明发**：天亮时。**寐**：睡觉。**二人**：指父母。③**齐圣**：聪明睿智。**温克**：蕴藉自恃。④**壹**：语助词。**醉**：醉酒。旦醉酒。**日富**：日益自满。富通畐，满。⑤**仪**：威仪。**不又**：不再。⑥**中原**：原中，田野里。**菽**：大豆。⑦**螟蛉**：螟蛾的幼虫。**蜾蠃**：细腰蜂，蜾蠃捕捉螟蛉等小虫，作为它将来幼虫的食物。古人错认为蜾蠃养螟蛉之子。⑧**式**：发语词。**穀**：善。**似**：通嗣，继续。⑨**题**：视。**脊令**：鹡鸰鸟。**载**：则。⑩**迈**：行走奔波。**征**：指行役，远行。⑪**夙兴**：早晨起来。**忝**：辱没。**生**：指父母。⑫**交交**：往来不绝的样子。**桑扈**：青雀。**率**：循着。⑬**填**：通殄，苦。**寡**：寡财。**宜**：且之误，又。**岸**：犴的假借，牢房。⑭**握**：抓一把。⑮**温温**：柔顺温和。**恭人**：谦恭谨慎的人。**集**：像众鸟停在树上。**木**：高大的树木。⑯**惴惴**：恐惧担忧的神情。**谷**：深谷。

小宛图　宋·马和之

197

xiǎo pán
小弁

pán bǐ yù sī guī fēi tí tí
弁彼鸒斯，归飞提提。①
mín mò bù gǔ wǒ dú yú lí
民莫不穀，我独于罹。②
hé gū yú tiān wǒ zuì yī hé
何辜于天，我罪伊何。③
xīn zhī yōu yǐ yún rú zhī hé
心之忧矣，云如之何。

dí dí zhōu dào jū wéi mào cǎo
踧踧周道，鞫为茂草。④
wǒ xīn yōu shāng nì yān rú dǎo
我心忧伤，惄焉如捣。⑤
jiǎ mèi yǒng tàn wéi yōu yòng lǎo
假寐永叹，维忧用老。⑥

小弁图　宋·马和之

xīn zhī yōu yǐ, chèn rú jí shǒu.
心之忧矣，疢如疾首。⑦

wéi sāng yǔ zǐ, bì gōng jìng zhǐ.
维桑与梓，必恭敬止。⑧

mǐ zhān fěi fù, mǐ yī fěi mǔ.
靡瞻匪父，靡依匪母。⑨

bù zhǔ yú máo, bù lí yú lǐ.
不属于毛，不离于里。⑩

tiān zhī shēng wǒ, wǒ chén ān zài.
天之生我，我辰安在。⑪

yù bǐ liǔ sī, míng tiáo huì huì.
菀彼柳斯，鸣蜩嘒嘒。⑫

yǒu cuǐ zhě yuān, huán wěi pèi pèi.
有漼者渊，萑苇淠淠。⑬

pì bǐ zhōu liú, bù zhī suǒ jiè.
譬彼舟流，不知所届。⑭

xīn zhī yōu yǐ, bù huáng jiǎ mèi.
心之忧矣，不遑假寐。⑮

柳塘渔艇图 明·仇英

lù sī zhī bēn, wéi zú qí qí

鹿斯之奔，维足伎伎。⑯

zhì zhī zhāo gòu, shàng qiú qí cí

雉之朝雊，尚求其雌。⑰

pì bǐ huì mù, jí yòng wú zhī

譬彼坏木，疾用无枝。⑱

xīn zhī yōu yǐ, nìng mò zhī zhī

心之忧矣，宁莫之知。

xiàng bǐ dù tù, shàng huò xiān zhī

相彼投兔，尚或先之，⑲

háng yǒu sǐ rén, shàng huò jìn zhī

行有死人，尚或墐之。⑳

jūn zǐ bǐng xīn, wéi qí rěn zhī

君子秉心，维其忍之。㉑

xīn zhī yōu yǐ, tì jì yǔn zhī

心之忧矣，涕既陨之。㉒

木兰狩猎图　清·郎世宁

jūn zǐ xìn chán rú huò chóu zhī
君子信谗，如或酬之。
jūn zǐ bù huì bù shū jiū zhī
君子不惠，不舒究之。[23]
fá mù jǐ yǐ xī xīn chǐ yǐ
伐木掎矣，析薪杝矣。[24]
shě bǐ yǒu zuì yú zhī tuò yǐ
舍彼有罪，予之佗矣。[25]

mò gāo fěi shān mò jùn fěi quán
莫高匪山，莫浚匪泉。[26]
jūn zǐ wú yì yóu yán ěr zhǔ yú yuán
君子无易由言，耳属于垣。[27]
wú shì wǒ liáng wú fā wǒ gǒu
无逝我梁，无发我笱。[28]
wǒ gōng bù yuè huáng xù wǒ hòu
我躬不阅，遑恤我后。[29]

注释： ①**弁**：乐也。**鸒**：寒鸦。**斯**：语助词。**提提**：群飞貌。②**罹**：忧愁。③**辜**：得罪。**伊**：是。④**踧踧**：平坦貌。**周道**：大道。**鞫**：尽。⑤**惄**：思。**捣**：心疾也。⑥**假寐**：不脱冠衣而睡。**用老**：因而衰老。⑦**疢**：发烧。**疾首**：头痛。⑧**维桑与梓**：桑树、梓树为父母所栽，子孙看见，缅怀先人，必恭必敬。⑨**靡**：没有。**瞻**：瞻仰。**匪**：不是。**依**：依恋。⑩**属**：附着于。**离**：分开。**里**：裘皮的里子。⑪**辰**：好运。⑫**菀**：茂盛貌。**斯**：语助词。**蜩**：蝉。**嘒嘒**：蝉鸣声。⑬**漼**：水深貌。**萑苇**：芦苇。**淠淠**：茂盛貌。⑭**届**：至。⑮**遑**：闲暇。⑯**伎伎**：速行貌。⑰**朝**：早晨。**雊**：雉鸣也。⑱**坏**：同瘣，树木臃肿多瘤。⑲**相**：察看。**投兔**：堵塞兔的去路。**投**：同杜，塞。**先之**：开之，除去堵塞。⑳**行**：大路。㉑**秉心**：居心。**忍**：残忍。㉒**陨**：坠落。㉓**舒**：缓慢。**究**：考察。㉔**掎**：牵引。**析薪**：劈柴。**杝**：顺着木柴的纹理。㉕**舍**：放过。**佗**：加。**佗**：加；施及。㉖**浚**：深。㉗**易**：轻易。**由**：于。**言**：发话。**属**：附着。**垣**：墙。㉘**逝**：往。**梁**：鱼梁，拦鱼的水坝。**发**：拔动。**笱**：捕鱼竹器。㉙**躬**：自身。**阅**：收容。**遑恤**：无暇顾惜。

王陵母图　明·仇英

198

巧言

qiǎo yán

yōu yōu hào tiān yuē fù mǔ jū
悠悠昊天，曰父母且。①
wú zuì wú gū luàn rú cǐ hū
无罪无辜，乱如此怃。②
hào tiān yǐ wēi yú shèn wú zuì
昊天已威，予慎无罪。③
hào tiān tài hū yú shèn wú gū
昊天泰怃，予慎无辜。④

luàn zhī chū shēng zèn shǐ jì hán
乱之初生，僭始既涵。⑤
luàn zhī yòu shēng jūn zǐ xìn chán
乱之又生，君子信谗。
jūn zǐ rú nù luàn shù chuán jǔ
君子如怒，乱庶遄沮。⑥

巧言图　宋·马和之

jūn zǐ rú zhǐ luàn shù chuán yǐ

君子如祉，乱庶遄已。⑦

jūn zǐ lǚ méng luàn shì yòng zhǎng

君子屡盟，乱是用长。⑧

jūn zǐ xìn dào luàn shì yòng bào

君子信盗，乱是用暴。⑨

dào yán kǒng gān luàn shì yòng tán

盗言孔甘，乱是用餤。⑩

fěi qí zhǐ gōng wéi wáng zhī qióng

匪其止共，维王之邛。⑪

yì yì qǐn miào jūn zǐ zuò zhī

奕奕寝庙，君子作之。⑫

zhì zhì dà yóu shèng rén mò zhī

秩秩大猷，圣人莫之。⑬

tā rén yǒu xīn yú cǔn duó zhī

他人有心，予忖度之。⑭

tì tì chán tù yù quǎn huò zhī

躍躍毚兔，遇犬获之。⑮

暂遇奸宄图　清·《钦定书经图说》

rěn rǎn róu mù jūn zǐ shù zhī
荏染柔木，君子树之。⑯
wǎng lái xíng yán xīn yān shù zhī
往来行言，心焉数之。⑰
yí yí shuò yán chū zì kǒu yǐ
蛇蛇硕言，出自口矣。⑱
qiǎo yán rú huáng yán zhī hòu yǐ
巧言如簧，颜之厚矣。⑲

bǐ hé rén sī jū hé zhī méi
彼何人斯，居河之麋。⑳
wú quán wú yǒng zhí wéi luàn jiē
无拳无勇，职为乱阶。㉑
jì wēi qiě zhǒng ěr yǒng yī hé
既微且尰，尔勇伊何？㉒
wéi yóu jiāng duō ěr jū tú jǐ hé
为犹将多，尔居徒几何？㉓

注释：①**悠悠**：遥远的样子。**昊天**：上天。**且**：语助词。②**乱**：祸。**幠**：大。③**慎**：诚然。④**泰**：太。⑤**僭**：通谮，谗言。**涵**：包容。⑥**庶**：几乎，差不多。**遄**：疾，快。**沮**：止。⑦**祉**：福。**已**：止。⑧**屡盟**：多次订盟。**是用**：因此。**长**：增加。⑨**盗**：小人。**暴**：残暴。⑩**孔甘**：很甜。**餤**：进食，引申为增多。⑪**止共**：忠于职守。止，职守；共，通恭敬。**邛**：病。⑫**奕奕**：华丽高大貌。**寝庙**：宫室宗庙。⑬**秩秩**：聪明有智貌。**大猷**：大道。**莫**：同谋，谋划，制订。⑭**忖度**：猜测。⑮**躍躍**：快速跳跃的样子。**毚**：狡猾。⑯**荏染**：柔弱貌。**柔木**：良木。**树**：种植。⑰**行言**：流言。**数**：辨别。⑱**蛇蛇**：欺骗貌。**硕言**：大话。⑲**颜**：脸。⑳**麋**：同湄，水边。㉑**拳**：力。**职**：主管。**乱阶**：祸根。㉒**微**：通癓，小腿生湿疮。**尰**：足肿。**伊何**：如何。㉓**为犹**：为猷，阴谋。**将**：大。**居**：蓄。**徒**：党羽。**几何**：有多少。

清明上河图（局部） 明·仇英

199

hé rén sī

何人斯

bǐ hé rén sī　qí xīn kǒng jiān

彼何人斯？其心孔艰。①

hú shì wǒ liáng　bù rù wǒ mén

胡逝我梁？不入我门。②

yī shuí yún cóng　wéi bào zhī yún

伊谁云从？维暴之云。③

èr rén cóng xíng　shuí wéi cǐ huò

二人从行，谁为此祸？④

hú shì wǒ liáng　bù rù yàn wǒ

胡逝我梁？不入唁我。⑤

shǐ zhě bù rú jīn　yún bù wǒ kě

始者不如今，云不我可？⑥

何人斯图　宋·马和之

bǐ hé rén sī hú shì wǒ chén
彼何人斯？胡逝我陈？⑦

wǒ wén qí shēng bù jiàn qí shēn
我闻其声，不见其身。

bù kuì yú rén bù wèi yú tiān
不愧于人，不畏于天。

bǐ hé rén sī qí wéi piāo fēng
彼何人斯？其为飘风。⑧

hú bù zì běi hú bù zì nán
胡不自北，胡不自南。

hú shì wǒ liáng zhǐ jiǎo wǒ xīn
胡逝我梁？只搅我心。⑨

ěr zhī ān xíng yì bù huáng shè
尔之安行，亦不遑舍。⑩

ěr zhī jí xíng huáng zhī ěr chē
尔之亟行，遑脂尔车。⑪

yī zhě zhī lái yún hé qí xū
壹者之来，云何其盱。⑫

临溪水阁图　明·仇英

ěr huán ér rù wǒ xīn yì yě
尔还而入，我心易也。⑬
huán ér bù rù fǒu nán zhī yě
还而不入，否难知也。
yī zhě zhī lái bǐ wǒ chí yě
壹者之来，俾我祇也。⑭

bó shì chuī xūn zhòng shì chuī chí
伯氏吹埙，仲氏吹篪。⑮
jí ěr rú guàn liàng bù wǒ zhī
及尔如贯，谅不我知。⑯
chū cǐ sān wù yǐ zǔ ěr sī
出此三物，以诅尔斯。⑰

wéi guǐ wéi yù zé bù kě dé
为鬼为蜮，则不可得。⑱
yǒu tiǎn miàn mù shì rén wǎng jí
有靦面目，视人罔极。⑲
zuò cǐ hǎo gē yǐ jí fǎn cè
作此好歌，以极反侧。⑳

注释：①**艰**：狠心。②**逝**：经，过。**梁**：拦鱼的水坝。③**伊**：发语词。**云**：助语词。**从**：跟着。**云**：疑为过。④**从行**：跟别人走。**为**：造成。⑤**唁**：慰问。⑥**始者**：当初。**今**：现在。⑦**陈**：堂前的路。⑧**飘风**：旋风，暴风。⑨**只**：适。⑩**安行**：缓行。**不遑**：无暇。**舍**：停下休息。⑪**亟行**：急行。**脂**：用作动词，指给车轴加油。⑫**壹者**：以前。**盱**：忧。⑬**易**：喜悦。⑭**俾**：使。**祇**：借为疷，病。⑮**伯氏**：大哥。**埙**：古代用陶土做的一种吹奏乐器。**仲氏**：二弟。**篪**：古代用竹制的一种管乐器。⑯**及**：和，与。**尔**：你。**贯**：用绳串物。**谅**：真，确实。⑰**三物**：指犬、豕、鸡。**诅**：盟誓。**斯**：语助词。⑱**蜮**：短狐，古代传说中的动物，在水中含沙射影使人得病。⑲**靦**：同覥，惭愧貌。**罔极**：无准则。⑳**极**：查究。**反侧**：反复无常。

松溪横笛图 明·仇英

200

xiàng bó
巷伯

qī xī fěi xī chéng shì bèi jǐn
萋兮斐兮，成是贝锦。①

bǐ zèn rén zhě yì yǐ tài shèn
彼谮人者，亦已大甚！②

chǐ xī chǐ xī chéng shì nán jī
哆兮侈兮，成是南箕。③

bǐ zèn rén zhě shuí dí yǔ móu
彼谮人者，谁适与谋？④

jí jí piān piān móu yù zèn rén
缉缉翩翩，谋欲谮人。⑤

shèn ěr yán yě wèi ěr bù xìn
慎尔言也，谓尔不信。

qiè qiè fān fān móu yù zèn yán
捷捷幡幡，谋欲谮言。⑥

qǐ bù ěr shòu jì qí rǔ qiān
岂不尔受，既其女迁。⑦

jiāo rén hǎo hǎo láo rén cǎo cǎo
骄人好好，劳人草草。⑧

东林图 明·仇英

cāng tiān cāng tiān
苍天！苍天！⑨

shì bǐ jiāo rén jīn cǐ láo rén
视彼骄人，矜此劳人。⑩

bǐ zèn rén zhě shuí dí yǔ móu
彼谮人者，谁适与谋？

qǔ bǐ zèn rén tóu bì chái hǔ
取彼谮人，投畀豺虎。⑪

chái hǔ bù shí tóu bì yǒu běi
豺虎不食，投畀有北。⑫

yǒu běi bù shòu tóu bì yǒu hào
有北不受，投畀有昊。⑬

yáng yuán zhī dào yī yú mǔ qiū
杨园之道，猗于亩丘。⑭

shì rén mèng zǐ zuò wéi cǐ shī
寺人孟子，作为此诗。⑮

fán bǎi jūn zǐ jìng ér tīng zhī
凡百君子，敬而听之！⑯

注释：①**萋、斐：**文章错杂貌。**贝锦：**贝纹锦。②**谮人：**进谗言的人。③**哆：**张口。**侈：**张大。**南箕：**即箕宿，古人认为箕主口舌，故用来比谗者。④**適：**主。⑤**缉缉：**口舌声。**翩翩：**往来貌。⑥**捷捷：**巧辩貌。**幡幡：**反复翻动貌。⑦**尔受：**你自受。**女迁：**迁女，反迁怒于汝。⑧**骄人：**指诽谤者。**好好：**得意貌。**劳人：**指被谤者。**草草：**忧愁貌。⑨**苍天：**青天。⑩**矜：**可怜。⑪**畀：**给予。⑫**有北：**北方寒凉不毛之地。有，语助词。⑬**有昊：**上天，老天爷。⑭**杨园：**园名。**猗：**加。**亩丘：**丘名。⑮**寺人：**王之正内五人。**孟子：**作者自称。⑯**凡：**所有的。**百：**众多。**敬：**同儆，警醒。

巷伯图　宋·马和之

201

gǔ fēng
谷风

sà sà gǔ fēng，wéi fēng jí yǔ。
习习谷风，维风及雨。①
jiāng kǒng jiāng jù，wéi yú yǔ rǔ。
将恐将惧，维予与女。②
jiāng ān jiāng lè，rǔ zhuǎn qì yú。
将安将乐，女转弃予。③

sà sà gǔ fēng，wéi fēng jí tuí。
习习谷风，维风及颓。④
jiāng kǒng jiāng jù，zhì yú yú huái。
将恐将惧，寘予于怀。⑤
jiāng ān jiāng lè，qì yú rú yí。
将安将乐，弃予如遗。

sà sà gǔ fēng，wéi shān cuī wéi。
习习谷风，维山崔嵬。⑥
wú cǎo bù sǐ，wú mù bù wěi。
无草不死，无木不萎。⑦
wàng wǒ dà dé，sī wǒ xiǎo yuàn。
忘我大德，思我小怨。⑧

注释：①**习习**：和舒貌。**谷风**：山谷中之风。②**将**：且。**恐**：担心。**惧**：害怕。③**转**：反而。④**颓**：大旋风。⑤**寘**：置。⑥**崔嵬**：山势高峻的样子。⑦**萎**：枯萎。⑧**怨**：情所恚恨。

息君夫人图　明·仇英

202 蓼莪

蓼蓼者莪，匪莪伊蒿。①
哀哀父母，生我劬劳！②

蓼蓼者莪，匪莪伊蔚。③
哀哀父母，生我劳瘁！④

瓶之罄矣，维罍之耻。⑤
鲜民之生，不如死之久矣。⑥
无父何怙？无母何恃？⑦
出则衔恤，入则靡至。⑧

蓼莪图

fù xī shēng wǒ　mǔ xī jū wǒ
父兮生我，母兮鞠我。⑨
fǔ wǒ xù wǒ　zhǎng wǒ yù wǒ
拊我畜我，长我育我，⑩
gù wǒ fù wǒ　chū rù fù wǒ
顾我复我，出入腹我。⑪
yù bào zhī dé　hào tiān wǎng jí
欲报之德，昊天罔极！⑫

nán shān liè liè　piāo fēng bō bō
南山烈烈，飘风发发。⑬
mín mò bù gǔ　wǒ dú hé hài
民莫不穀，我独何害？⑭

nán shān lǜ lǜ　piāo fēng fú fú
南山律律，飘风弗弗。⑮
mín mò bù gǔ　wǒ dú bù zú
民莫不穀，我独不卒。⑯

注释：①**蓼蓼：**高大貌。**莪：**莪蒿，也叫抱娘蒿，新茎常环抱旧根生长，似子依母。②**哀哀：**悲伤貌。**劬劳：**辛苦劳累。③**蔚：**牡蒿，花如胡麻花，紫赤；实像角，锐而长。④**瘁：**因劳累而致病。⑤**罄：**空。**罍：**储酒器，肚大口小。**耻：**耻辱。⑥**鲜民：**孤儿。⑦**怙：**依靠。**恃：**依赖。后来诗文以怙恃为父母的代称，父死称失怙，母死称失恃。⑧**衔：**含着。**恤：**忧愁。**靡至：**无亲。⑨**鞠：**养育。⑩**拊：**抚养。**畜：**养育。⑪**复：**覆，庇护。⑫**昊天：**苍天。**罔极：**没准则。⑬**烈烈：**山高难攀。**发发：**疾风声。⑭**穀：**养。**何：**荷，承受。⑮**律律：**高大险阻的样子。**弗弗：**风声。⑯**卒：**终，指终养父母。

孝女曹娥图　明·仇英

203

dà dōng

大东

yǒu méng guǐ sūn, yǒu qiú jí bǐ

有饛簋飧，有捄棘匕。①

zhōu dào rú dǐ, qí zhí rú shǐ

周道如砥，其直如矢。②

jūn zǐ suǒ lǚ, xiǎo rén suǒ shì

君子所履，小人所视。③

juàn yán gù zhī, shān yān chū tì

睠言顾之，潸焉出涕。④

xiǎo dōng dà dōng, zhù zhóu qí kōng

小东大东，杼柚其空。⑤

jiū jiū gé jù, hé yǐ lǚ shuāng

纠纠葛屦，可以履霜。⑥

tiāo tiāo gōng zǐ, xíng bǐ zhōu háng

佻佻公子，行彼周行。⑦

jì wǎng jì lái, shǐ wǒ xīn jiù

既往既来，使我心疚。⑧

仿古山水图　清·上睿

yǒu liè guǐ quán, wú jìn huò xīn.
有洌氿泉，无浸获薪。⑨

qì qì wù tàn, āi wǒ dàn rén.
契契寤叹，哀我惮人。⑩

xīn shì huò xīn, shàng kě zài yě.
薪是获薪，尚可载也。⑪

āi wǒ dàn rén, yì kě xī yě.
哀我惮人，亦可息也。⑫

dōng rén zhī zǐ, zhí láo bù lài.
东人之子，职劳不来。⑬

xī rén zhī zǐ, càn càn yī fú.
西人之子，粲粲衣服。⑭

zhōu rén zhī zǐ, xióng pí shì qiú.
舟人之子，熊罴是裘。⑮

sī rén zhī zǐ, bǎi liáo shì shì.
私人之子，百僚是试。⑯

西郊寻梅图 清·禹之鼎

huò yǐ qí jiǔ, bù yǐ qí jiāng
或以其酒，不以其浆。⑰

juān juān pèi ruì, bù yǐ qí cháng
鞙鞙佩璲，不以其长。⑱

wéi tiān yǒu hàn, jiàn yì yǒu guāng
维天有汉，监亦有光。⑲

qí bǐ zhī nǚ, zhōng rì qī xiāng
跂彼织女，终日七襄。⑳

suī zé qī xiāng, bù chéng bào zhāng
虽则七襄，不成报章，㉑

huǎn bǐ qiān niú, bù yǐ fú xiāng
睆彼牵牛，不以服箱。㉒

dōng yǒu qǐ míng, xī yǒu cháng gēng
东有启明，西有长庚。㉓

yǒu qiú tiān bì, zài yí zhī háng
有捄天毕，载施之行。㉔

天河配图　杨柳青木版年画

wéi nán yǒu jī bù kě yǐ bǒ yáng

维南有箕，不可以簸扬。㉕

wéi běi yǒu dǒu bù kě yǐ yì jiǔ jiāng

维北有斗，不可以挹酒浆。㉖

wéi nán yǒu jī zài xī qí shé

维南有箕，载翕其舌。㉗

wéi běi yǒu dǒu xī bǐng zhī jiē

维北有斗，西柄之揭。㉘

注释： ①**饛**：满盛的样子。**簋**：古食器，青铜或陶制。**飧**：熟食。**捄**：长貌。**棘**：枣木。**匕**：勺、匙之类。②**砥**：磨刀石。③**履**：行走。④**睠**：同眷，回头看。**潸**：泪流貌。⑤**小东大东**：东方大小之国。**杼**：缠纬线的梭子。**柚**：同轴。挂经线的筘子。⑥**纠纠**：绳子交错缠线的样子。**葛屦**：葛麻鞋。**可**：通何。⑦**佻佻**：轻薄不耐劳苦的样子。**周行**：大路。⑧**既**：又。**疚**：难受。⑨**洌**：清冷。**氿泉**：侧出泉。**获薪**：砍下的柴。⑩**契契**：忧苦貌。**惮**：劳苦。⑪**薪**：前面的薪字用作动词，烧也。**是**：这些。⑫**哀**：可怜。⑬**职**：只。**来**：通勑，慰劳。⑭**西人**：指周京师的人。**粲粲**：鲜美。⑮**舟**：周的谐音。**裘**：皮裘。⑯**私人**：家庭奴隶。**百僚**：百仆。**试**：任用。⑰**浆**：薄酒。⑱**鞙鞙**：玉貌。**璲**：瑞玉名，可以为佩。瑞是宝玉。**长**：余，剩余。⑲**汉**：银河。**监**：视。⑳**跂**：通歧，倾斜。**织女**：星座名。**终日**：整天。**七襄**：七次移动位置。从日出到日落，要经七个时辰。**襄**：凌驾，越过。㉑**报**：往复。**章**：纹理。㉒**睆**：星光明亮。**牵牛**：星座名。**服**：负之假借。负载。**箱**：大车之箱。㉓**启明**：金星晨出于东方称启明。**长庚**：金星黄昏时现于西方叫长庚。㉔**毕**：二十八宿之一，共八星，形状像田猎用的毕网（带柄的网）。**载**：发语词。**施**：斜行。**行**：行列。㉕**箕**：星宿名。**簸扬**：上下抖动将杂质清除出箕。㉖**斗**：北斗星。**挹**：舀。㉗**翕**：吸。㉘**揭**：高举。

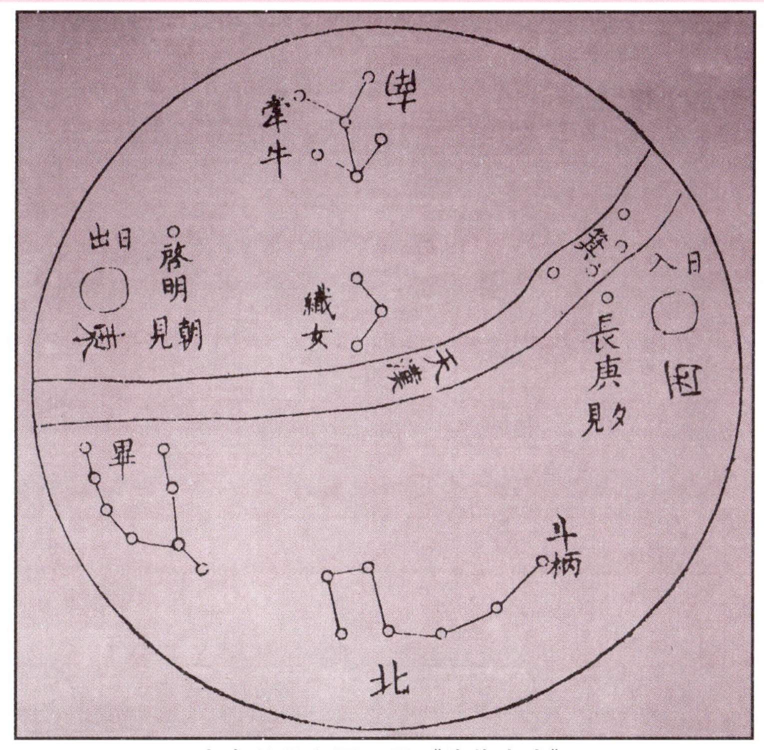

大东总星之图　明·《诗传大全》

204

sì yuè
四月

sì yuè wéi xià, liù yuè cú shǔ
四月维夏，六月徂暑。①

xiān zǔ fěi rén, hú nìng rěn yú
先祖匪人，胡宁忍予？②

qiū rì qī qī, bǎi huì jù féi
秋日凄凄，百卉具腓。③

luàn lí mò yǐ, yuán qí shì guī
乱离瘼矣，爰其适归？④

dōng rì liè liè, piāo fēng bō bō
冬日烈烈，飘风发发。⑤

mín mò bù gǔ, wǒ dú hè hài
民莫不穀，我独何害！⑥

shān yǒu jiā huì, hóu lì hóu méi
山有嘉卉，侯栗侯梅。⑦

fèi wéi cán zéi, mò zhī qí yóu
废为残贼，莫知其尤！⑧

人物山水图之烟际曳笻人掩阕
清·罗聘

xiàng bǐ quán shuǐ, zài qīng zài zhuó.
相彼泉水，载清载浊。⑨
wǒ rì gòu huò, hé yún néng gǔ?
我日构祸，曷云能穀？⑩

tāo tāo jiāng hàn, nán guó zhī jì.
滔滔江汉，南国之纪。⑪
jìn cuì yǐ shì, nìng mò wǒ yǒu.
尽瘁以仕，宁莫我有。⑫

fěi tuán fěi yuān, hàn fēi lì tiān.
匪鹑匪鸢，翰飞戾天。⑬
fěi zhān fěi wěi, qián táo yú yuān.
匪鳣匪鲔，潜逃于渊。⑭

shān yǒu jué wēi, xí yǒu qǐ yí.
山有蕨薇，隰有杞桋。⑮
jūn zǐ zuò gē, wéi yǐ gào āi.
君子作歌，维以告哀。

注释：①**维：**是。**徂暑：**即暑徂，酷热将过。**徂：**往。②**胡宁：**为什么。**忍：**忍心。③**凄凄：**凄凉貌。**卉：**草的总称。**腓：**百草皆凋残，以致伤病。④**瘼：**病，疾苦。**爰：**为何。**适：**往。⑤**冬日：**冬天。**烈烈：**即冽冽，寒冷貌。**发发：**狂风呼啸声。⑥**穀：**善。**何：**通荷，承受。⑦**嘉：**美。**侯：**是。⑧**废：**大，程度深。**尤：**缺点，罪过。⑨**相：**察看。**载：**又，有时。⑩**构：**同遘，遭遇。**曷：**何时。⑪**滔滔：**波浪翻滚貌。**江汉：**长江和汉水。**纪：**纲纪。⑫**尽瘁：**尽力工作致憔悴。**仕：**做官。**宁：**为何。**莫我有：**即莫有我，不亲善我。⑬**鹑：**通鷻，大雕。**鸢：**老鹰。**翰飞：**高飞。**戾：**至。⑭**鳣：**鳇鱼，一说大鲤鱼。**鲔：**大鲟鱼。⑮**蕨薇：**野菜。**隰：**洼地。**杞：**枸杞树。**桋：**赤楝，木名。

人物山水图之画舫空留波照影 清·罗聘

205

běi shān
北 山

zhì bǐ běi shān，yán cǎi qí qǐ
陟彼北山，言采其杞。①
xié xié shì zǐ，zhāo xī cóng shì
偕偕士子，朝夕从事。②
wáng shì mǐ gǔ，yōu wǒ fù mǔ
王事靡盬，忧我父母。③

pǔ tiān zhī xià，mò fēi wáng tǔ
溥天之下，莫非王土。④
shuài tǔ zhī bīn，mò fēi wáng chén
率土之滨，莫非王臣。⑤
dà fū bù jūn，wǒ cóng shì dú xián
大夫不均，我从事独贤。⑥

sì mǔ bāng bāng，wáng shì bēng bēng
四牡彭彭，王事傍傍。⑦
jiā wǒ wèi lǎo，xiān wǒ fāng jiāng
嘉我未老，鲜我方将。⑧
lǚ lì fāng gāng，jīng yíng sì fāng
旅力方刚，经营四方。⑨

陟彼北山，言采其杞　《五彩绘图监本诗经》

huò yàn yàn jū xī huò jìn cuì shì guó
或燕燕居息，或尽瘁事国。⑩
huò xī yǎn zài chuáng huò bù yǐ yú háng
或息偃在床，或不已于行。⑪
huò bù zhī jiào háo huò cǎn cǎn qú láo
或不知叫号，或惨惨劬劳。⑫
huò qī chí yǎn yǎng huò wáng shì yāng zhǎng
或栖迟偃仰，或王事鞅掌。⑬
huò dān lè yǐn jiǔ huò cǎn cǎn wèi jiù
或湛乐饮酒，或惨惨畏咎。⑭
huò chū rù fēng yì huò mǐ shì bù wéi
或出入风议，或靡事不为。⑮

注释：①**陟**：登。**言**：语助词。②**偕偕**：强壮的样子。**士子**：男子。**从事**：役于王事。③**盬**：完结，止息。④**溥**：大。**王土**：君王的领地。⑤**率土之滨**：即四海之内。率，循，沿着。滨，涯，水边。⑥**贤**：艰苦。⑦**彭彭**：行进不得息。**傍傍**：不得已的样子。⑧**嘉**：夸奖。**鲜**：善。**将**：强壮。⑨**旅力**：同膂力，体力。**方**：正好。**刚**：强壮。**经营**：规划创业。⑩**燕燕**：安息貌。**尽瘁**：尽力工作致憔悴。⑪**偃**：仰卧。**已**：停止。**行**：道路。⑫**号**：放声大哭。**惨惨**：忧愁貌。**劬劳**：劳累。⑬**栖迟**：游息。**鞅掌**：联绵字，忙乱。⑭**湛乐**：逸乐无度。**畏**：怕。**咎**：罪过。⑮**风议**：纵情言论。

即兴赏舞图　清·佚名

206 无将大车

wú jiāng dà chē

无将大车，祇自尘兮。①
wú jiāng dà chē　zhǐ zì chén xī

无思百忧，祇自疷兮。②
wú sī bǎi yōu　zhǐ zì qí xī

无将大车，维尘冥冥。③
wú jiāng dà chē　wéi chén míng míng

无思百忧，不出于颎。④
wú sī bǎi yōu　bù chū yú jiǒng

无将大车，维尘雝兮。⑤
wú jiāng dà chē　wéi chén yōng xī

无思百忧，祇自重兮。
wú sī bǎi yōu　zhǐ zì zhòng xī

注释：①**将**：手扶车向前。**大车**：用牛拉的货车。**祇**：适。②**疷**：忧病。③**维**：只有。**冥冥**：昏暗。④**颎**：光明。⑤**雝**：亦作壅，蔽障。**重**：累。

孔子圣迹图之泰山问政

207

xiǎo míng
小　明

míng míng shàng tiān, zhào lín xià tǔ.
明明上天，照临下土。①

wǒ zhēng cú xī, zhì yú qiú yě.
我征徂西，至于艽野。②

èr yuè chū jí, zài lí hán shǔ.
二月初吉，载离寒暑。③

xīn zhī yōu yǐ, qí dú tài kǔ.
心之忧矣，其毒大苦。④

niàn bǐ gōng rén, tì líng rú yǔ.
念彼共人，涕零如雨。⑤

qǐ bù huái guī, wèi cǐ zuì gǔ.
岂不怀归，畏此罪罟。⑥

仿李唐山水卷图　明·仇　英

xī wǒ wǎng yǐ, rì yuè fāng zhù

昔我往矣，日月方除。⑦

hé yún qí huán, suì yù yún mù

曷云其还，岁聿云莫。⑧

niàn wǒ dú xī, wǒ shì kǒng shù

念我独兮，我事孔庶。⑨

xīn zhī yōu yǐ, dàn wǒ bù xiá

心之忧矣，惮我不暇。⑩

niàn bǐ gōng rén, juàn juàn huái gù

念彼共人，睠睠怀顾。⑪

qǐ bù huái guī, wèi cǐ qiǎn nù

岂不怀归，畏此谴怒。⑫

xī wǒ wǎng yǐ, rì yuè fāng yù

昔我往矣，日月方奥。⑬

hé yún qí huán, zhèng shì yù cù

曷云其还，政事愈蹙。⑭

suì yù yún mù, cǎi xiāo huò shū

岁聿云莫，采萧获菽。⑮

xīn zhī yōu yǐ, zì yí yī qī

心之忧矣，自诒伊戚。⑯

风尘三侠图　杨柳青木版年画

niàn bǐ gōng rén，xīng yán chū sù。

念彼共人，兴言出宿。⑰

qǐ bù huái guī，wèi cǐ fǎn fù。

岂不怀归，畏此反覆。

jiē ěr jūn zǐ，wú héng ān chǔ。

嗟尔君子，无恒安处。⑱

jìng gōng ěr wèi，zhèng zhí shì yù。

靖共尔位，正直是与。⑲

shén zhī tīng zhī，shì gǔ yǐ rǔ。

神之听之，式穀以女。⑳

jiē ěr jūn zǐ，wú héng ān xī。

嗟尔君子，无恒安息。

jìng gōng ěr wèi，hào shì zhèng zhí。

靖共尔位，好是正直。㉑

shén zhī tīng zhī，jiè ěr jǐng fú。

神之听之，介尔景福。㉒

注释： ①**明明**：灿烂的。②**征**：远行。**徂**：往。**艽野**：远荒之地。③**初吉**：上旬吉日，初指初旬。**载**：发语词。**离**：同罹，遭受。④**毒**：毒害。**大苦**：太苦。⑤**共人**：恭谨的人，指同僚。**零**：落。⑥**罪罟**：罪网。⑦**除**：除陈生新。⑧**聿**：语助词。**莫**：同暮，岁末。⑨**孔庶**：甚众。⑩**惮**：劳累。**暇**：空闲。⑪**睠睠**：回头看的样子。⑫**谴**：责备。⑬**奥**：通燠，暖。⑭**蹙**：急促。⑮**萧**：艾蒿。**菽**：大豆。⑯**诒**：遗。**伊**：是。**戚**：忧愁。⑰**兴**：起来。**言**：语助词。**出宿**：出外住宿。⑱**恒**：常。**安处**：安居。⑲**靖**：安定。**共**：通恭，尽责。⑳**神之**：神。之，语助词。**式**：语助词。㉑**好**：喜爱。**是**：这。㉒**介**：给予。**景**：大。

摹天籁阁宋人画册之十五 明·仇英

208

gǔ zhōng
鼓钟

gǔ zhōng qiāng qiāng huái shuǐ shāng shāng
鼓钟将将，淮水汤汤。①
yōu xīn qiě shāng shū rén jūn zǐ huái yǔn bù wàng
忧心且伤，淑人君子，怀允不忘。②

gǔ zhōng jiē jiē huái shuǐ jiē jiē
鼓钟喈喈，淮水湝湝。③
yōu xīn qiě bēi shū rén jūn zǐ qí dé bù huí
忧心且悲，淑人君子，其德不回。④

gǔ zhōng fá gāo huái yǒu sān zhōu
鼓钟伐鼛，淮有三洲。⑤
yōu xīn qiě chōu shū rén jūn zǐ qí dé bù yóu
忧心且妯，淑人君子，其德不犹。⑥

gǔ zhōng qīn qīn gǔ sè gǔ qín
鼓钟钦钦，鼓瑟鼓琴。⑦
shēng qìng tóng yīn yǐ yǎ yǐ nán yǐ yuè bù jiàn
笙磬同音，以雅以南，以籥不僭。⑧

注释：①**将将**：钟声。**淮水**：淮河。**汤汤**：水大疾流的样子。②**淑人**：善良的人。③**喈喈**：钟声。**湝湝**：水流貌。④**回**：邪。⑤**伐**：击。**鼛**：大鼓。⑥**妯**：哀悼。一说激动。**犹**：若。⑦**钦钦**：钟声。⑧**以**：为。**雅**：雅乐。**南**：南夷之乐。**籥**：文乐也。**僭**：乱。

平番得胜图　明·佚　名

209

楚茨

楚楚者茨，言抽其棘。①
自昔何为？我蓺黍稷。②
我黍与与，我稷翼翼。③
我仓既盈，我庾维亿。④
以为酒食，以享以祀。⑤
以妥以侑，以介景福。⑥

百谷用成图　清·《钦定书经图说》

jǐ jǐ qiāng qiāng　jié ěr niú yáng
济济跄跄，絜尔牛羊。⑦
yǐ wǎng zhēng cháng　huò bō huò pēng
以往烝尝，或剥或亨。⑧
huò sì huò jiāng　zhù jì yú bēng
或肆或将，祝祭于祊。⑨
sì shì kǒng míng　xiān zǔ shì wǎng
祀事孔明，先祖是皇。⑩
shén bǎo shì xiǎng　xiào sūn yǒu qìng
神保是飨，孝孙有庆。⑪
bào yǐ jiè fú　wàn shòu wú jiāng
报以介福，万寿无疆。

zhí cuàn jí jí　wéi zǔ kǒng shuò
执爨踖踖，为俎孔硕。⑫
huò fán huò zhì　jūn fù mò mò
或燔或炙，君妇莫莫，⑬
wéi dòu kǒng shù
为豆孔庶。⑭
wéi bīn wéi kè　xiàn chóu jiāo cuò
为宾为客，献酬交错。⑮

祀谢图　清·《康熙御制耕织图》

lǐ yí zú dù xiào yǔ zú huò
礼仪卒度，笑语卒获。⑯
shén bǎo shì gé bào yǐ jiè fú
神保是格，报以介福，⑰
wàn shòu yōu zuò
万寿攸酢。⑱

wǒ kǒng nǎn yǐ shì lǐ mò qiān
我孔熯矣，式礼莫愆。⑲
gōng zhù zhì gào cú lài xiào sūn
工祝致告，徂赉孝孙。⑳
bì fēn xiào sì shén shì yǐn shí
苾芬孝祀，神嗜饮食。㉑
bǔ ěr bǎi fú rú jī rú shì
卜尔百福，如几如式。㉒
jì qí jì jì jì kuāng jì chì
既齐既稷，既匡既敕。㉓

新邑祭岁图　清·《钦定书经图说》

yǒng xī ěr jí，shí wàn shí yì。
永锡尔极，时万时亿。[24]

lǐ yí jì bèi，zhōng gǔ jì jiè。
礼仪既备，钟鼓既戒。[25]

xiào sūn cú wèi，gōng zhù zhì gào。
孝孙徂位，工祝致告。[26]

shén jù zuì zhǐ。
神具醉止。[27]

huáng shī zài qǐ，zhōng gǔ sòng shī。
皇尸载起，钟鼓送尸。[28]

shén bǎo yù guī。
神保聿归。[29]

zhū zǎi jūn fù，fèi chè bù chí。
诸宰君妇，废彻不迟。[30]

zhū fù xiōng dì，bèi yán yàn sī。
诸父兄弟，备言燕私。[31]

祭神图　清·《康熙御制耕织图》

yuè jù rù zòu，yǐ suí hòu lù

乐具入奏，以绥后禄。㉜

ěr yáo jì jiāng，mò yuàn jù qìng

尔殽既将，莫怨具庆。㉝

jì zuì jì bǎo，xiǎo dà qǐ shǒu

既醉既饱，小大稽首。㉞

shén shì yǐn shí，shǐ jūn shòu kǎo

神嗜饮食，使君寿考。㉟

kǒng huì kǒng shí，wéi qí jìn zhī

孔惠孔时，维其尽之。㊱

zǐ zǐ sūn sūn，wù tì yǐn zhī

子子孙孙，勿替引之。㊲

注释：①**楚楚**：茂密丛生貌。**茨**：蒺藜。**言**：语助词。**抽**：拔除。**棘**：刺。②**蓺**：种植。**黍**：小米。**稷**：高粱。③**与与**：茂盛貌。**翼翼**：繁盛貌。④**庾**：露天堆积谷物，用草席等物围拢，上面加盖为庾。⑤**享**：献。⑥**妥**：安坐。**侑**：劝酒。**介**：给予。**景**：大。⑦**济济**：形容众多。**跄跄**：步趋有节貌。**絜**：洁净。⑧**烝**：冬祭。**尝**：秋祭。**剥**：宰杀。**亨**：烹熟。⑨**肆**：陈设。**将**：捧持。**祊**：宗庙门内设祭的地方。⑩**孔**：甚。**明**：指祭礼齐备。**皇**：日往也。⑪**神保**：神灵。**飨**：以饮食款待。**庆**：赐福。⑫**爨**：灶。**踖踖**：敏捷而又恭敬。**俎**：古代祭祀盛牛羊的礼器。**孔硕**：甚大。⑬**燔**：烧肉。**炙**：烤肉。**莫莫**：清静而敬至。⑭**豆**：内羞，庶羞。**孔庶**：甚多。⑮**献酬**：敬酒。**交错**：交互进行。⑯**卒**：终。**度**：合规。**获**：得时尽兴。⑰**格**：至。⑱**攸**：语助词。**酢**：客以酒回敬。⑲**熯**：敬惧。**莫愆**：无过。⑳**工祝**：主持祭祀司仪的人。**致告**：告利成也。**徂**：往。**赉**：赏赐。㉑**苾芬**：芬芳，形容祭品的香味。**孝祀**：祭献。**嗜**：爱吃。㉒**卜**：予。**几**：期。**式**：法。㉓**稷**：疾。**匡**：端正。**敕**：固。㉔**永**：长久。**锡**：赐。**极**：大福。㉕**戒**：齐备。㉖**徂位**：走到各自位置。㉗**具**：俱。**止**：语助词。㉘**皇尸**：主祭人，尸神。**载**：则。㉙**聿**：语助词，乃，于是。㉚**宰**：厨师。**彻**：同徹。**迟**：耽误。㉛**诸父**：父辈。**燕私**：会祭后的宴席。㉜**绥**：安。**后**：祭后。**禄**：吃祭品。㉝**将**：好味。**莫**：没有。**具**：俱，都。**庆**：欢庆。㉞**稽首**：行跪拜礼为敬之极，两手拱至地，头至手，不触及地。㉟**寿考**：长寿。㊱**惠**：贤惠。**时**：善。㊲**替**：废止。**引**：延续。

孝经图之三才章　明·仇英

210

信南山
shēn nán shān

信彼南山，维禹甸之。①
畇畇原隰，曾孙田之。②
我疆我理，南东其亩。③

上天同云，雨雪雰雰。④
益之以霡霂，既优既渥。⑤
既霑既足，生我百谷。⑥

疆埸翼翼，黍稷彧彧。⑦
曾孙之穑，以为酒食。⑧
畀我尸宾，寿考万年。⑨

岷嶓既艺图　清·《钦定书经图说》

雉雊于鼎图　清·《钦定书经图说》

zhōng tián yǒu lú, jiāng yì yǒu guā.
中田有庐，疆埸有瓜。⑩
shì bō shì zū, xiàn zhī huáng zǔ.
是剥是菹，献之皇祖。⑪
zēng sūn shòu kǎo, shòu tiān zhī hù.
曾孙寿考，受天之祜。⑫

jì yǐ qīng jiǔ, cóng yǐ xīng mǔ,
祭以清酒，从以骍牡，
xiǎng yú zǔ kǎo.
享于祖考。⑬
zhí qí luán dāo, yǐ qǐ qí máo,
执其鸾刀，以启其毛，
qǔ qí xuè liáo.
取其血膋。⑭

shì zhēng shì xiǎng, bì bì fēn fēn.
是烝是享，苾苾芬芬。⑮
sì shì kǒng míng, xiān zǔ shì huáng.
祀事孔明，先祖是皇。⑯
bào yǐ jiè fú, wàn shòu wú jiāng.
报以介福，万寿无疆。⑰

注释： ①**信**：同伸，长。**维**：是。**甸**：治理。②**昀昀**：平坦整齐貌。**原**：高原。**隰**：低地。**曾孙**：指成王。③**疆**：划分界限。**理**：区分田地的沟渠。**南东**：或南或东。**亩**：田亩。④**雨雪**：下雪。**雰雰**：霜雪纷降貌。⑤**霢霂**：小雨。**优**：指雨水多。**渥**：沾润。⑥**霑**：浸湿。**足**：湿润貌。⑦**疆埸**：田畔。**翼翼**：整修貌。**彧彧**：茂盛貌。⑧**穑**：收获谷物。⑨**畀**：给。**尸**：主祭。**寿考**：长寿。⑩**中田**：田中。**庐**：古者井田之制，私田在外，公田在中，庐舍又在公田之中，故曰中田有庐。⑪**菹**：酢菜，酸菜。⑫**祜**：福。⑬**骍**：赤色。**牡**：公牛。**享**：献祭。**祖考**：祖先。⑭**鸾刀**：有铃的刀。**膋**：脂膏。⑮**烝**：进。**苾苾芬芬**：香喷喷的样子。⑯**孔明**：甚周祥。⑰**介**：大。

灵阳十景图　明·夏芷

211 甫田

fǔ tián

甫田

zhuō bǐ fǔ tián suì qǔ shí qiān

倬彼甫田，岁取十千。①

wǒ qǔ qí chén sì wǒ nóng rén zì gǔ yǒu nián

我取其陈，食我农人，自古有年。②

jīn shì nán mǔ huò yún huò zǐ shǔ jì nǐ nǐ

今适南亩，或耘或耔，黍稷薿薿。③

yōu jiè yōu zhǐ zhēng wǒ máo shì

攸介攸止，烝我髦士。④

yǐ wǒ zī míng yǔ wǒ xī yáng yǐ shè yǐ fāng

以我齐明，与我牺羊，以社以方。⑤

wǒ tián jì zāng nóng fū zhī qìng

我田既臧，农夫之庆。⑥

三耘图　清·《康熙御制耕织图》

qín sè jī gǔ, yǐ yà tián zǔ, yǐ qí gān yǔ.
琴瑟击鼓，以御田祖，以祈甘雨。[7]
yǐ jiè wǒ jì shǔ, yǐ gǔ wǒ shì nǚ.
以介我稷黍，以穀我士女。[8]
zēng sūn lái zhǐ, yǐ qí fù zǐ,
曾孙来止，以其妇子，[9]
yè bǐ nán mǔ, tián jùn zhì chì.
馌彼南亩，田畯至喜。[10]
xiǎng qí zuǒ yòu, cháng qí zhǐ fǒu?
攘其左右，尝其旨否？[11]
hé yì zhǎng mǔ, zhōng shàn qiě yǒu.
禾易长亩，终善且有。[12]
zēng sūn bù nù, nóng fū kè mǐn.
曾孙不怒，农夫克敏。[13]

祖裸坐男妇图 清·任熊

zēng sūn zhī jià rú cí rú liáng
曾孙之稼，如茨如梁。⑭

zēng sūn zhī yǔ rú chí rú jīng
曾孙之庾，如坻如京。⑮

nǎi qiú qiān sī cāng nǎi qiú wàn sī xiāng
乃求千斯仓，乃求万斯箱。⑯

shǔ jì dào liáng nóng fū zhī qìng
黍稷稻粱，农夫之庆。

bào yǐ jiè fú wàn shòu wú jiāng
报以介福，万寿无疆。

注释：①**倬**：大。**甫田**：广大的田。②**陈**：陈谷。**有年**：丰年。③**适**：到。**南亩**：南面的田亩。**耘**：锄草。**耔**：壅土。**薿薿**：茂盛貌。④**攸**：语助词。**介**：舍。**止**：止息之处。**烝**：进。**髦士**：英俊之士，指田官。⑤**齐明**：粢盛，祭器中所盛的谷物。**牺**：祭神用的牛。**社**：指土地神。**方**：四方神。⑥**臧**：善，好。⑦**御**：迎。**田祖**：田神。⑧**穀**：养。**士女**：男女。⑨**曾孙**：指周成王。⑩**馌**：给在田耕作的人送饭。**田畯**：田官。**喜**：同饎，酒食。⑪**攘**：通饟，馈。**旨**：美味。⑫**易**：治。⑬**克**：能够。**敏**：勤劳。⑭**稼**：禾。**茨**：芦苇屋盖。**梁**：车梁。⑮**庾**：仓库。**坻**：水中高地。**京**：高丘。⑯**箱**：车箱。

入仓图　清·《康熙御制耕织图》

212

dà tián
大田

dà tián duō jià, jì zhǒng jì jiè.
大田多稼，既种既戒。①
jì bèi nǎi shì, yǐ wǒ yǎn sì.
既备乃事，以我覃耜。②
chù zài nán mǔ, bō jué bǎi gǔ.
俶载南亩，播厥百谷。③

jì tíng qiě shuò, zēng sūn shì ruò.
既庭且硕，曾孙是若。④
jì fáng jì zào, jì jiān jì hǎo.
既方既皁，既坚既好。⑤
bù láng bù yǒu, qù qí míng tè.
不稂不莠，去其螟螣。⑥
jí qí máo zéi, wú hài wǒ tián zhì.
及其蟊贼，无害我田稚。⑦
tián zǔ yǒu shén, bǐng bì yán huǒ.
田祖有神，秉畀炎火。⑧

yǒu yǎn qī qī, xīng yún qí qí.
有渰萋萋，兴云祁祁。⑨

插秧图　清·《康熙御制耕织图》

yù wǒ gōng tián suì jí wǒ sī
雨我公田，遂及我私。⑩
bǐ yǒu bù huò zhì cǐ yǒu bù liǎn jì
彼有不获稚，此有不敛穧，⑪
bǐ yǒu yí bǐng cǐ yǒu zhì suì
彼有遗秉，此有滞穗，
yī guǎ fù zhī lì
伊寡妇之利。⑫
zēng sūn lái zhǐ yǐ qí fù zǐ
曾孙来止，以其妇子，
yè bǐ nán mǔ tián jùn zhì chì
馌彼南亩，田畯至喜。⑬
lái fāng yīn sì yǐ qí xīng hēi
来方禋祀，以其骍黑，
yǔ qí shǔ jì
与其黍稷。⑭
yǐ xiǎng yǐ sì yǐ jiè jǐng fú
以享以祀，以介景福。⑮

注释：①**种**：选种。**既**：又。**戒**：修理农具。②**乃**：这些。**覃**：通剡，锋利。**耜**：农具。③**俶载**：开始从事。④**庭**：直。**若**：顺。⑤**方**：房也，谷始生未实之称。**皁**：谷实才结成的状态。⑥**稂**：童粱，似高粱而不结实。**莠**：田间害草，俗称狗尾草。**螟**：螟蛾的幼虫，蛀食稻心。**螣**：食苗叶的害虫。⑦**蟊**：食稻根的害虫。**贼**：食稻茎的害虫。**稚**：幼苗。⑧**田祖**：农神。**有神**：有灵。**秉**：持。**畀**：付与。⑨**渰**：云兴起貌。**萋萋**：云行貌。**祁祁**：众多貌。⑩**公田**：井田制的公田。**遂**：然后。**我私**：公田外开垦的私田。⑪**穧**：已割而未收的农作物。⑫**秉**：谷把。**滞穗**：丢弃的谷穗。⑬**馌**：送饭到田间。**田畯**：田官。**喜**：饎，酒食。⑭**禋祀**：祭祀。**骍**：指赤色的牛。**黑**：指黑色的猪羊。⑮**享**：同飨，熟食。**介**：求。**景**：大。

田畯醉归图　宋·佚名

213

瞻彼洛矣

zhān bǐ luò yǐ

瞻彼洛矣，维水泱泱。①
君子至止，福禄如茨。②
韎韐有奭，以作六师。③

瞻彼洛矣，维水泱泱。
君子至止，鞞琫有珌。④
君子万年，保其家室。

瞻彼洛矣，维水泱泱。
君子至止，福禄既同。⑤
君子万年，保其家邦。

注释：①**瞻**：看。**洛**：洛水。**维**：是。**泱泱**：水深广貌。②**茨**：芦苇的屋盖，喻多及厚重。③**韎韐**：蔽膝，熟皮制成，用茜草染成赤黄色。**奭**：通赩，赤色。**作**：起。**六师**：古时天子有六军。④**鞞**：刀鞘。**琫**：刀鞘上的玉饰。**珌**：刀鞘下的玉饰。⑤**同**：聚集。

观潮图 清·袁江

214

cháng cháng zhě huā

裳裳者华

cháng cháng zhě huā qí yè xǔ xī
裳裳者华，其叶湑兮。①
wǒ gòu zhī zǐ wǒ xīn xiè xī
我觏之子，我心写兮。②
wǒ xīn xiè xī shì yǐ yǒu yù chù xī
我心写兮，是以有誉处兮。③

cháng cháng zhě huā yún qí huáng yǐ
裳裳者华，芸其黄矣。④
wǒ gòu zhī zǐ wéi qí yǒu zhāng yǐ
我觏之子，维其有章矣。⑤
wéi qí yǒu zhāng yǐ shì yǐ yǒu qìng yǐ
维其有章矣，是以有庆矣。

历朝贤后故事册之禁苑种谷 清·焦秉贞

cháng cháng zhě huā　huò huáng huò bái
裳裳者华，或黄或白。
wǒ gòu zhī zǐ　chéng qí sì luò
我觏之子，乘其四骆。⑥
chéng qí sì luò　liù pèi wò ruò
乘其四骆，六辔沃若。⑦
zuǒ zhī zuǒ zhī　jūn zǐ yí zhī
左之左之，君子宜之。
yòu zhī yòu zhī　jūn zǐ yǒu zhī
右之右之，君子有之。⑧
wéi qí yǒu zhī　shì yǐ sì zhī
维其有之，是以似之。⑨

注释：①**裳裳**：鲜明的样子。**华**：同花。**湑**：盛貌。②**觏**：遇见。**之子**：这人，指诸侯。**写**：通泻，抒发，宣泄。③**誉处**：安乐的地方。誉通豫，安。④**芸**：多。⑤**有章**：有才华。章：文章，即才华。⑥**骆**：白马黑鬣。⑦**辔**：缰绳。**沃若**：光润貌。⑧**左之**：左转。**右之**：右转。⑨**似**：同嗣，继续。

孝经图之诸侯章　宋·佚　名

215 桑扈

sāng hù

jiāo jiāo sāng hù，yǒu yīng qí yǔ。
交交桑扈，有莺其羽。①
jūn zǐ lè xū，shòu tiān zhī hù。
君子乐胥，受天之祜。②

jiāo jiāo sāng hù，yǒu yīng qí lǐng。
交交桑扈，有莺其领。③
jūn zǐ lè xū，wàn bāng zhī píng。
君子乐胥，万邦之屏。

zhī píng zhī hàn，bǎi bì wéi xiàn。
之屏之翰，百辟为宪。④
bù jí bù nuó，shòu fú bù nuó。
不戢不难，受福不那。⑤

sì gōng qí qiú，zhǐ jiǔ sī róu。
兕觥其觩，旨酒思柔。⑥
bǐ jiāo fěi ào，wàn fú lái qiú。
彼交匪敖，万福来求。⑦

注释：①**交交**：犹佼佼，飞往来貌。**桑扈**：鸟名，亦称窃脂。**有莺**：鸟羽有文彩。②**乐胥**：乐兮。**胥**：语助词。**祜**：福。③**领**：颈。④**翰**：垣，喻人才。**辟**：君主。**宪**：典范。⑤**不戢不难**：和且敬也。**不**：语助词。难，古傩字，行有节也。**那**：多。⑥**兕觥**：用犀牛角制成的酒杯。**觩**：角弯曲貌。**旨**：美味。**思**：语助词。**柔**：柔和不辣。⑦**交**：通姣，即侮慢。**敖**：通傲，骄傲。**求**：聚。

春夜宴桃李园图 清·华嵒

216

鸳鸯

鸳鸯于飞，毕之罗之。①
君子万年，福禄宜之。②
鸳鸯在梁，戢其左翼。③
君子万年，宜其遐福。④
乘马在厩，摧之秣之。⑤
君子万年，福禄艾之。⑥
乘马在厩，秣之摧之。
君子万年，福禄绥之。⑦

注释：①于：语助词。毕：有长柄的小网。罗：大网。②宜：安。③戢：敛。翼：翅膀。④遐：久远。⑤摧：通莝，铡草。秣：以草喂马。⑥艾：养。⑦绥：安。

荷花鸳鸯图　清·华嵒

217 頍弁

kuǐ biàn

yǒu kuǐ zhě biàn， shí wéi yī hé？
有頍者弁，实维伊何？①
ěr jiǔ jì zhǐ， ěr yáo jì jiā。
尔酒既旨，尔肴既嘉。
qǐ yī yì rén？ xiōng dì fěi tā。
岂伊异人？兄弟匪他。②
niǎo yǔ nǚ luó， yì yú sōng bǎi。
茑与女萝，施于松柏。③
wèi jiàn jūn zǐ， yōu xīn yì yì。
未见君子，忧心奕奕。④
jì jiàn jūn zǐ， shù jī yuè yì。
既见君子，庶几说怿。⑤

yǒu kuǐ zhě biàn， shí wéi hé jī？
有頍者弁，实维何期？⑥
ěr jiǔ jì zhǐ， ěr yáo jì shí。
尔酒既旨，尔肴既时。
qǐ yī yì rén？ xiōng dì jù lái。
岂伊异人？兄弟具来。

岁朝欢庆图 清·姚文瀚

niǎo yǔ nǚ luó，yì yú sōng shàng。
茑与女萝，施于松上。
wèi jiàn jūn zǐ，yōu xīn bǐng bǐng。
未见君子，忧心怲怲。⑦
jì jiàn jūn zǐ，shù jī yǒu zāng。
既见君子，庶几有臧。

yǒu kuǐ zhě biàn，shí wéi zài shǒu。
有頍者弁，实维在首。
ěr jiǔ jì zhǐ，ěr yáo jì fù。
尔酒既旨，尔肴既阜。⑧
qǐ yī yì rén？xiōng dì shēng jiù。
岂伊异人？兄弟甥舅。
rú bǐ yù xuě，xiān jí wéi xiàn。
如彼雨雪，先集维霰。⑨
sǐ sāng wú rì，wú jī xiāng jiàn。
死丧无日，无几相见。⑩
lè jiǔ jīn xī，jūn zǐ wéi yàn。
乐酒今夕，君子维宴。

注释：①**頍**：弁貌。**弁**：皮帽。**实**：是。**维**：语助词。**伊何**：为何。②**岂**：难道。**伊**：是。**异人**：外人。**匪他**：没有别人。③**茑与女萝**：两种攀援类寄生植物，比喻兄弟亲戚相互依附。**施**：蔓延；攀援。④**奕奕**：心神不定的样子。⑤**庶几**：差不多。**说怿**：即悦怿，同义复词，喜欢。⑥**何期**：何其，其，语助词。⑦**怲怲**：充满忧愁。⑧**阜**：丰富。⑨**雨雪**：下雪。**集**：聚集。**霰**：暴雪。⑩**无几**：不多时，不久。

绘高宗御笔甲午雪后即事成咏诗 清·董诰

218

车舝

间关车之舝兮，思娈季女逝兮！①
匪饥匪渴，德音来括！②
虽无好友，式燕且喜。③

依彼平林，有集维鷮。④
辰彼硕女，令德来教。⑤
式燕且誉，好尔无射！⑥

虽无旨酒，式饮庶几。⑦

齐相御妻图 明·仇英

suī wú jiā yáo　shì shí shù jī

虽无佳肴，式食庶几。

suī wú dé yǔ rǔ　shì gē qiě wǔ

虽无德与女，式歌且舞！

zhǐ bǐ gāo gāng　xī qí zuò xīn

陟彼高冈，析其柞薪。⑧

xī qí zuò xīn　qí yè xǔ xī

析其柞薪，其叶湑兮。⑨

xiān wǒ gòu ěr　wǒ xīn xiè xī

鲜我觏尔，我心写兮。⑩

gāo shān yǎng zhǐ　jǐng háng xíng zhǐ

高山仰止，景行行止。⑪

sì mǔ fēi fēi　liù pèi rú qín

四牡骓骓，六辔如琴。⑫

gòu ěr xīn hūn　yǐ wèi wǒ xīn

觏尔新昏，以慰我心。⑬

注释： ①**间关**：车轴的转动摩擦声。**舝**：通辖，车轴铁头。**思**：语助词。**娈**：美好。**季女**：少女。②**括**：会也。③**式**：语助词。**燕**：宴饮。④**依**：通殷，茂木貌。**平林**：林木在平地者。**鷮**：长尾雉。⑤**辰**：美好。**硕**：高挑。**令德**：好德行。⑥**且誉**：且称王之声誉。**射**：通斁，厌。⑦**式饮**：宴饮。**庶几**：也可。⑧**陟**：登。**析**：劈开。**柞**：麻栎树。⑨**湑**：盛也。⑩**鲜**：善。**觏**：遇见。⑪**仰**：抬头望。**止**：语助词。**景行**：大路。**行**：走路。⑫**骓骓**：马不停地走。**辔**：缰绳。⑬**昏**：同婚。

式闾致敬图　清·《钦定书经图说》

219. 青蝇

qīng yíng
青　蝇

yíng yíng qīng yíng， zhǐ yú fán
● 营营青蝇，止于樊。①

kǎi tì jūn zǐ， wú xìn chán yán
岂弟君子，无信谗言。②

yíng yíng qīng yíng， zhǐ yú jí
● 营营青蝇，止于棘。③

chán rén wǎng jí， jiāo luàn sì guó
谗人罔极，交乱四国！④

yíng yíng qīng yíng， zhǐ yú zhēn
● 营营青蝇，止于榛。⑤

chán rén wǎng jí， gòu wǒ èr rén
谗人罔极，构我二人。⑥

注释：①**营营**：往来貌。**青蝇**：苍蝇。**樊**：篱笆。②**岂弟**：同恺悌，和乐平易。**无**：不要。③**棘**：酸枣树。④**谗人**：进谗言的人。**罔极**：没准则。⑤**榛**：榛树。⑥**构**：陷害。

历朝贤后故事之戒饬宗族　清·焦秉贞

220

bīn zhī chū yán

宾之初筵

bīn zhī chū yán, zuǒ yòu zhì zhì

宾之初筵，左右秩秩。①

biān dòu yǒu chǔ, yáo hé wéi lǚ

笾豆有楚，肴核维旅。②

jiǔ jì hé zhǐ, yǐn jiǔ kǒng xié

酒既和旨，饮酒孔偕。③

zhōng gǔ jì shè, jǔ chóu yì yì

钟鼓既设，举酬逸逸。④

dà hóu jì kàng, gōng shǐ sī zhāng

大侯既抗，弓矢斯张。⑤

shè fū jì tóng, xiàn ěr fā gōng

射夫既同，献尔发功。⑥

fā bǐ yǒu dì, yǐ qí ěr jué

发彼有的，以祈尔爵。⑦

甘酒嗜音图　清·《钦定书经图说》

yuè wǔ shēng gǔ　yuè jì hé zòu
籥舞笙鼓，乐既和奏。⑧

zhēng kàn liè zǔ　yǐ qià bǎi lǐ
烝衎烈祖，以洽百礼。⑨

bǎi lǐ jì zhì　yǒu rén yǒu lín
百礼既至，有壬有林。⑩

xī ěr chún gǔ　zǐ sūn qí dān
锡尔纯嘏，子孙其湛。⑪

qí dān yuē lè　gè zòu ěr néng
其湛曰乐，各奏尔能。⑫

bīn zài shǒu qiú　shì rén rù yòu
宾载手仇，室人入又。⑬

zhuó bǐ kāng jué　yǐ zòu ěr shí
酌彼康爵，以奏尔时。⑭

春夜宴桃李园图　清·黄　慎

bīn zhī chū yán wēn wēn qí gōng
宾之初筵，温温其恭。⑮
qí wèi zuì zhǐ wēi yí bǎn bǎn
其未醉止，威仪反反。⑯
yuē jì zuì zhǐ wēi yí fān fān
曰既醉止，威仪幡幡。⑰
shě qí zuò qiān lǚ wǔ xiān xiān
舍其坐迁，屡舞仙仙。⑱
qí wèi zuì zhǐ wēi yí yì yì
其未醉止，威仪抑抑。⑲
yuē jì zuì zhǐ wēi yí bì bì
曰既醉止，威仪怭怭。⑳
shì yuē jì zuì bù zhī qí zhì
是曰既醉，不知其秩。㉑

恒舞酣歌图　清·《钦定书经图说》

bīn jì zuì zhǐ　zài háo zài náo
宾既醉止，载号载呶。[22]

luàn wǒ biān dòu　lǚ wǔ qī qī
乱我笾豆，屡舞僛僛。[23]

shì yuē jì zuì　bù zhī qí yóu
是曰既醉，不知其邮。[24]

cè biàn qí é　lǚ wǔ suō suō
侧弁其俄，屡舞傞傞。[25]

jì zuì ér chū　bìng shòu qí fú
既醉而出，并受其福。[26]

zuì ér bù chū　shì wèi fá dé
醉而不出，是谓伐德。[27]

yǐn jiǔ kǒng jiā　wéi qí lìng yí
饮酒孔嘉，维其令仪。[28]

汝阳三斗始朝天图　清·吴友如

fán cǐ yǐn jiǔ　huò zuì huò fǒu
凡此饮酒，或醉或否。㉙

jì lì zhī jiān　huò zuǒ zhī shǐ
既立之监，或佐之史。㉚

bǐ zuì bù zāng　bù zuì fǎn chǐ
彼醉不臧，不醉反耻。㉛

shì wù cóng wèi　wú bǐ tài dài
式勿从谓，无俾大怠。㉜

fěi yán wù yán　fěi yóu wù yǔ
匪言勿言，匪由勿语。㉝

yóu zuì zhī yán　bǐ chū tóng gǔ
由醉之言，俾出童羖。㉞

sān jué bù shí　shěn gǎn duō yòu
三爵不识，矧敢多又。㉟

注释：①**初**：开始。**秩秩**：肃敬。②**笾豆**：祭祀盛食器。**楚**：排列有序。**肴**：豆食。**核**：果类食品。**旅**：陈，摆设。③**孔偕**：很好。④**酬**：敬酒。**逸逸**：往来有序。⑤**大侯**：箭靶。**抗**：举。**张**：指箭搭在弦上。⑥**既**：已经。**同**：聚集。**献**：表演。**发**：射箭。**功**：本领。⑦**有的**：射中靶心。**祈**：请。**爵**：酒器。⑧**籥舞**：执籥而舞，即文舞。籥即似笛有六孔的管乐器。⑨**烝**：进。**衎**：娱乐。**烈**：功高的。**洽**：合。⑩**既至**：周到。**壬**：大。**林**：盛。⑪**锡**：赐也。**纯**：大。**嘏**：福。**湛**：喜乐。⑫**奏**：献。**能**：技能。⑬**手**：取。**仇**：对手。**室人**：主人。**入又**：进入射场又射箭。⑭**酌**：宾客回敬酒。**康**：大。**时**：指射中者。⑮**温温**：温和貌。**其**：语助词。**恭**：恭敬貌。⑯**反反**：慎重和善貌。反通昄。⑰**幡幡**：轻率不庄貌。⑱**舍**：离开。**迁**：走动。**仙仙**：舞貌。⑲**抑抑**：慎密。⑳**怭怭**：轻薄貌。㉑**是曰**：这就叫。**秩**：常度。㉒**载**：又。**号**：呼号。**呶**：喧哗。㉓**僛僛**：舞不能自正也。㉔**邮**：通訧，过错。㉕**侧弁**：斜戴帽子。**俄**：倾貌。**傞傞**：醉舞不止貌。㉖**并**：指主人和客人。㉗**伐德**：败坏道德。㉘**孔嘉**：很好。**令仪**：好的礼节。㉙**凡此**：所有这些。**或**：有的。**否**：指没有醉。㉚**监**：酒监。**佐**：辅助。**史**：记载的史官。㉛**臧**：善。**反**：反而是。**耻**：耻辱。㉜**式**：发语词。**勿从**：不要随从。**谓**：劝，即劝酒。㉝**由**：从。**语**：说话。㉞**由**：因为。**童羖**：没有角的黑色公羊。㉟**三爵**：三杯酒。古人以三杯为度。**不识**：不懂。**矧**：况且。**又**：同侑，劝酒。

羲和酒荒图　清·《钦定书经图说》

221

鱼藻

鱼在在藻，有颁其首。①
王在在镐，岂乐饮酒。②
鱼在在藻，有莘其尾。③
王在在镐，饮酒乐岂。
鱼在在藻，依于其蒲。④
王在在镐，有那其居。⑤

注释：①颁：大首貌。②镐：镐京，西周都城。岂：同恺，欢声。③莘：长貌。④蒲：水生蒲草。⑤那：安闲的样子。

鱼在在藻，有颁其首 《五彩绘图监本诗经》

222

采菽

cǎi shū

cǎi shū cǎi shū，kuāng zhī jǔ zhī。
采菽采菽，筐之筥之。①
jūn zǐ lái cháo，hé xī yǔ zhī？
君子来朝，何锡予之？②
suī wú yǔ zhī，lù chē shèng mǎ。
虽无予之，路车乘马。③
yòu hé yǔ zhī？xuán gǔn jí fǔ。
又何予之？玄衮及黼。④

bì fèi jiàn quán，yán cǎi qí qín。
觱沸槛泉，言采其芹。⑤
jūn zǐ lái cháo，yán guān qí qí。
君子来朝，言观其旂。⑥
qí qí pèi pèi，luán shēng huì huì。
其旂淠淠，鸾声嘒嘒。⑦
zài cān zài sì，jūn zǐ suǒ jiè。
载骖载驷，君子所届。⑧

职贡图　明·仇　英

chì fú zài gǔ　　xié fú zài xià
◉ 赤芾在股，邪幅在下。⑨
bǐ jiāo fěi shū　　tiān zǐ suǒ yǔ
彼交匪纾，天子所予。⑩
lè zhǐ jūn zǐ　　tiān zǐ mìng zhī
乐只君子，天子命之。⑪
lè zhǐ jūn zǐ　　fú lù shēn zhī
乐只君子，福禄申之。⑫
wéi zuò zhī zhī　　qí yè péng péng
◉ 维柞之枝，其叶蓬蓬。⑬
lè zhǐ jūn zǐ　　diàn tiān zǐ zhī bāng
乐只君子，殿天子之邦。⑭
lè zhǐ jūn zǐ　　wàn fú yōu tóng
乐只君子，万福攸同。⑮
pián pián zuǒ yòu　　yì shì shuài cóng
平平左右，亦是率从。⑯

乾隆闲居图　清·郎世宁

fàn fàn yáng zhōu fú lí wéi zhī
汎汎杨舟，绋纚维之。⑰
lè zhǐ jūn zǐ tiān zǐ kuí zhī
乐只君子，天子葵之。⑱
lè zhǐ jūn zǐ fú lù pí zhī
乐只君子，福禄膍之。⑲
yōu zāi yóu zāi yì shì lì yǐ
优哉游哉，亦是戾矣。⑳

注释：①**菽**：大豆。**筐**：方形篮子。**筥**：竹编圆形篮子。②**锡**：赐。**予**：给予。③**路车**：诸侯乘坐的车子。**乘马**：所乘的驷马。④**玄衮**：画有卷龙的黑色礼服。**黼**：半黑与半白刺绣花纹的礼服。⑤**觱**：水响声。**沸**：形容泉水冒出，如同沸水。**槛**：同滥，涌出。**言**：语助词。⑥**旂**：绘有蛟龙等纹饰的、有铃的旗。⑦**淠淠**：飘动貌。**嘒嘒**：有节奏的样子。⑧**骖**：三马驾一车。**驷**：四马驾一车。⑨**芾**：蔽膝。**股**：大腿。**邪幅**：裹腿布。⑩**交**：交情，交往。**纾**：缓，怠慢。⑪**只**：语助词。**命**：策封。⑫**申**：重复。⑬**蓬蓬**：茂盛的样子。⑭**殿**：镇抚。⑮**攸**：语助词，都。**同**：聚集。⑯**平平**：闲雅之貌。**率**：遵循。⑰**汎汎**：同泛泛，漂浮。**杨舟**：杨木制作的船。**绋**：大索。**纚**：通缡，维系。⑱**葵**：揆，度量，指量才使用。⑲**膍**：厚赐。⑳**优哉游哉**：从容不迫、悠然自得的样子。**戾**：安定。

后赤壁图 明·仇 英

223

jiǎo gōng
角弓

xīng xīng jiǎo gōng，piān qí fǎn yǐ。
骍骍角弓，翩其反矣。①

xiōng dì hūn yīn，wú xū yuàn yǐ。
兄弟昏姻，无胥远矣。②

ěr zhī yuàn yǐ，mín xū rán yǐ。
尔之远矣，民胥然矣。③

ěr zhī jiào yǐ，mín xū xiào yǐ。
尔之教矣，民胥傚矣。④

cǐ lìng xiōng dì，chuò chuò yǒu yù。
此令兄弟，绰绰有裕。⑤

bù lìng xiōng dì，jiāo xiāng wéi yù。
不令兄弟，交相为瘉。⑥

mín zhī wú liáng，xiāng yuàn yì fāng。
民之无良，相怨一方。⑦

shòu jué bù ràng，zhì yú jǐ sī wáng。
受爵不让，至于己斯亡。⑧

北征督运图之京城出发　清·佚名

lǎo mǎ fǎn wéi jū　bù gù qí hòu
老马反为驹，不顾其后。⑨

rú shí yí yù　rú zhuó kǒng qǔ
如食宜饇，如酌孔取。⑩

wú jiāo náo shēng mù　rú tú tú fù
毋教猱升木，如涂涂附。⑪

jūn zǐ yǒu huī yóu　xiǎo rén yǔ zhǔ
君子有徽猷，小人与属。⑫

yù xuě biāo biāo　jiàn xiàn yuē xiāo
雨雪瀌瀌，见晛曰消。⑬

mò kěn xià suí　shì jū lóu jiāo
莫肯下遗，式居娄骄。⑭

yù xuě fú fú　jiàn xiàn yuē liú
雨雪浮浮，见晛曰流。⑮

rú mán rú máo　wǒ shì yòng yōu
如蛮如髦，我是用忧。⑯

注释：①**骍骍**：弓弯曲貌。**角弓**：两头镶嵌兽角的弓。**翩**：偏。**反**：回弹。②**昏姻**：指姻亲。**胥**：相互。**远**：疏远。③**胥然**：都这样。④**胥傚**：都效仿。傚，同效。⑤**令**：善良。**绰绰**：宽裕舒缓貌。**有裕**：气量宽大貌。⑥**不令**：不善。**交相**：交互。**痛**：病，别扭。⑦**相怨**：相互埋怨。**一方**：对方。⑧**己**：己身。**斯**：此。**亡**：忘却。⑨**反**：反而。**为**：当作。**顾**：想到。⑩**饇**：饱。**孔取**：拿多些。⑪**猱**：猴子。**涂**：泥土。**涂附**：粘涂上。⑫**徽**：美。**猷**：道。**与**：从。**属**：跟随。⑬**瀌瀌**：雪盛大貌。**晛**：日气。**曰**：语助词。**消**：消释。⑭**遗**：通随，谦虚，顺从。**式**：语助词。**居**：同倨，傲。**娄**：敛。⑮**浮浮**：雨雪盛貌。⑯**蛮**：南蛮。**髦**：西南少数民族。**是用**：因此。

齐女传母图　明·仇英

224 菀柳

yǒu yù zhě liǔ bù shàng xī yān
有菀者柳，不尚息焉？①
shàng dì shèn dǎo wú zì nì yān
上帝甚蹈，无自暱焉。②
bǐ yú jìng zhī hòu yú jí yān
俾予靖之，后予极焉。③

yǒu yù zhě liǔ bù shàng qì yān
有菀者柳，不尚愒焉？④
shàng dì shèn dǎo wú zì zhài yān
上帝甚蹈，无自瘵焉。⑤
bǐ yú jìng zhī hòu yú mài yān
俾予靖之，后予迈焉。⑥

yǒu niǎo gāo fēi yì fù yú tiān
有鸟高飞，亦傅于天。⑦
bǐ rén zhī xīn yú hé qí zhēn
彼人之心，于何其臻。⑧
hé yú jìng zhī jū yǐ xiōng jīn
曷予靖之，居以凶矜。⑨

注释：①菀：茂木。不尚：不可。焉：这里。②上帝：指君王。蹈：动，指变化无常。暱：亲近。③靖：治理。极：至。④愒：休息。⑤瘵：病。⑥迈：行，指放逐。⑦傅：至。⑧彼人：指周王。臻：至。⑨曷：害。居：犹其也，语助词。凶矜：同义复词，危险。

黄鹂翠柳图 清·华喦

225

dū rén shì

都人士

bǐ dū rén shì, hú qiú huáng huáng.
彼都人士，狐裘黄黄。①
qí róng bù gǎi, chū yán yǒu zhāng.
其容不改，出言有章。②
xíng guī yú zhōu, wàn mín suǒ wàng.
行归于周，万民所望。③

bǐ dū rén shì, tái lì zī cuō.
彼都人士，台笠缁撮。④
bǐ jūn zǐ nǚ, chóu zhí rú fà.
彼君子女，绸直如发。⑤
wǒ bù jiàn xī, wǒ xīn bù yuè.
我不见兮，我心不说。

bǐ dū rén shì, chōng ěr xiù shí.
彼都人士，充耳琇实。⑥

秋浦并辔图　清·华　嵒

bǐ jūn zǐ nǚ，wèi zhī yǐn jí
彼君子女，谓之尹吉。⑦

wǒ bù jiàn xī，wǒ xīn yuàn jié
我不见兮，我心苑结。⑧

bǐ dū rén shì，chuí dài ér lì
彼都人士，垂带而厉。⑨

bǐ jūn zǐ nǚ，quán fà rú chài
彼君子女，卷发如虿。⑩

wǒ bù jiàn xī，yán cóng zhī mài
我不见兮，言从之迈。

fěi yī chuí zhī，dài zé yǒu yú
匪伊垂之，带则有余。⑪

fěi yī quán zhī，fà zé yǒu yú
匪伊卷之，发则有旟。⑫

wǒ bù jiàn xī，yún hé xū yǐ
我不见兮，云何盱矣。⑬

注释：①**都人士：**美男子。都，美。②**章：**文章，辞藻，这里指文雅。③**周：**周朝都城镐京。④**台：**通薹，草名，可以做笠。**缁撮：**缁布冠。⑤**绸：**密。⑥**充耳：**帽子上吊的玉石耳坠子。**琇：**美石。⑦**尹吉：**尹氏和吉氏，当时的大姓，吉同姞。一说尹即正，吉即善。⑧**苑结：**郁结。⑨**厉：**带之垂者。⑩**虿：**蝎子一类的毒虫。⑪**匪：**不。**伊：**是。**有余：**过长。⑫**旟：**扬，指往上翘。⑬**盱：**忧愁。

摹天籁阁宋人画册之观镜　明·仇英

226

采绿

cǎi lù

zhōng zhāo cǎi lù，bù yíng yì jū
终朝采绿，不盈一匊。①

yú fà qū jú，bó yán guī mù
予发曲局，薄言归沐。②

zhōng zhāo cǎi lán，bù yíng yì chān
终朝采蓝，不盈一襜。③

wǔ rì wéi qī，liù rì bù zhān
五日为期，六日不詹。④

zhī zǐ yú shòu，yán chàng qí gōng
之子于狩，言韔其弓。⑤

zhī zǐ yú diào，yán lún zhī shéng
之子于钓，言纶之绳。⑥

qí diào wéi hé，wéi fáng jí xù
其钓维何，维鲂及鱮。⑦

wéi fáng jí xù，bó yán guān zhě
维鲂及鱮，薄言观者！⑧

注释：①**绿**：植物名。又名王刍，即荩草，花色紫褐。古时用它的汁做黄色染料。**匊**：同掬，两手合捧。②**局**：卷。**薄言**：语助词。③**蓝**：一种可以染青色的草。**襜**：围裙。④**詹**：至。⑤**之子**：那个人。**于**：往也。**韔**：弓袋，这里用作动词，装进。⑥**纶**：钓丝。⑦**鱮**：大头鲢鱼。⑧**观**：多也。

楚江渔乐图　明·谢时臣

shǔ miáo

227 黍苗

péng péng shǔ miáo，yīn yǔ gào zhī

芃芃黍苗，阴雨膏之。①

yōu yōu nán xíng，shào bó láo zhī

悠悠南行，召伯劳之。②

wǒ rèn wǒ niǎn，wǒ chē wǒ niú

我任我辇，我车我牛。③

wǒ háng jì jí，gài yún guī zāi

我行既集，盖云归哉。④

wǒ tú wǒ yù，wǒ shī wǒ lǚ

我徒我御，我师我旅。⑤

wǒ háng jì jí，gài yún guī chǔ

我行既集，盖云归处。

sù sù xiè gōng，shào bó yíng zhī

肃肃谢功，召伯营之。⑥

liè liè zhēng shī，shào bó chéng zhī

烈烈征师，召伯成之。⑦

yuán xí jì píng，quán liú jì qīng

原隰既平，泉流既清。

shào bó yǒu chéng，wáng xīn zé níng

召伯有成，王心则宁。⑧

注释：①**芃芃**：庄稼茂盛貌。**膏**：滋润。②**悠悠**：遥远的样子。**召伯**：姓姬名虎，封于召，称召伯，周宣王、幽王时大臣。**劳**：勤。③**任**：负荷。**辇**：挽车。**车**：将车，手扶车行。**牛**：牵牛以助车行。④**行**：行伍。**集**：成。**盖**：皆。⑤**徒**：步行。**御**：驾驶。⑥**肃肃**：快速的样子。**谢功**：谢邑的城建工程。**营**：营建。⑦**烈烈**：威武貌。⑧**有成**：已完成。**宁**：才安宁。

经略三关图 明·佚名

228

xí sāng
隰桑

xí sāng yǒu ē qí yè yǒu nuó
隰桑有阿，其叶有难。①
jì jiàn jūn zǐ qí lè rú hé
既见君子，其乐如何！
xí sāng yǒu ē qí yè yǒu wò
隰桑有阿，其叶有沃。②
jì jiàn jūn zǐ yún hé bù lè
既见君子，云何不乐！
xí sāng yǒu ē qí yè yǒu yǒu
隰桑有阿，其叶有幽。③
jì jiàn jūn zǐ dé yīn kǒng jiāo
既见君子，德音孔胶！④
xīn hū ài yǐ xiá bù wèi yǐ
心乎爱矣，遐不谓矣！⑤
zhōng xīn cáng zhī hé rì wàng zhī
中心藏之，何日忘之！

注释：①**隰**：低洼地。**桑**：桑树。**阿**：美貌。**难**：同那，多，繁盛貌。②**沃**：有光泽的样子。③**幽**：黝之假借，黑色。④**胶**：牢固。⑤**遐**：远。

采桑图　清·禹之鼎

229

bái huā

白华

bái huā jiān xī, bái máo shù xī.
白华菅兮，白茅束兮。①
zhī zǐ zhī yuǎn, bǐ wǒ dú xī.
之子之远，俾我独兮。②

yīng yīng bái yún, lù bǐ jiān máo.
英英白云，露彼菅茅。③
tiān bù jiān nán, zhī zǐ bù yóu!
天步艰难，之子不犹！④

biāo chí běi liú, jìn bǐ dào tián.
滮池北流，浸彼稻田。⑤
xiào gē shāng huái, niàn bǐ shuò rén.
啸歌伤怀，念彼硕人。⑥

qiáo bǐ sāng xīn, áng hōng yú chén.
樵彼桑薪，卬烘于煁。⑦
wéi bǐ shuò rén, shí láo wǒ xīn.
维彼硕人，实劳我心。⑧

西郊寻梅图 清·禹之鼎

gǔ zhōng yú gōng　shēng wén yú wài
鼓钟于宫，声闻于外。⑨

niàn zǐ cǎo cǎo　shì wǒ mài mài
念子懆懆，视我迈迈。⑩

yǒu qiū zài liáng　yǒu hè zài lín
有鹙在梁，有鹤在林。⑪

wéi bǐ shuò rén　shí láo wǒ xīn
维彼硕人，实劳我心！

yuān yāng zài liáng　jí qí zuǒ yì
鸳鸯在梁，戢其左翼。⑫

zhī zǐ wú liáng　èr sān qí dé
之子无良，二三其德。⑬

yǒu biǎn sī shí　lǚ zhī bēi xī
有扁斯石，履之卑兮。⑭

zhī zǐ zhī yuǎn　bǐ wǒ qí xī
之子之远，俾我疧兮。⑮

注释：①**华**：同花。**菅**：茅草，又叫芦芒。**束**：捆。②**之子**：那个人。**之远**：到远方。**俾**：使。③**英英**：白云飘浮貌。④**天步**：时运。**不犹**：不。⑤**滮**：古河名，在陕西西安长安区西。⑥**啸歌**：高声歌唱。**硕人**：美男子。⑦**樵**：砍柴。**卬**：我。**烘**：燎。**煁**：可移动的灶。⑧**劳**：忧。⑨**鼓**：奏。⑩**懆懆**：忧愁不安貌。**迈迈**：不悦貌。⑪**鹙**：秃鹙。类似鹤，头颈上无毛，青苍色。**梁**：水中鱼坝。⑫**戢**：收敛。**翼**：翅。⑬**无良**：不好。**二三其德**：三心二意的德行。⑭**卑**：下贱。⑮**疧**：忧愁的病。

秋江晚棹图　清·禹之鼎

230

绵蛮

mián mán huáng niǎo zhǐ yú qiū ē
绵蛮黄鸟，止于丘阿。①
dào zhī yún yuǎn wǒ láo rú hé
道之云远，我劳如何。
yìn zhī sì zhī jiào zhī huì zhī
饮之食之，教之诲之。②
mìng bǐ hòu chē wèi zhī zài zhī
命彼后车，谓之载之。③
mián mán huáng niǎo zhǐ yú qiū yú
绵蛮黄鸟，止于丘隅。④
qǐ gǎn dàn xíng wèi bù néng qū
岂敢惮行，畏不能趋。⑤

摹天籁阁宋人画册之鸂鶒松泉 明·仇英

yìn zhī sì zhī　jiào zhī huì zhī
饮之食之，教之诲之。
mìng bǐ hòu chē　wèi zhī zài zhī
命彼后车，谓之载之。
mián mán huáng niǎo　zhǐ yú qiū cè
绵蛮黄鸟，止于丘侧。
qǐ gǎn dàn xíng　wèi bù néng jí
岂敢惮行，畏不能极。⑥
yìn zhī sì zhī　jiào zhī huì zhī
饮之食之，教之诲之。
mìng bǐ hòu chē　wèi zhī zài zhī
命彼后车，谓之载之。

注释：①**绵蛮**：鸟羽文彩细密貌。**丘阿**：山坡弯曲处。②**饮之食之**：给我水喝，给我东西吃。**教之诲之**：教导我，告诫我。③**后车**：副车，跟随在后的车。**谓**：命令。④**隅**：角落。⑤**岂敢**：不敢。**惮**：畏。**趋**：疾走。⑥**极**：到。

明妃出塞图　明·仇英

231 瓠叶

幡幡瓠叶，采之亨之。①
君子有酒，酌言尝之。②

有兔斯首，炮之燔之。③
君子有酒，酌言献之。④

有兔斯首，燔之炙之。⑤
君子有酒，酌言酢之。⑥

有兔斯首，燔之炮之。
君子有酒，酌言酬之。⑦

注释：①**幡幡：**反复翻动貌。**瓠：**葫芦。**亨：**同烹。②**君子：**指主人。**酌：**斟酒。**言：**语助词。③**斯：**语助词。**首：**头，只。**炮：**在炭火上涂泥，烧以去毛。**燔：**在火上烤熟。④**献：**主人向客人敬酒。⑤**炙：**把肉放在火上熏烤。⑥**酢：**客人回敬酒。⑦**酬：**劝酒，主敬客。

春宴图　清·华嵒

232

渐渐之石

渐渐之石，维其高矣。①
山川悠远，维其劳矣。②
武人东征，不皇朝矣！③

渐渐之石，维其卒矣。④
山川悠远，曷其没矣。⑤
武人东征，不皇出矣！⑥

有豕白蹢，烝涉波矣。⑦
月离于毕，俾滂沱矣。⑧
武人东征，不皇他矣！⑨

注释：①**渐渐**：山石高峻。②**劳**：通辽，广阔。③**武人**：指将士。**不皇**：无暇日。皇同遑。**朝**：早晨。④**卒**：同崒，险峻。⑤**曷**：何时。**其**：语助词。**没**：尽头。⑥**出**：脱离危险。⑦**蹢**：兽蹄。**烝**：众。**涉波**：渡河。⑧**离**：通丽，依附。**毕**：星名，主雨。⑨**不皇他**：无暇顾及其他。

长江万里图（局部） 明·吴伟

233

苕之华

tiáo zhī huā

tiáo zhī huā　yún qí huáng yǐ
苕之华，芸其黄矣。①
xīn zhī yōu yǐ　wéi qí shāng yǐ
心之忧矣，维其伤矣。②

tiáo zhī huā　qí yè qīng qīng
苕之华，其叶青青。③
zhī wǒ rú cǐ　bù rú wú shēng
知我如此，不如无生！④

zāng yáng fén shǒu　sān xīng zài liǔ
牂羊坟首，三星在罶。⑤
rén kě yǐ shí　xiǎn kě yǐ bǎo
人可以食，鲜可以饱！⑥

注释：①**苕**：即凌霄花，藤本，蔓生，花盛为黄色。**华**：同花。**芸**：黄色浓艳的样子。**黄**：蔫黄。②**维其**：多么。③**华**：开花。**其叶青青**：指花落，叶盛，比喻好景不长。④**无生**：不出生。⑤**牂羊**：母绵羊。**坟首**：大头。**三星**：即参宿三星。**罶**：捕鱼工具。⑥**鲜**：少。

临泉清眺图　清·华嵒

234

hé cǎo bù huáng
何草不黄

hé cǎo bù huáng hé rì bù xíng
何草不黄？何日不行？
hé rén bù jiāng jīng yíng sì fāng
何人不将？经营四方。①
hé cǎo bù xuán hé rén bù guān
何草不玄？何人不矜？②
āi wǒ zhēng fū dú wéi fěi mín
哀我征夫，独为匪民！
fěi sì fěi hǔ shuài bǐ kuàng yě
匪兕匪虎，率彼旷野。③
āi wǒ zhēng fū zhāo xī bù xiá
哀我征夫，朝夕不暇。
yǒu péng zhě hú shuài bǐ yōu cǎo
有芃者狐，率彼幽草。④
yǒu zhàn zhī chē xíng bǐ zhōu dào
有栈之车，行彼周道。⑤

注释：①**将**：行。**经营**：往来奔忙。②**玄**：赤黑色。**矜**：通鳏，老而无妻的人。③**兕**：犀牛。**率**：循，沿着。④**芃**：兽毛蓬松貌。**幽**：深。⑤**栈**：车高大的样子。**周道**：大道。

征人晓发图　宋·佚名

大雅

胤禛行乐图　清·佚　名

清世宗胤禛，年号雍正，康熙第四子，清朝入关后第三代皇帝，在位十三年。此图册描绘胤禛行乐故事，共十四幅。图册中，雍正分别着古装、道装、佛衣、戎装等服饰，进行各种不同的行乐活动。每幅不同行乐之情，衬以不同之景。此选弹琴一幅，翠竹流泉映衬胤禛抚琴的专注。

235

wén wáng

文王

wén wáng zài shàng, wū zhāo yú tiān

文王在上，於昭于天。①

zhōu suī jiù bāng, qí mìng wéi xīn

周虽旧邦，其命维新。

yǒu zhōu pī xiǎn, dì mìng pī shí

有周不显，帝命不时。②

wén wáng zhì jiàng, zài dì zuǒ yòu

文王陟降，在帝左右。③

wěi wěi wén wáng, lìng wén bù yǐ

亹亹文王，令闻不已。④

chén xī zāi zhōu, hóu wén wáng sūn zǐ

陈锡哉周，侯文王孙子。⑤

wén wáng sūn zǐ, běn zhī bǎi shì

文王孙子，本支百世。⑥

fán zhōu zhī shì, pī xiǎn yì shì

凡周之士，不显亦世？⑦

宏责新邑图　清·《钦定书经图说》

高宗图　清·《钦定书经图说》

shì zhī pī xiǎn jué yóu yì yì
世之不显，厥犹翼翼。⑧
sī huáng duō shì shēng cǐ wáng guó
思皇多士，生此王国。⑨
wáng guó kè shēng wéi zhōu zhī zhēn
王国克生，维周之桢。⑩
jǐ jǐ duō shì wén wáng yǐ níng
济济多士，文王以宁。⑪
mù mù wén wáng wū jī xī jìng zhǐ
穆穆文王，於缉熙敬止。⑫
jiǎ zāi tiān mìng yǒu shāng sūn zǐ
假哉天命，有商孙子。⑬
shāng zhī sūn zǐ qí lì bù yì
商之孙子，其丽不亿。⑭
shàng dì jì mìng hóu yú zhōu fú
上帝既命，侯于周服。⑮

鲁季敬姜图 明·仇英

侯服于周，天命靡常。
殷士肤敏，祼将于京。⑯
厥作祼将，常服黼冔。⑰
王之荩臣，无念尔祖。⑱

无念尔祖，聿修厥德。⑲
永言配命，自求多福。⑳
殷之未丧师，克配上帝。㉑
宜鉴于殷，骏命不易。㉒

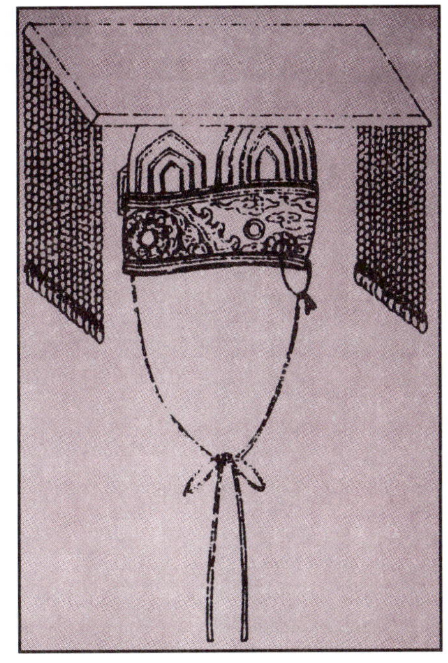
冔图《诗经疏义绘通》

周文王像

mìng zhī bù yì　wú è ěr gōng
命之不易，无遏尔躬。㉓
xuān zhāo yì wén　yòu yú yīn zì tiān
宣昭义问，有虞殷自天。㉔
shàng tiān zhī zài　wú shēng wú xiù
上天之载，无声无臭。㉕
yí xíng wén wáng　wàn bāng zuò fú
仪刑文王，万邦作孚。㉖

注释：①**於**：叹词。**昭**：昭明。**于天**：在天。②**有**：语助词。**不**：同丕，大。一说为语助词。**显**：光明。**时**：是。③**陟**：升。④**亹亹**：勤勉的样子。**令闻**：美好的声誉。**已**：止。⑤**陈锡**：重赐。**侯**：君。⑥**本**：本宗。**支**：支系。⑦**亦世**：同奕世，累世。⑧**厥**：其，他。**犹**：谋。**翼翼**：恭敬貌。⑨**思**：语助词。**皇**：美好。**多士**：人才多。⑩**克生**：能够产生。**桢**：古代筑墙两端树立的木柱，引申为支柱。⑪**济济**：形容众多。**以**：因而。**宁**：安。⑫**穆穆**：庄严和蔼的样子。**於**：叹词。**缉熙**：光明。**敬**：恭敬谨慎。**止**：语助词。⑬**假**：伟大。**商**：商朝。⑭**丽**：数也。**不亿**：不止一亿。古时以十万为亿。⑮**周服**：臣服于周。⑯**肤**：美。**敏**：疾。**祼**：祭祀名，灌鬯也。**将**：行。⑰**黼**：白与黑相间。**冔**：冠冕。⑱**荩**：进。⑲**聿**：语助词。**修**：修养。**厥**：其。⑳**配命**：合天命。㉑**丧师**：丧失人心。**克配**：能够符合。㉒**鉴**：借鉴。**骏命**：大命。**易**：容易。㉓**遏**：止，中断。㉔**宣**：宣扬。**义问**：好名誉。问，通闻。**有**：又。**虞**：度。㉕**载**：事。**臭**：气味。㉖**仪刑**：取法，效法。**作**：则。**孚**：信服。

肜祭祢庙图　清·《钦定书经图说》

236

dà míng
大　明

míng míng zài xià, hè hè zài shàng
明明在下，赫赫在上。①

tiān nán chén sī, bù yì wéi wáng
天难忱斯，不易维王。②

tiān wèi yīn dí, shǐ bù xié sì fāng
天位殷適，使不挟四方。③

zhì zhòng shì rén, zì bǐ yīn shāng
挚仲氏任，自彼殷商，④

lái jià yú zhōu, yuē pín yú jīng
来嫁于周，曰嫔于京。⑤

nǎi jí wáng jì, wéi dé zhī háng
乃及王季，维德之行。

历朝贤后故事册之孝事周姜　清·焦秉贞

tài rén yǒu shēn shēng cǐ wén wáng
大任有身，生此文王。⑥
wéi cǐ wén wáng xiǎo xīn yì yì
维此文王，小心翼翼。⑦
zhāo shì shàng dì yù huái duō fú
昭事上帝，聿怀多福。⑧
jué dé bù huí yǐ shòu fāng guó
厥德不回，以受方国。⑨
tiān jiān zài xià yǒu mìng jì jí
天监在下，有命既集。⑩
wén wáng chū zǎi tiān zuò zhī hé
文王初载，天作之合。⑪
zài hé zhī yáng zài wèi zhī sì
在洽之阳，在渭之涘。⑫
wén wáng jiā zhǐ dà bāng yǒu zǐ
文王嘉止，大邦有子。⑬
dà bāng yǒu zǐ qiàn tiān zhī mèi
大邦有子，伣天之妹，⑭

大任斋庄图 《八德须知·礼》

wén dìng jué xiáng qīn yíng yú wèi
文定厥祥，亲迎于渭。⑮

zào zhōu wéi liáng pī xiǎn qí guāng
造舟为梁，不显其光。⑯

yǒu mìng zì tiān mìng cǐ wén wáng
有命自天，命此文王。⑰

yú zhōu yú jīng zuǎn nǚ wéi shēn
于周于京，缵女维莘。⑱

zhǎng zǐ wéi háng dǔ shēng wǔ wáng
长子维行，笃生武王。⑲

bǎo yòu mìng ěr xiè fá dà shāng
保右命尔，燮伐大商。⑳

yīn shāng zhī lǚ qí kuài rú lín
殷商之旅，其会如林。㉑

shì yú mù yě wéi yú hóu xìng
矢于牧野，维予侯兴。㉒

shàng dì lín rǔ wú èr ěr xīn
上帝临女，无贰尔心。㉓

受命文考图　清·《钦定书经图说》

mù yě yáng yáng　tán chē huáng huáng
牧野洋洋，檀车煌煌。㉔
sì yuán bāng bāng　wéi shī shàng fǔ
驷騵彭彭，维师尚父。㉕
shí wéi yīng yáng　liàng bǐ wǔ wáng
时维鹰扬，凉彼武王。㉖
sì fá dà shāng　huì zhāo qīng míng
肆伐大商，会朝清明。㉗

注释： ①**明明：** 察也。**赫赫：** 显著的样子。②**忱：** 相信。**易：** 容易。**维：** 为。③**天位：** 上天给王位。**位：** 立也。**適：** 通嫡，嫡子。殷嫡，指殷纣王。**挟：** 达也。④**挚：** 国名。**仲：** 次女也。**任：** 姓。⑤**嫔：** 为妇。**京：** 周的京城。⑥**大任：** 太任，文王之母。**有身：** 怀孕。⑦**维：** 就是。**翼翼：** 恭敬谨慎的样子。⑧**昭事：** 好好事奉。**聿：** 语助词。**怀：** 思。⑨**厥：** 其。**回：** 违。**方国：** 四方来附者。⑩**监：** 监视。**有命：** 有意。**集：** 就。⑪**初载：** 初年。**作：** 安排。**合：** 配对。⑫**洽：** 洽水，源出陕西郃阳北。**阳：** 水的北面。**渭：** 渭水。**涘：** 涯，水边。⑬**嘉：** 美好。⑭**伣：** 好比。**妹：** 少女。⑮**文：** 礼文，指纳币之礼。**文定：** 定婚。**厥：** 其。**祥：** 吉。⑯**造舟为梁：** 舟上加板，造为浮桥。**丕：** 同丕，大。**光：** 荣光。⑰**有命：** 有天命。**命：** 令。⑱**于周于京：** 改号为周，易邑为京。**缵：** 继娶。**莘：** 国名。⑲**长子：** 长女，指文王之妻太姒。**行：** 列。**笃：** 发语词。⑳**燮：** 相会。**伐：** 攻打。㉑**旅：** 军队。**会：** 古代旗的一种。㉒**矢：** 誓。**牧野：** 古地名，在今河南淇县西南。㉓**临：** 监视。**女：** 同汝。**贰：** 两样。㉔**洋洋：** 广大貌。**檀车：** 檀木制作的车。**煌煌：** 明亮。㉕**騵：** 赤毛白腹的马。**彭彭：** 强壮有力的样子。**师：** 太师。㉖**时：** 是。**扬：** 飞翔。**凉：** 又作亮，辅佐。㉗**肆：** 疾。**伐：** 攻打。**会朝：** 早上。**清明：** 清晰鲜明。

牧野誓师图　清·《钦定书经图说》

237

绵

mián

mián mián guā dié　mín zhī chū shēng
绵绵瓜瓞，民之初生。①

zì dù jū qī　gǔ gōng dǎn fǔ
自土沮漆，古公亶父。②

táo fù táo xué　wèi yǒu jiā shì
陶复陶穴，未有家室。③

gǔ gōng dǎn fǔ　lái zhāo zǒu mǎ
古公亶父，来朝走马。④

shuài xī shuǐ hǔ　zhì yú qí xià
率西水浒，至于岐下。⑤

yuán jí jiāng nǚ　yù lái xū yǔ
爰及姜女，聿来胥宇。⑥

适山兴王图　清·《钦定书经图说》

zhōu yuán wǔ wǔ，jǐn tú rú yí。
周原膴膴，堇荼如饴。[7]

yuán shǐ yuán móu，yuán qì wǒ guī。
爰始爰谋，爰契我龟。[8]

yuē zhǐ yuē shí，zhù shì yú zī。
曰止曰时，筑室于兹。[9]

nǎi wèi nǎi zhǐ，nǎi zuǒ nǎi yòu。
迺慰迺止，迺左迺右。[10]

nǎi jiāng nǎi lǐ，nǎi xuān nǎi mǔ。
迺疆迺理，迺宣迺亩。[11]

zì xī cú dōng，zhōu yuán zhí shì。
自西徂东，周爰执事。[12]

nǎi zhào sī kōng，nǎi zhào sī tú。
迺召司空，迺召司徒。[13]

bǐ lì shì jiā，qí shéng zé zhí。
俾立室家，其绳则直。[14]

suō bǎn yǐ zài，zuò miào yì yì。
缩版以载，作庙翼翼。[15]

室家塈茨图　清·《钦定书经图说》

jū zhī réng réng duó zhī hōng hōng
捄之陾陾，度之薨薨。⑯
zhù zhī dēng dēng xiāo lǚ píng píng
筑之登登，削屡冯冯。⑰
bǎi dǔ jiē xīng gāo gǔ fú shèng
百堵皆兴，鼛鼓弗胜。⑱
nǎi lì gāo mén gāo mén yǒu kàng
迺立皋门，皋门有伉。⑲
nǎi lì yīng mén yīng mén qiāng qiāng
迺立应门，应门将将。⑳
nǎi lì zhǒng tǔ róng chǒu yōu xíng
迺立冢土，戎丑攸行。㉑
sì bù tiǎn jué yùn yì bù yǔn jué wén
肆不殄厥愠，亦不陨厥问。㉒
zuò yù bá yǐ háng dào duì yǐ
柞棫拔矣，行道兑矣。㉓
kūn yí tuì yǐ wéi qí huì yǐ
混夷駾矣，维其喙矣。㉔

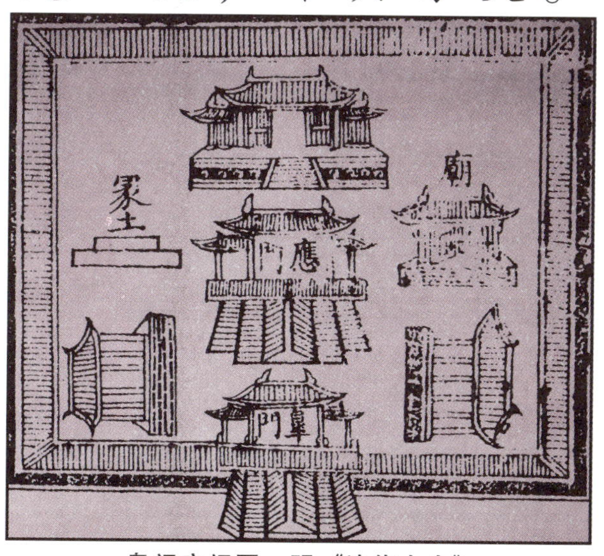

皋门应门图　明·《诗传大全》

yú ruì zhì jué chéng wén wáng guì jué xìng
虞芮质厥成，文王蹶厥生。㉕

yú yuē yǒu shū fù yú yuē yǒu xiān hòu
予曰有疏附，予曰有先后。㉖

yú yuē yǒu bēn zǒu yú yuē yǒu yù wǔ
予曰有奔奏，予曰有御侮。㉗

注释：①**绵绵**：不绝貌。**瓞**：小瓜。**民**：周民。②**土**：同杜，水名，在今陕西武功。**沮漆**：二水名，在豳地。**古公亶父**：指周太王。古公，号。**亶父**：名或字。③**陶**：挖土为穴。**複**：挖崖洞。④**来朝**：清早到来。**走马**：驰马。⑤**率**：沿着。**西**：豳地之西。**水浒**：水边。**岐**：岐山。⑥**爰**：于。**及**：与。**姜女**：姓姜，亦称太姜，亶父之妻。**聿**：语助词。**胥**：视。**宇**：住宅。⑦**周原**：沮、漆之间。**膴膴**：美。**堇**：堇葵。**荼**：苦菜。⑧**始**：谋。**契**：以刀刻龟。⑨**止**：居住。**时**：适宜。**兹**：此，这里。⑩**迺**：乃。**慰**：安。⑪**疆**：划其大界。**理**：别其条理。**宣**：疏通沟渠。**亩**：治其田畴。⑫**周**：普遍。**爰**：语助词。**执事**：做事。⑬**司空**：卿官，司空掌营国邑。**司徒**：掌徒役之事。⑭**俾**：使。**绳**：墨绳，工匠行事之前用以画线。⑮**缩版**：筑墙的夹板。**载**：同栽，竖起木桩使模板牢。**作庙**：筑庙。**翼翼**：庄严宏伟的样子。⑯**捄**：盛土于器筐中。**陾陾**：铲土声。**度**：填入。**薨薨**：填土声。⑰**筑**：夯土。**登登**：用力夯土声。**削屡**：铲平墙面。**冯冯**：削墙锻屡之声。⑱**堵**：筑墙五版为一堵。**兴**：起也。**鼛**：大鼓，长一丈二尺。**弗胜**：大鼓的声音掩盖不过筑墙的声音。⑲**皋门**：王之郭门曰皋门。**有伉**：高大的样子。⑳**应门**：王宫之正门。**将将**：庄严肃穆的样子。㉑**冢土**：大祭坛。**戎丑**：大众。**攸行**：所往。㉒**肆**：遂。**殄**：断绝。**厥**：其。**愠**：怨愤。**陨**：失落。**问**：同闻，声誉。㉓**柞**：丛生的有刺杂木。**棫**：丛生的杂树。**拔**：除。**行道**：道路。**兑**：通畅。㉔**混夷**：即昆夷，古族名。**駾**：受惊奔窜。**喙**：劳困的样子。㉕**虞**：古国名，在今山西平陆。**芮**：古国名，在今山西芮城。**质**：裁决。**成**：交好。**蹶**：感动。**厥**：其。**生**：通性，本性。㉖**予**：我们，指周人。**疏附**：率下亲上。**先后**：相道前后曰先后。㉗**奔奏**：喻德宣誉曰奔奏。奏，通走。**御侮**：武臣折冲曰御侮。

不侮鳏寡图　清·《钦定书经图说》

殪殷受命图　清·《钦定书经图说》

238

棫朴

yù pú

péng péng yù pú，xīn zhī yóu zhī。
芃芃棫朴，薪之槱之。①

jǐ jǐ bì wáng，zuǒ yòu qū zhī。
济济辟王，左右趣之。②

jǐ jǐ bì wáng，zuǒ yòu fèng zhāng。
济济辟王，左右奉璋。③

fèng zhāng é é，máo shì yōu yí。
奉璋峨峨，髦士攸宜。④

pì bǐ jīng zhōu，zhēng tú jí zhī。
淠彼泾舟，烝徒楫之。⑤

zhōu wáng yú mài，liù shī jí zhī。
周王于迈，六师及之。⑥

zhuō bǐ yún hàn，wéi zhāng yú tiān。
倬彼云汉，为章于天。⑦

zhōu wáng shòu kǎo，xiá bù zuò rén。
周王寿考，遐不作人。⑧

duī zhuó qí zhāng，jīn yù qí xiàng。
追琢其章，金玉其相。⑨

miǎn miǎn wǒ wáng，gāng jì sì fāng。
勉勉我王，纲纪四方。⑩

注释：①**芃芃**：树木茂盛貌。**棫朴**：白桵和枹木，喻贤才众多。**槱**：积累。②**济济**：庄严恭敬。**辟**：君。**趣**：通趋，趋附。③**奉**：捧。**璋**：古时祭祀用的一种玉酒器。④**峨峨**：盛壮也。**髦士**：英俊之士。**攸宜**：很适合。⑤**淠**：舟行貌。**泾**：泾水，注于渭水，有泾清渭浊之称。**烝徒**：众人。**楫**：划船。⑥**于**：往。**迈**：行。**及**：随。⑦**倬**：大。**云汉**：天河。**为**：当作。**章**：花纹。⑧**寿考**：长寿。**遐不**：何不。**作人**：培养人才。⑨**追**：刻金。**琢**：刻玉。**相**：品质。⑩**勉勉**：勤勉的样子。**纲纪**：以网罟比喻治国，张之为纲，理之为纪。

平番得胜图
明·佚名

239 旱麓

hàn lù
旱麓

zhān bǐ hàn lù，zhēn hù jǐ jǐ。
瞻彼旱麓，榛楛济济。①

kǎi tì jūn zǐ，gān lù kǎi tì。
岂弟君子，干禄岂弟。②

sè bǐ yù zàn，huáng liú zài zhōng。
瑟彼玉瓒，黄流在中。③

kǎi tì jūn zǐ，fú lù yōu jiàng。
岂弟君子，福禄攸降。④

yuān fēi lì tiān，yú yuè yú yuān。
鸢飞戾天，鱼跃于渊。⑤

kǎi tì jūn zǐ，xiá bù zuò rén？
岂弟君子，遐不作人？⑥

命于帝庭图　清·《钦定书经图说》

qīng jiǔ jì zài　xīng mǔ jì bèi
清酒既载，骍牡既备。⑦
yǐ xiǎng yǐ sì　yǐ jiè jǐng fú
以享以祀，以介景福。⑧

sè bǐ zuò yù　mín suǒ liáo yǐ
瑟彼柞棫，民所燎矣。⑨
kǎi tì jūn zǐ　shén suǒ lào yǐ
岂弟君子，神所劳矣。⑩

mò mò gé lěi　yì yú tiáo méi
莫莫葛藟，施于条枚。⑪
kǎi tì jūn zǐ　qiú fú bù huí
岂弟君子，求福不回。⑫

注释：①**旱**：山名，在今陕西南郑。**麓**：山脚。**楛**：木名，似荆而赤。**济济**：众多貌。②**岂弟**：同恺悌，和乐平易。**干**：求。**干禄**：求福。③**瑟**：洁鲜貌。**玉瓒**：即圭瓒。古时有柄酒器，圭前有勺，可以灌酒祭神。**黄流**：黄色的酒。④**攸**：所。**降**：降临。⑤**戾天**：到天。**渊**：深水池。⑥**遐不**：为什么不。**作人**：培养人。⑦**既**：已经。**载**：陈设。**骍牡**：赤色公牛。**备**：准备。⑧**介**：求。**景**：大。⑨**瑟**：众多。**燎**：烧火。⑩**劳**：慰勉。⑪**莫莫**：繁密貌。**葛藟**：野葛藤。**施**：蔓延。**条**：枝条。**枚**：树干。⑫**不回**：不违。

安南国王至避暑山庄图　清·汪承霈

240 思齐

思齐大任，文王之母。①
思媚周姜，京室之妇。②
大姒嗣徽音，则百斯男。③

惠于宗公，神罔时怨。④
神罔时恫，刑于寡妻。⑤
至于兄弟，以御于家邦。⑥

雍雍在宫，肃肃在庙。⑦

王季妃太任图　明·仇英

pī xiǎn yì lín　wú yì yì bǎo
不显亦临，无射亦保。⑧

sì róng jí bù tiǎn　lì jiǎ bù xiá
肆戎疾不殄，烈假不瑕。⑨

bù wén yì shì　bù jiàn yì rù
不闻亦式，不谏亦入。⑩

sì chéng rén yǒu dé　xiǎo zǐ yǒu zào
肆成人有德，小子有造。⑪

gǔ zhī rén wú yì　yù máo sī shì
古之人无斁，誉髦斯士。⑫

注释：①**思**：语助词。**齐**：通斋，庄严恭敬。**大任**：即太任，文王母。②**媚**：美好。**周姜**：即太姜，文王的祖母。**京室**：王室。③**大姒**：即太姒，文王之妃。**嗣**：继承人。**徽**：美。**音**：声誉。**则**：就。**斯男**：这些儿子。④**惠**：顺。**宗公**：先公。**罔**：无。**时**：是，所。⑤**恫**：痛。**刑**：礼法。**寡妻**：正妻。⑥**至于**：达到。**以**：而。**御**：推及。⑦**雍雍**：谐和。**肃肃**：恭敬貌。⑧**不**：语助词。**显**：明显之处。**临**：察。**射**：厌也。**保**：安。⑨**肆**：故。**戎疾**：灾难。**不**：语助词。**殄**：灭绝。**烈假**：同疠瘕，指疾苦。**不瑕**：不已。⑩**式**：采用。**入**：纳。⑪**小子**：年轻人。**造**：造就。⑫**斁**：败坏。**誉**：通豫，乐。**髦**：选拔。**士**：俊才，英才。

文王妃太姒图　明·仇　英

241

huáng yǐ

皇矣

huáng yǐ shàng dì lín xià yǒu hè

皇矣上帝！临下有赫。①

jiān guān sì fāng qiú mín zhī mò

监观四方，求民之莫。②

wéi cǐ èr guó qí zhèng bù huò

维此二国，其政不获。③

wéi bǐ sì guó yuán jiū yuán duó

维彼四国，爰究爰度？④

shàng dì qí zhī zēng qí shì kuò

上帝耆之，憎其式廓。⑤

nǎi juàn xī gù cǐ wéi yǔ zhái

乃眷西顾，此维与宅。⑥

皇受育民图　清·《钦定书经图说》

zhuó zhī bǐng zhī qí zì qí yì
作之屏之，其菑其翳。⑦

xiū zhī píng zhī qí guàn qí lì
修之平之，其灌其栵。⑧

qǐ zhī bì zhī qí chēng qí jū
启之辟之，其柽其椐。⑨

rǎng zhī tī zhī qí yǎn qí zhè
攘之剔之，其檿其柘。⑩

dì qiān míng dé huàn yí zài lù
帝迁明德，串夷载路。⑪

tiān lì jué pèi shòu mìng jì gù
天立厥配，受命既固。⑫

dì xǐng qí shān zuò yù sī bá sōng bǎi sī duì
帝省其山，柞棫斯拔，松柏斯兑。⑬

dì zuò bāng zuò duì zì tài bó wáng jì
帝作邦作对，自大伯王季。⑭

无轻民事图　清·《钦定书经图说》

wéi cǐ wáng jì　yīn xīn zé yǒu　zé yǒu qí xiōng
维此王季，因心则友，则友其兄。[15]

zé dǔ qí qìng　zài xī zhī guāng
则笃其庆，载锡之光。[16]

shòu lù wú sàng　yǎn yǒu sì fāng
受禄无丧，奄有四方。[17]

wéi cǐ wáng jì　dì duó qí xīn
维此王季，帝度其心。[18]

mò qí dé yīn　qí dé kè míng
貊其德音，其德克明。[19]

kè míng kè lèi　kè zhǎng kè jūn
克明克类，克长克君。[20]

wàng cǐ dà bāng　kè shùn kè bì
王此大邦，克顺克比。[21]

bì yú wén wáng　qí dé mǐ huǐ
比于文王，其德靡悔。[22]

jì shòu dì zhǐ　yì yú sūn zǐ
既受帝祉，施于孙子。[23]

明宪宗元宵行乐图(局部)　明·佚　名

dì wèi wén wáng wú rán pàn huàn
帝谓文王：无然畔援。[24]
wú rán xīn xiàn dàn xiān dēng yú àn
无然歆羡，诞先登于岸。[25]
mì rén bù gōng gǎn jù dà bāng qīn ruǎn cú gōng
密人不恭，敢距大邦，侵阮徂共。[26]
wáng hè sī nù yuán zhěng qí lǚ
王赫斯怒，爰整其旅，
yǐ àn cú jǔ
以按徂旅。[27]
yǐ dǔ yú zhōu hù yǐ duì yú tiān xià
以笃于周祜，以对于天下。[28]
yī qí zài jīng qīn zì ruǎn jiāng zhì wǒ gāo gāng
依其在京，侵自阮疆，陟我高冈。[29]
wú shǐ wǒ líng wǒ líng wǒ ē
无矢我陵，我陵我阿；[30]

大驾卤簿图之一　元·佚　名

wú yǐn wǒ quán wǒ quán wǒ chí duó qí yǎn yuán
无饮我泉，我泉我池，度其鲜原。[31]
jū qí zhī yáng zài wèi zhī jiāng
居岐之阳，在渭之将。[32]
wàn bāng zhī fāng xià mín zhī wáng
万邦之方，下民之王。[33]
dì wèi wén wáng yú huái míng dé
帝谓文王：予怀明德。[34]
bù dà shēng yǐ sè bù zhǎng xià yǐ gé
不大声以色，不长夏以革。[35]
bù shí bù zhī shùn dì zhī zé
不识不知，顺帝之则。[36]
dì wèi wén wáng xún ěr chóu fāng
帝谓文王：询尔仇方。[37]
tóng ěr xiōng dì yǐ ěr gōu yuán
同尔兄弟，以尔钩援，[38]
yǔ ěr lín chōng yǐ fá chóng yōng
与尔临冲，以伐崇墉。[39]

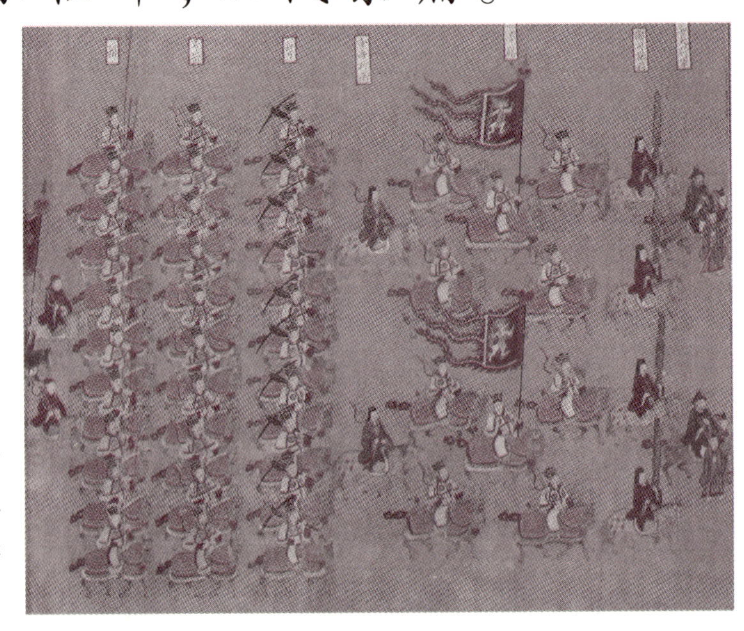
大驾卤簿图之二 元·佚名

lín chōng xián xián chóng yōng yán yán
临冲闲闲，崇墉言言。㊵

zhí xùn lián lián yōu guó ān ān
执讯连连，攸馘安安。㊶

shì lèi shì mà shì zhì shì fù
是类是祃，是致是附。㊷

sì fāng yǐ wú wǔ lín chōng fú fú
四方以无侮，临冲茀茀。㊸

chóng yōng yì yì shì fá shì sì
崇墉仡仡，是伐是肆。㊹

shì jué shì hū sì fāng yǐ wú fú
是绝是忽，四方以无拂。㊺

注释：①**皇**：大。**临**：视察。**有赫**：明显。②**求**：了解。**莫**：同瘼，疾苦。③**二国**：指殷、夏。**不获**：治理不好。④**四国**：四方。**爰**：语助词。**究**：考虑。**度**：审视。⑤**耆**：恶。**憎**：厌恶。**式廓**：扩大。⑥**乃**：就。**眷西**：向西观看。⑦**作**：同斫，砍。**屏**：除。**菑**：枯木未倒。**翳**：倒地的枯木。⑧**修**：剪去多余的树枝。**平**：治理。**灌**：丛生树木。**栵**：砍倒萌生的枝条。⑨**启**：芟除。**辟**：斩断。**柽**：河柳，又名三春柳。**椐**：木名，灵寿木。⑩**攘**：排除。**剔**：除。**檿**：山桑。**柘**：黄桑。⑪**明德**：（太王的）美德。**串夷**：即混夷，西戎国名。**载**：始。**路**：大。⑫**配**：指太姜。⑬**省**：探视。**拔**：除掉。**兑**：直立。**作**：兴建。⑭**邦**：国。**对**：配。**自**：始于。**大伯**：古公亶父的长子。**王季**：古公亶父的小儿子。⑮**因**：即亲亲之心。⑯**笃**：忠实。**庆**：善。**锡**：赐。⑰**奄有**：广有。⑱**度**：审视。⑲**貊**：静。**克明**：能区分是非。⑳**克类**：能区分善恶的种类。**克长**：能够为师长。**克君**：能够为君。㉑**王**：为王。**克顺**：能够和顺。**克比**：能够服从。㉒**比**：作俾。**靡悔**：没有不好。㉓**祉**：福。**施**：延伸。㉔**无然**：不要。**畔援**：放纵暴虐。㉕**歆羡**：羡慕。**诞**：发语词。**岸**：指高位。㉖**密**：古国名，故址在今甘肃灵台。**距**：同拒，对抗。**阮**：古国名，故址在今甘肃泾川。**徂**：往。**共**：古国名，故址在今甘肃泾川。㉗**赫斯怒**：非常愤怒。**爰**：于是。**按**：挡住。**旅**：古国名，即莒国。㉘**笃**：厚，巩固。**祜**：福。**对**：安。㉙**依其**：犹依然，强盛貌。**京**：指周京。**陟**：登。㉚**矢**：陈列。**阿**：山弯处。㉛**鲜**：巘的假借，山地。**原**：平原。㉜**将**：侧。㉝**方**：典范。㉞**予**：我。**怀**：有。**明德**：大德。㉟**大声**：发怒声。**以**：与。**夏以革**：即夏与革，指刑罚。夏，夏楚，一种刑具；革，指皮鞭。㊱**不识**：不待问而自识。**不知**：不由学而自知。㊲**询**：谋。**仇方**：邻国。㊳**同**：聚。**钩援**：古时攻城工具。㊴**临冲**：古时两种攻城的战车。**崇**：古国名，故址在今陕西沣水西。**墉**：城墙。㊵**闲闲**：动摇。**言言**：高大样。㊶**执**：捉。**讯**：俘虏。**连连**：不绝。**馘**：割敌左耳。**安安**：驯从的样子。㊷**类**：古代出师前祭天。**祃**：祭社。**致**：致其社稷群神。**附**：附其先祖，为之立后。㊸**茀茀**：强盛貌。㊹**仡仡**：同屹屹，高耸貌。**肆**：疾。㊺**忽**：灭。**拂**：违抗。

建邦设都图　清·《钦定书经图说》

西伯戡黎图　清·《钦定书经图说》

242

líng tái
灵台

jīng shǐ líng tái, jīng zhī yíng zhī.
经始灵台，经之营之。①

shù mín gōng zhī, bù rì chéng zhī.
庶民攻之，不日成之。②

jīng shǐ wù jí, shù mín zǐ lái.
经始勿亟，庶民子来。③

wáng zài líng yòu, yōu lù yōu fú.
王在灵囿，麀鹿攸伏。④

yōu lù zhuó zhuó, bái niǎo hè hè.
麀鹿濯濯，白鸟翯翯。⑤

wáng zài líng zhǎo, wū rèn yú yuè!
王在灵沼，於牣鱼跃！⑥

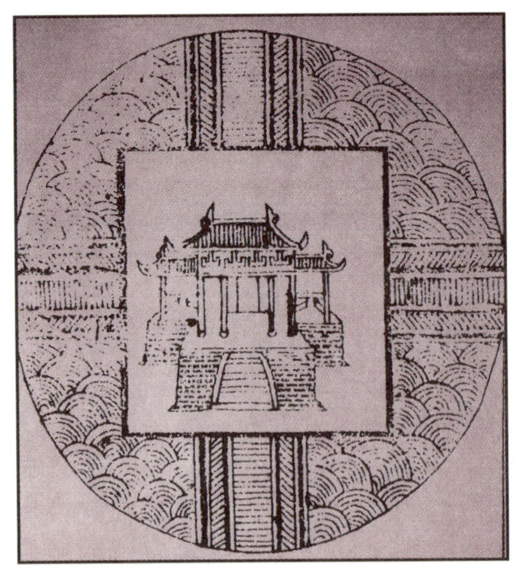

灵台辟雍图　明·《诗传大全》

璿玑玉衡图　清·《钦定书经图说》

jù yè wéi cōng　fén gǔ wéi yōng
虡业维枞，贲鼓维镛。⑦
wū lún gǔ zhōng　wū lè bì yōng
於论鼓钟，於乐辟廱。⑧
wū lún gǔ zhōng　wū lè bì yōng
於论鼓钟，於乐辟廱。
tuó gǔ péng péng　méng sǒu zòu gōng
鼍鼓逢逢，矇瞍奏公。⑨

注释：①**经始**：同义复词，开始筹划。**灵台**：在今西安西北，供观察天象之用。**营**：创造。②**攻**：造。**不日**：不几日，指时间短。**成**：建成。③**亟**：急。**子来**：如子事父般不召自来。④**囿**：古代君王养禽兽的园林。**麀**：母鹿。**攸**：语助词。**伏**：卧。⑤**濯濯**：肥美润泽的样子。**翯翯**：洁白有泽的样子。⑥**灵沼**：园中的池沼。**於**：叹美声。**牣**：满。⑦**虡**：悬钟磬的直木。**业**：乐架横木叫栒，栒上的大板叫业。**维**：与。**枞**：业上悬钟磬处以彩色为崇牙。**贲**：大鼓。**镛**：大钟。⑧**论**：通伦，有次序。指钟鼓声的配合很协调。**辟廱**：周王离宫名，后称太学为辟廱。⑨**鼍鼓**：鳄鱼皮蒙的鼓。**逢逢**：鼓声。**矇瞍**：有眸子而不能见者曰矇，无眸子曰瞍。古时乐师多为盲人。**公**：同功。

磬钟图　明·《诗传大全》

243

xià wǔ
下武

xià wǔ wéi zhōu shì yǒu zhé wáng
下武维周，世有哲王。①
sān hòu zài tiān wáng pèi yú jīng
三后在天，王配于京。②

wáng pèi yú jīng shì dé zuò qiú
王配于京，世德作求。③
yǒng yán pèi mìng chéng wáng zhī fú
永言配命，成王之孚。④

chéng wáng zhī fú xià tǔ zhī shì
成王之孚，下土之式。⑤
yǒng yán xiào sī xiào sī wéi zé
永言孝思，孝思维则。⑥

太史册祝图　清·《钦定书经图说》

mèi zī yì rén　yīng hóu shùn dé

媚兹一人，应侯顺德。⑦

yǒng yán xiào sī　zhāo zāi sì fú

永言孝思，昭哉嗣服！⑧

zhāo zī lái xǔ　shéng qí zǔ wǔ

昭兹来许，绳其祖武。⑨

wū wàn sī nián　shòu tiān zhī hù

於万斯年，受天之祜。⑩

shòu tiān zhī hù　sì fāng lái hè

受天之祜，四方来贺。

wū wàn sī nián　bù xiá yǒu zuǒ

於万斯年，不遐有佐。⑪

注释：①**下武**：能继先祖。下即后，武即继。**维**：只有。**哲**：明智。②**三后**：指太王，王季，文王。**王**：武王。**配**：配天命。**京**：指镐京。③**求**：终。④**永言**：永远。**孚**：信。⑤**式**：榜样。⑥**孝**：代指美德。**思**：语助词。**则**:法则。⑦**媚**：爱。**兹**：此。**顺德**：美德。⑧**昭**：光大。**嗣**：继承者。**服**：语助词。⑨**兹**：哉。**来许**：后进。**绳**：继承。**祖**：先辈。**武**：迹，引申为功绩。⑩**万斯年**：万年长。**祜**：福。⑪**不遐有佐**：岂有不来相佐。

大事卜吉图　清·《钦定书经图说》

244

wén wáng yǒu shēng
文王有声

wén wáng yǒu shēng　yù jùn yǒu shēng
文王有声，遹骏有声。①
yù qiú jué níng　yù guān jué chéng
遹求厥宁，遹观厥成。②
wén wáng zhēng zāi
文王烝哉！③

wén wáng shòu mìng　yǒu cǐ wǔ gōng
文王受命，有此武功。④
jì fá yú chóng　zuò yì yú fēng
既伐于崇，作邑于丰。⑤
wén wáng zhēng zāi
文王烝哉！

zhù chéng yī xù　zuò fēng yī pǐ
筑城伊淢，作丰伊匹。⑥
fěi jí qí yù　yù zhuī lài xiào
匪棘其欲，遹追来孝。⑦
wáng hòu zhēng zāi
王后烝哉！⑧

王司敬民图　清·《钦定书经图说》

wáng gōng yī zhuó　wéi fēng zhī yuán
王公伊濯，维丰之垣。⑨
sì fāng yōu tóng　wáng hòu wéi hàn
四方攸同，王后维翰。⑩
wáng hòu zhēng zāi
王后烝哉！

fēng shuǐ dōng zhù　wéi yǔ zhī jì
丰水东注，维禹之绩。⑪
sì fāng yōu tóng　huáng wáng wéi bì
四方攸同，皇王维辟。⑫
huáng wáng zhēng zāi
皇王烝哉！

hào jīng bì yōng　zì xī zì dōng
镐京辟雍，自西自东，⑬
zì nán zì běi　wú sī bù fú
自南自北，无思不服。⑭
huáng wáng zhēng zāi
皇王烝哉！

大会孟津图　清·《钦定书经图说》

kǎo bǔ wéi wáng zhái shì hào jīng
考卜维王，宅是镐京。⑮
wéi guī zhèng zhī wǔ wáng chéng zhī
维龟正之，武王成之。⑯
wǔ wáng zhēng zāi
武王烝哉！

fēng shuǐ yǒu qǐ wǔ wáng qǐ bù shì
丰水有芑，武王岂不仕。⑰
yí jué xùn móu yǐ yàn yì zǐ
诒厥孙谋，以燕翼子。⑱
wǔ wáng zhēng zāi
武王烝哉！

注释：①**声**：声望。**遹**：述。**骏**：大。②**厥**：其。③**烝**：美。④**受命**：秉承天命。**武功**：征伐的功绩。⑤**伐**：攻打。**崇**：商的与国，故址在今陕西西安沣水西。**作邑**：建城，指迁都过来。**丰**：地名，文王由岐迁都至此。⑥**伊**：语助词。**淢**：护城河。**作丰**：建丰邑。**匹**：相配。⑦**棘**：急。**追来孝**：继承先祖美德的意思。⑧**王后**：国君。⑨**公**：同功。**濯**：大。**垣**：城墙。⑩**攸**：都。**同**：聚。**维**：是。**翰**：骨干。⑪**丰水**：指沣水。**注**：流。**维**：是。**绩**：功劳。⑫**辟**：法则。⑬**辟雍**：周王离宫。⑭**思**：语助词。⑮**考**：问。**卜**：占卜。**宅**：定居。**是**：此。⑯**正**：决定。**成之**：建成它。⑰**芑**：这里指草。**仕**：事。⑱**诒**：遗留。**厥**：其。**孙**：顺。**谋**：谋略。**燕**：安定。**翼**：庇护。

武成告庙图　清·《钦定书经图说》

245

生民

厥初生民，时维姜嫄。①
生民如何？克禋克祀，以弗无子。②
履帝武敏歆，攸介攸止。③
载震载夙，载生载育，时维后稷。④
诞弥厥月，先生如达。⑤
不坼不副，无菑无害。⑥

载生载育图 清·佚名

yǐ hè jué líng shàng dì pī níng
以赫厥灵，上帝不宁。[⑦]
bù kāng yīn sì jū rán shēng zǐ
不康禋祀，居然生子！[⑧]
dàn zhì zhī ài xiàng niú yáng féi zì zhī
诞寘之隘巷，牛羊腓字之。[⑨]
dàn zhì zhī píng lín huì fá píng lín
诞寘之平林，会伐平林。[⑩]
dàn zhì zhī hán bīng niǎo fù yì zhī
诞寘之寒冰，鸟覆翼之。[⑪]
niǎo nǎi qù yǐ hòu jì gū yǐ
鸟乃去矣，后稷呱矣。[⑫]
shí tán shí xū jué shēng zài lù
实覃实訏，厥声载路。[⑬]

后稷故事图之牛羊腓字之 山西新绛稷益庙壁画

dàn shí pú fú kè qí kè nì yǐ jiù kǒu shí
诞实匍匐，克岐克嶷，以就口食。[14]

yì zhī rěn shū rěn shū pèi pèi
蓺之荏菽，荏菽旆旆，[15]

hé yì suì suì má mài měng měng guā dié běng běng
禾役穟穟，麻麦幪幪，瓜瓞唪唪。[16]

dàn hòu jì zhī sè yǒu xiàng zhī dào
诞后稷之穑，有相之道。[17]

fú jué fēng cǎo zhòng zhī huáng mào
茀厥丰草，种之黄茂。[18]

shí fāng shí bāo shí zhǒng shí yòu
实方实苞，实种实褎，[19]

shí fā shí xiù shí jiān shí hǎo shí yǐng shí lì
实发实秀，实坚实好，实颖实栗。[20]

jí yǒu tái jiā shì
即有邰家室。[21]

后稷图 清·《钦定书经图说》

稷播百谷图 清·《钦定书经图说》

dàn jiàng jiā zhǒng wéi jù wéi pī wéi méi wéi qǐ
诞降嘉种，维秬维秠，维穈维芑。[22]
gèng zhī jù pī shì huò shì mǔ
恒之秬秠，是获是亩。[23]
gèng zhī méi qǐ shì rèn shì fù yǐ guī zhào sì
恒之穈芑，是任是负，以归肇祀。[24]

dàn wǒ sì rú hé
诞我祀如何？
huò chōng huò yóu huò bǒ huò róu
或舂或揄，或簸或蹂。[25]
shì zhī sōu sōu zhēng zhī fú fú
释之叟叟，烝之浮浮。[26]
zài móu zài wéi qǔ xiāo jì zhī
载谋载惟，取萧祭脂，[27]
qǔ dī yǐ bá zài fán zài liè yǐ xīng sì suì
取羝以軷，载燔载烈，以兴嗣岁。[28]

后稷图　山西新绛稷益庙壁画

áng chéng yú dòu yú dòu yú dēng
印盛于豆，于豆于登。[29]
qí xiāng shǐ shēng shàng dì jū xīn
其香始升，上帝居歆。[30]
hú xiù dǎn shí hòu jì zhào sì
胡臭亶时，后稷肇祀。[31]
shù wú zuì huǐ yǐ qì yú jīn
庶无罪悔，以迄于今。[32]

注释：①**厥**：其。**初**：开始。**生民**：指周人。**时**：此。**姜嫄**：传说有邰氏之女，周始祖后稷之母。②**克**：能。**禋**：升烟以祭，古代祭天的礼仪。**弗**：同祓，消灾。③**履**：践，踏。**帝**：上帝。**武**：迹。**敏**：疾。**歆**：飨。**攸**：于是。**介**：大。**攸止**：福禄所止也。④**震**：同娠。**夙**：同肃，肃戒。⑤**诞**：发语词。**弥**：满。**厥月**：其月，怀胎足时。**先生**：头胎。**如达**：如母羊生小羊羔般顺利。**达**：通羍，初生的小羊。⑥**坼**：指产门分裂。**副**：指胞衣破裂。**菑**：灾的古字。⑦**赫**：显耀。**不宁**：很安宁。⑧**不康**：不安。**居然**：安然。**子**：儿子。⑨**寘**：弃置。**隘**：窄。**腓**：庇护。**字**：本义为乳，哺乳。⑩**会**：遇。**伐**：砍。**平林**：平原上的树林。⑪**覆翼**：以翅膀遮盖。⑫**呱**：啼声。⑬**实**：是。**覃**：长。**讦**：大。**载**：充满。⑭**匍匐**：地上爬行。**岐**：知意。**嶷**：识辨物。**就**：成。⑮**蓺**：种植。**荏菽**：大豆。**旆旆**：茂盛貌。⑯**役**：列。**穟穟**：禾苗美好。**幪幪**：茂盛貌。**瓞**：初生的瓜。**唪唪**：同菶菶，多实貌。⑰**穑**：种庄稼。**有相之道**：观地择土有办法。⑱**茀**：治。**黄**：嘉稻熟呈黄色。**茂**：美好。⑲**实**：此。**方**：始，指吐芽。**种**：生不杂。**褎**：长。⑳**发**：禾苗尽发。**秀**：扬花。**颖**：垂。**栗**：果实栗栗然。㉑**邰**：姜嫄之国也。**家室**：结婚成家。㉒**降**：天赐。**嘉种**：良种。**秬**：黑黍。**秠**：黑黍的一种。**穈**：赤苗的嘉禾。㉓**恒**：同亘，遍及。**获**：收成好。**亩**：按亩计算产量。㉔**任**：抱。**负**：肩挑。**归**：送回。**肇祀**：祭神灵。㉕**舂**：用木槌打谷。**揄**：舀取。**簸**：用箕扬去壳。**蹂**：通揉，用手搓米。㉖**释**：淘米。**叟叟**：淘米声。**浮浮**：蒸饭的气。㉗**惟**：思。**萧**：蒿草，**祭脂**：油。㉘**羝**：公羊。**軷**：古代祭路神。**燔**：烤。**烈**：烧。**以兴嗣岁**：将求新岁之丰年也。㉙**卬**：我。**豆**：木制食器。**登**：瓦制食器。㉚**居**：语助词。**歆**：飨。㉛**胡**：大。**臭**：气味。**亶**：诚。**时**：善。㉜**庶**：众。**无**：没有。**迄**：到。**今**：现在。

祭祀图　山西新绛稷益庙壁画

246

háng wěi

行苇

tuán bǐ háng wěi, niú yáng wù jiàn lǚ.

敦彼行苇，牛羊勿践履。①

fāng bāo fāng tǐ, wéi yè nǐ nǐ.

方苞方体，维叶泥泥。②

qī qī xiōng dì, mò yuàn jù ěr.

戚戚兄弟，莫远具尔。③

huò sì zhī yán, huò shòu zhī jī.

或肆之筵，或授之几。④

sì yán shè xí, shòu jī yǒu jī yù.

肆筵设席，授几有缉御。⑤

huò xiàn huò zuò, xǐ jué diàn jiǎ.

或献或酢，洗爵奠斝。⑥

tǎn hǎi yǐ jiàn, huò fán huò zhì.

醓醢以荐，或燔或炙。⑦

jiā yáo pí jué, huò gē huò è.

嘉殽脾臄，或歌或咢。⑧

无侮老成图　清·《钦定书经图说》

diāo gōng jì jiān　sì hóu jì jūn
敦弓既坚，四鍭既钧。⑨

shě shǐ jì jūn　xù bīn yǐ xián
舍矢既均，序宾以贤。⑩

diāo gōng jì gòu　jì xié sì hóu
敦弓既句，既挟四鍭。⑪

sì hóu rú shù　xù bīn yǐ bù wǔ
四鍭如树，序宾以不侮。⑫

zēng sūn wéi zhǔ　jiǔ lǐ wéi rú
曾孙维主，酒醴维醹。⑬

zhuó yǐ dà dǒu　yǐ qí huáng gǒu
酌以大斗，以祈黄耇。⑭

huáng gǒu tái bèi　yǐ yǐn yǐ yì
黄耇台背，以引以翼。⑮

shòu kǎo wéi qí　yǐ jiè jǐng fú
寿考维祺，以介景福。⑯

注释： ①**敦**：聚貌。**行苇**：路边的芦苇。②**方**：始，刚。**苞**：叶蕾。**体**：成形。**泥泥**：同苨苨，茂盛貌。③**戚戚**：亲密的样子。**远**：疏远。**具**：俱，都。**尔**：通迩，近。④**肆**：陈设。**筵**：竹席。古时席地而坐，筵是放在席上的坐具。**几**：类似矮桌。⑤**缉**：续。**御**：侍。⑥**献**：主人向客人敬酒。**酢**：客人向主人回敬酒。**斝**：酒器。奠斝即献酒。⑦**醓**：多汁的肉酱。**醢**：肉酱。**以**：用来。**荐**：敬神。⑧**脾**：牛胃。**臄**：牛舌。**咢**：只击鼓不唱歌。⑨**敦弓**：即雕弓，画弓。**鍭**：箭矢。**钧**：同均，均匀。⑩**序**：排序。⑪**句**：同彀，张弓。⑫**树**：通竖。**侮**：轻慢。⑬**曾孙**：指宴会主持者。**维**：只是。**醴**：甜酒。**醹**：醇厚的酒。⑭**黄耇**：黄发老人。⑮**台背**：台为鲐鱼，背有黑纹。这里指长寿老人背上生斑，如鲐鱼背。**引**：在前曰引路，尊长之意。**翼**：在左右服侍。⑯**寿考**：长辈。**祺**：吉祥。**介**：助。**景福**：大福。

南天雁影图　清·高凤翰

247

jì zuì
既　醉

jì zuì yǐ jiǔ，jì bǎo yǐ dé。
既醉以酒，既饱以德。①

jūn zǐ wàn nián，jiè ěr jǐng fú。
君子万年，介尔景福。

jì zuì yǐ jiǔ，ěr yáo jì jiāng。
既醉以酒，尔肴既将。②

jūn zǐ wàn nián，jiè ěr zhāo míng。
君子万年，介尔昭明。③

zhāo míng yòu róng，gāo lǎng lìng zhōng。
昭明有融，高朗令终。④

lìng zhōng yǒu chù，gōng shī jiā gù。
令终有俶，公尸嘉告。⑤

qí gào wéi hé？biān dòu jìng jiā。
其告维何？笾豆静嘉。⑥

péng yǒu yōu shè，shè yǐ wēi yí。
朋友攸摄，摄以威仪。⑦

醉饮图　明·万邦治

wēi yí kǒng shí，jūn zǐ yòu xiào zǐ。

威仪孔时，君子有孝子。[8]

xiào zǐ bù kuì，yǒng xī ěr lèi。

孝子不匮，永锡尔类。[9]

qí lèi wéi hé？shì jiā zhī kǔn。

其类维何？室家之壸。[10]

jūn zǐ wàn nián，yǒng xī zuò yìn。

君子万年，永锡祚胤。[11]

qí yìn wéi hé？tiān bèi ěr lù。

其胤维何？天被尔禄。

jūn zǐ wàn nián，jǐng mìng yǒu pú。

君子万年，景命有仆。[12]

qí pú wéi hé？lài ěr shì nǚ。

其仆维何？釐尔士女。[13]

lài ěr shì nǚ，cóng yǐ sūn zǐ。

釐尔士女，从以孙子。[14]

注释：①**既：**已经。**德：**恩惠，恩德。一说为色之假借，即肴馔之类。②**将：**美好。③**昭明：**光明。④**有融：**犹融融，长远貌。**高朗：**高明。**令终：**善终。⑤**俶：**祝词，善始。**公尸：**祭祀时装扮神灵的人。**嘉告：**用善言祷告。⑥**维：**为，是。**笾豆：**竹木制祭器。**静嘉：**清洁美好。⑦**朋友：**助祭的人。**攸：**语助词。**摄：**辅助。⑧**孔时：**很合时宜。**有：**又。⑨**匮：**竭。**锡：**赐。**类：**善。⑩**壸：**古时宫中巷，引申为广大。⑪**祚：**福。**胤：**后代。⑫**仆：**附。⑬**釐：**通赉，赐予。⑭**从：**随。

清平调图　清·苏六朋

248

fú yī

凫鹥

fú yī zài jīng， gōng shī lái yàn lái níng。

凫鹥在泾，公尸来燕来宁。[1]

ěr jiǔ jì qīng， ěr yáo jì xīn。

尔酒既清，尔肴既馨。[2]

gōng shī yàn yǐn， fú lù lái chéng。

公尸燕饮，福禄来成。[3]

fú yī zài shā， gōng shī lái yàn lái yí。

凫鹥在沙，公尸来燕来宜。[4]

ěr jiǔ jì duō， ěr yáo jì jiā。

尔酒既多，尔肴既嘉。

gōng shī yàn yǐn， fú lù lái wèi。

公尸燕饮，福禄来为。[5]

fú yī zài zhǔ， gōng shī lái yàn lái chǔ。

凫鹥在渚，公尸来燕来处。[6]

ěr jiǔ jì xǔ， ěr yáo yī fǔ。

尔酒既湑，尔肴伊脯。[7]

gōng shī yàn yǐn， fú lù lái xià。

公尸燕饮，福禄来下。

古贤诗意图之东山宴饮　明·杜堇

fú yī zài cóng gōng shī lái yàn lái zōng
凫鹥在潨，公尸来燕来宗。⑧
jì yàn yú zōng fú lù yōu jiàng
既燕于宗，福禄攸降。⑨
gōng shī yàn yǐn fú lù lái chóng
公尸燕饮，福禄来崇。⑩

fú yī zài mén gōng shī lái zhǐ xūn xūn
凫鹥在亹，公尸来止熏熏。⑪
zhǐ jiǔ xīn xīn fán zhì fēn fēn
旨酒欣欣，燔炙芬芬。⑫
gōng shī yàn yǐn wú yǒu hòu jiān
公尸燕饮，无有后艰。⑬

注释：①**凫**：野鸭。**鹥**：鸥。**泾**：水中。**燕**：同宴。**宁**：安宁。②**清**：清醇。**馨**：芳香。③**成**：成就。④**沙**：水边。**宜**：宜其事也。⑤**为**：助。⑥**渚**：水中的沙丘。**处**：止，指居处。⑦**湑**：滤过的清酒。**伊**：语助词。**脯**：干肉。⑧**潨**：众水相会处。**宗**：尊敬。⑨**燕**：宴。**于宗**：在宗室，在宗庙。**攸**：同。**降**：来临。⑩**崇**：重。⑪**亹**：峡中两岸对峙如门的地方。**熏熏**：和悦的样子。⑫**旨酒**：美酒。**欣欣**：令人愉快的样子。**燔炙**：烤肉。**芬芬**：香喷喷。⑬**无有**：没有。**艰**：难，指灾难。

仿韩熙载夜宴图(局部) 明·唐 寅

249 假乐

xià lè

xià lè jūn zǐ　xiǎn xiǎn lìng dé
假乐君子，显显令德。①
yí mín yí rén　shòu lù yú tiān
宜民宜人，受禄于天。②
bǎo yòu mìng zhī　zì tiān shēn zhī
保右命之，自天申之。③

gān lù bǎi fú　zǐ sūn qiān yì
干禄百福，子孙千亿。
mù mù huáng huáng　yí jūn yí wáng
穆穆皇皇，宜君宜王。④
bù qiān bù wàng　shuài yóu jiù zhāng
不愆不忘，率由旧章。⑤

大享先王图　清·《钦定书经图说》

百辟享仪副图　清·《钦定书经图说》

wēi yí yì yì dé yīn zhì zhì
威仪抑抑，德音秩秩。⑥

wú yuàn wú wù shuài yóu qún pǐ
无怨无恶，率由群匹。⑦

shòu fú wú jiāng sì fāng zhī gāng
受福无疆，四方之纲。⑧

zhī gāng zhī jì yàn jí péng yǒu
之纲之纪，燕及朋友。⑨

bǎi bì qīng shì mèi yú tiān zǐ
百辟卿士，媚于天子。⑩

bù xiè yú wèi mín zhī yōu xì
不解于位，民之攸塈。⑪

注释：①**假乐**：嘉乐，美好的快乐。**君子**：指周成王。**显显**：昭著。**令德**：美德。②**宜**：安抚。③**右**：助。**申**：一再。④**穆穆**：庄严肃穆。**皇皇**：光明的样子。⑤**愆**：过失。**忘**：不忘本。**旧章**：以前的典章。⑥**抑抑**：庄美貌。**秩秩**：清明貌。⑦**率由**：遵循。**群匹**：群臣。⑧**无疆**：无界，无限。**纲**：指法则。⑨**燕及**：宴请。⑩**百辟**：指众诸侯。**卿士**：泛指大臣。**媚**：爱。⑪**解**：同懈，懈怠。**塈**：息。

周宣姜后图 明·仇英

250 公刘

gōng liú

dǔ gōng liú, fěi jū fěi kāng.

笃公刘，匪居匪康。①

nǎi yì nǎi jiāng, nǎi jī nǎi cāng.

迺埸迺疆，迺积迺仓。②

nǎi guǒ hóu liáng, yú tuó yú náng.

迺裹糇粮，于橐于囊。③

sī jí yòng guāng.

思辑用光。④

gōng shǐ sī zhāng, gān gē qī yuè, yuán fāng qǐ háng.

弓矢斯张，干戈戚扬，爰方启行。⑤

陈修疆畎图　清·《钦定书经图说》

弓矢喻政图　清·《养正图解》

dǔ gōng liú, yú xū sī yuán.
笃公刘，于胥斯原。[6]
jì shù jì fán, jì shùn nǎi xuān, ér wú yǒng tàn.
既庶既繁，既顺迺宣，而无永叹。[7]
zhì zé zài yǎn, fù jiàng zài yuán.
陟则在巘，复降在原。[8]
hé yǐ zhōu zhī? wéi yù jí yáo, bǐng běng róng dāo.
何以舟之？维玉及瑶，鞞琫容刀。[9]

dǔ gōng liú, shì bǐ bǎi quán, zhān bǐ pǔ yuán.
笃公刘，逝彼百泉，瞻彼溥原。[10]
nǎi zhì nán gāng, nǎi gòu yú jīng, jīng shī zhī yě.
迺陟南冈，迺觏于京，京师之野。[11]
yú shí chǔ chǔ, yú shí lǚ lǚ.
于时处处，于时庐旅。[12]
yú shí yán yán, yú shí yǔ yǔ.
于时言言，于时语语。[13]

荡析离居图　清·《钦定书经图说》

dǔ gōng liú　yú jīng sī yī
◉笃公刘，于京斯依。[14]

qiāng qiāng jǐ jǐ　bǐ yán bǐ jī
跄跄济济，俾筵俾几。[15]

jì dēng nǎi yī　nǎi gào qí cáo
既登乃依，乃造其曹。[16]

zhí shǐ yú láo　zhuó zhī yòng páo
执豕于牢，酌之用匏。[17]

sì zhī yìn zhī　jūn zhī zōng zhī
食之饮之，君之宗之。[18]

dǔ gōng liú　jì pǔ jì cháng　jì yǐng nǎi gāng
◉笃公刘，既溥既长，既景迺冈。[19]

xiàng qí yīn yáng　guān qí liú quán
相其阴阳，观其流泉。[20]

qí jūn sān shàn　duó qí xí yuán　chè tián wéi liáng
其军三单，度其隰原，彻田为粮。[21]

duó qí xī yáng　bīn jū yǔn huāng
度其夕阳，豳居允荒。[22]

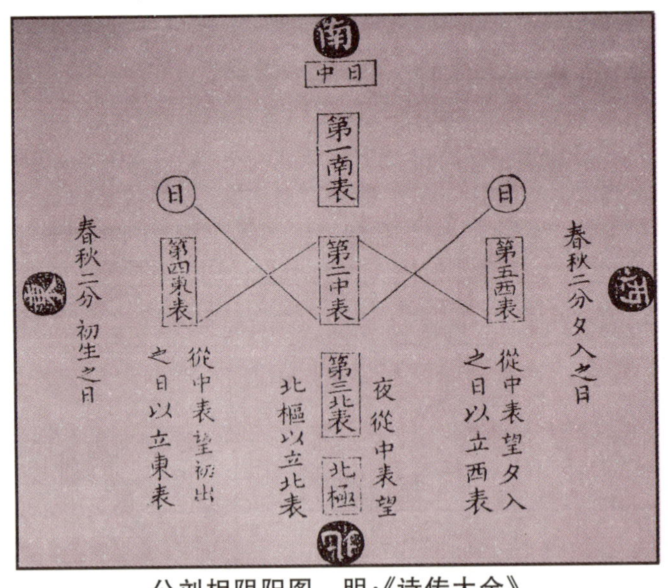

公刘相阴阳图　明·《诗传大全》

dǔ gōng liú, yú bīn sī guǎn

笃公刘，于豳斯馆。[23]

shè wèi wéi luàn, qǔ lì qǔ duàn

涉渭为乱，取厉取锻。[24]

zhǐ jī nǎi lǐ, yuán zhòng yuán yǒu

止基迺理，爰众爰有。[25]

jiā qí huáng jiàn, sù qí guò jiàn

夹其皇涧，溯其过涧。[26]

zhǐ lǚ nǎi mì, ruì jū zhī jí

止旅迺密，芮鞫之即。[27]

注释： ①**笃：** 忠厚老实。**匪：** 非。**居：** 安居。**康：** 安乐。②**迺：** 乃。**埸：** 田界。**积：** 露积。**仓：** 仓库。③**糇：** 干粮，指粮囤。**橐：** 无底的袋。装东西后绳扎紧两头。**囊：** 有底的的袋。④**思：** 发语词。**辑：** 和睦。**用：** 以。**光：** 发扬光大。⑤**斯：** 语助词。**张：** 拉开。**干：** 盾。**戈：** 矛类兵器。**戚：** 斧类兵器。**扬：** 同钺，大斧类兵器。**爰：** 于是。**方：** 始。**启行：** 动身。⑥**于：** 于是。**胥：** 相，观看。**斯：** 这。⑦**庶：** 众多。**繁：** 密。**宣：** 通，畅。**永叹：** 长叹。⑧**陟：** 登上。**巘：** 小山。⑨**舟：** 同绶，丝带。**瑶：** 似玉的美石。**鞞琫：** 刀鞘上的装饰物，也用来指刀鞘。**容刀：** 佩刀。⑩**逝：** 往。**百泉：** 众多泉。**溥原：** 广大的原野。⑪**觏：** 看见。**野：** 郊外。⑫**于时：** 于是。**处处：** 安居。**庐旅：** 寄居。⑬**言言：** 说说话。**语语：** 闹闹嚷嚷。⑭**依：** 安居。⑮**跄跄：** 步趋有节貌。**济济：** 庄重恭敬貌。⑯**造：** 通告，告祭。**曹：** 群。⑰**豕：** 猪。**牢：** 圈。**匏：** 用葫芦做的酒器。⑱**宗：** 尊。⑲**景：** 日影。**冈：** 山冈。⑳**相：** 看。**阴阳：** 山北水南为阴，山南水北为阳。㉑**三单：** 指轮流当兵。单同禅，相袭。**度：** 测量。**隰原：** 洼地。**彻田：** 治田。㉒**夕阳：** 山的西边。**豳居：** 可居住的豳地。**允：** 确实。**荒：** 大。㉓**馆：** 舍。㉔**涉：** 渡河。**渭：** 渭水。**为：** 而。**乱：** 横渡。**厉：** 砺的本字，质地粗的磨刀石。**锻：** 锻铁用的砧石。㉕**止基：** 同义复词，指基址（住地）。**理：** 治理。**众：** 指人口增加。**有：** 指物产丰富。㉖**皇涧：** 豳地的涧名。**溯：** 向，面对。**过涧：** 豳地涧名。㉗**旅：** 寄居。**密：** 安。**芮：** 水涯。**鞫：** 河湾。

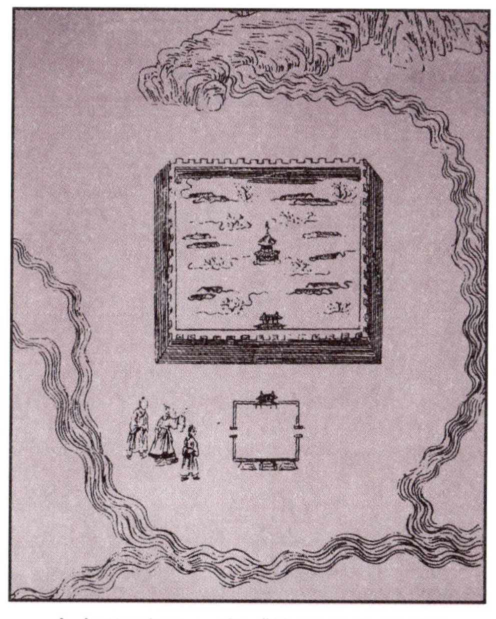

卜都涧瀍图　清·《钦定书经图说》

251

jiǒng zhuó

泂酌

jiǒng zhuó bǐ háng lǎo　yì bǐ zhù zī　kě yǐ fēn chì

泂酌彼行潦，挹彼注兹，可以餴饎。①

kǎi tì jūn zǐ　mín zhī fù mǔ

岂弟君子，民之父母。②

jiǒng zhuó bǐ háng lǎo　yì bǐ zhù zī　kě yǐ zhuó léi

泂酌彼行潦，挹彼注兹，可以濯罍。③

kǎi tì jūn zǐ　mín zhī yōu guī

岂弟君子，民之攸归。④

jiǒng zhuó bǐ háng lǎo　yì bǐ zhù zī　kě yǐ zhuó gài

泂酌彼行潦，挹彼注兹，可以濯溉。⑤

kǎi tì jūn zǐ　mín zhī yōu xì

岂弟君子，民之攸塈。⑥

注释：①**泂**：远。**酌**：舀水。**行潦**：路旁积水。**挹**：舀。**注**：倒入。**兹**：此。**餴**：蒸饭。**饎**：酒食。②**岂弟**：同恺悌，和蔼可亲。③**濯**：洗涤。**罍**：古代器名，盛酒和水。④**攸归**：所归。归，归附。⑤**溉**：清。⑥**塈**：安息。

山水图之竹林有真趣　明·项圣谟

252

quán ē
卷阿

yǒu quán zhě ē piāo fēng zì nán
有卷者阿，飘风自南。①
kǎi tì jūn zǐ lái yóu lái gē yǐ shǐ qí yīn
岂弟君子，来游来歌，以矢其音。②
pàn huàn ěr yóu yǐ yōu yóu ěr xiū yǐ
伴奂尔游矣，优游尔休矣。③

kǎi tì jūn zǐ bǐ ěr mí ěr xìng
岂弟君子，俾尔弥尔性，
sì xiān gōng qiú yǐ
似先公酋矣。④

ěr tǔ yǔ bǎn zhāng yì kǒng zhī hòu yǐ
尔土宇昄章，亦孔之厚矣。⑤
kǎi tì jūn zǐ bǐ ěr mí ěr xìng
岂弟君子，俾尔弥尔性，
bǎi shén ěr zhǔ yǐ
百神尔主矣。⑥

古贤诗意图之东山晏饮 明·杜 堇

ěr shòu mìng cháng yǐ fú lù ěr kāng yǐ
尔受命长矣，茀禄尔康矣。⑦
kǎi tì jūn zǐ bǐ ěr mí ěr xìng
岂弟君子，俾尔弥尔性，
chún gǔ ěr cháng yǐ
纯嘏尔常矣。⑧

yǒu píng yǒu yì yǒu xiào yǒu dé yǐ yǐn yǐ yì
有冯有翼，有孝有德，以引以翼。⑨
kǎi tì jūn zǐ sì fāng wéi zé
岂弟君子，四方为则。⑩

yóng yóng áng áng rú guī rú zhāng lìng wén lìng wàng
颙颙卬卬，如圭如璋，令闻令望。⑪
kǎi tì jūn zǐ sì fāng wéi gāng
岂弟君子，四方为纲。

孝经图之纪孝行章　明·仇　英

fèng huáng yú fēi huì huì qí yǔ yì jí yuán zhǐ

凤凰于飞，翙翙其羽，亦集爰止。[12]

ǎi ǎi wáng duō jí shì wéi jūn zǐ shǐ

蔼蔼王多吉士，维君子使，

mèi yú tiān zǐ

媚于天子。[13]

fèng huáng yú fēi huì huì qí yǔ yì fù yú tiān

凤凰于飞，翙翙其羽，亦傅于天。[14]

ǎi ǎi wáng duō jí rén wéi jūn zǐ mìng

蔼蔼王多吉人，维君子命，

mèi yú shù rén

媚于庶人。[15]

人物故事图之吹箫引凤　明·仇　英

fèng huáng míng yǐ，yú bǐ gāo gāng
凤凰鸣矣，于彼高冈。
wú tóng shēng yǐ，yú bǐ zhāo yáng
梧桐生矣，于彼朝阳。
běng běng qī qī，yōng yōng jiē jiē
菶菶萋萋，雝雝喈喈。⑯

jūn zǐ zhī chē，jì shù qiě duō
君子之车，既庶且多。
jūn zǐ zhī mǎ，jì xián qiě chí
君子之马，既闲且驰。⑰
shǐ shī bù duō，wéi yǐ suì gē
矢诗不多，维以遂歌。⑱

注释：①卷：曲。阿：大土山。卷阿：蜿蜒曲折的冈陵。②岂弟：同恺悌，和蔼可亲。矢：陈。音：指乐歌。③伴奂：安闲自在的样子。④俾：使。弥：终。性：命。似：嗣，继承。先公：祖先。酋：终远，久长。⑤土宇：封疆。昄：大。章：彰明。孔之厚：大而广。⑥主：主祭。⑦命：天命。茀：通福。康：安。⑧纯：大。嘏：赐福。常：长。⑨冯：依托。翼：翼蔽，庇护。以：用来。引：匡扶，引导。⑩则：法。⑪颙颙：温和貌。卬卬：轩昂貌。令闻：名誉好。令望：声望好。⑫翙翙：众多也。⑬蔼蔼：众多的样子。吉士：贤士。媚：爱戴。⑭傅：近。⑮庶人：春秋时对农业劳动者的称呼，泛指百姓。⑯菶菶：草木茂盛貌。雝雝：鸟的鸣声。喈喈：鸟的和声。⑰闲：习。驰：飞奔。⑱矢：献。不：语助词。

凤凰来仪图　杨柳青木版年画

253

mín láo
民劳

mín yì láo zhǐ qì kě xiǎo kāng
民亦劳止，汔可小康。①

huì cǐ zhōng guó yǐ suí sì fāng
惠此中国，以绥四方。②

wú zòng guǐ suí yǐ jǐn wú liáng
无纵诡随，以谨无良。③

shì è kòu nüè cǎn bù wèi míng
式遏寇虐，憯不畏明。④

róu yuǎn néng ěr yǐ dìng wǒ wáng
柔远能迩，以定我王。⑤

劳农亭图　清·崔　芹

mín yì láo zhǐ qì kě xiǎo xiū
民亦劳止，汔可小休。
huì cǐ zhōng guó yǐ wéi mín qiú
惠此中国，以为民逑。⑥
wú zòng guǐ suí yǐ jǐn hūn náo
无纵诡随，以谨惽怓。⑦
shì è kòu nüè wú bǐ mín yōu
式遏寇虐，无俾民忧。
wú qì ěr láo yǐ wéi wáng xiū
无弃尔劳，以为王休。

mín yì láo zhǐ qì kě xiǎo xī
民亦劳止，汔可小息。
huì cǐ jīng shī yǐ suí sì guó
惠此京师，以绥四国。
wú zòng guǐ suí yǐ jǐn wǎng jí
无纵诡随，以谨罔极。

浣丝图　清·吴　俊

shì è kòu nüè　wú bǐ zuò tè

式遏寇虐，无俾作慝。⑧

jìng shèn wēi yí　yǐ jìn yǒu dé

敬慎威仪，以近有德。

mín yì láo zhǐ　qì kě xiǎo qì

◉ 民亦劳止，汔可小愒。⑨

huì cǐ zhōng guó　bǐ mín yōu xiè

惠此中国，俾民忧泄。⑩

wú zòng guǐ suí　yǐ jǐn chǒu lì

无纵诡随，以谨丑厉。⑪

shì è kòu nüè　wú bǐ zhèng bài

式遏寇虐，无俾正败。⑫

róng suī xiǎo zǐ　ér shì hóng dà

戎虽小子，而式弘大。⑬

耖　图　清·《康熙御制耕织图》

mín yì láo zhǐ　qì kě xiǎo ān
民亦劳止，汔可小安。
huì cǐ zhōng guó　guó wú yǒu cán
惠此中国，国无有残。
wú zòng guǐ suí　yǐ jǐn qiǎn quǎn
无纵诡随，以谨缱绻。⑭
shì è kòu nüè　wú bǐ zhèng fǎn
式遏寇虐，无俾正反。
wáng yù yù rǔ　shì yòng dà jiàn
王欲玉女，是用大谏。⑮

注释：①**劳**：劳苦。**止**：语助词。**汔**：求。**小康**：基本的安康。②**惠**：施恩。**中国**：国中，指京师。**绥**：安抚。③**纵**：跟随。一说放纵。**诡随**：不顾是非而妄随人意者。**谨**：敕慎。**无良**：道德不好之人。④**式**：用。**遏**：止。**憯**：乃；曾。**明**：法。⑤**柔**：安。**能**：亲近。**迩**：近。⑥**逑**：合，聚。⑦**惛怓**：喧哗；大乱。⑧**慝**：罪恶。⑨**愒**：休息。⑩**泄**：除去。⑪**丑厉**：阴险可恶的人。⑫**无俾正败**：无使先王之政败坏。正，同政。⑬**戎**：你。**式**：发语词。⑭**缱绻**：紧紧纠缠，指结党营私。⑮**玉女**：爱你。玉，好；女，汝。**大谏**：力谏。

北征督运图　清·佚　名

254

bǎn
板

shàng dì bǎn bǎn， xià mín cuì dàn。
上帝板板，下民卒瘅。①

chū huà bù rán， wéi yóu bù yuǎn。
出话不然，为犹不远。②

mǐ shèng guàn guàn， bù shí yú dǎn。
靡圣管管，不实于亶。③

yóu zhī wèi yuǎn， shì yòng dà jiàn。
犹之未远，是用大谏。

tiān zhī fāng nán， wú rán xiàn xiàn。
天之方难，无然宪宪。④

tiān zhī fāng guì， wú rán yì yì。
天之方蹶，无然泄泄。⑤

cí zhī jí yǐ， mín zhī qià yǐ。
辞之辑矣，民之洽矣。⑥

cí zhī yì yǐ， mín zhī mò yǐ。
辞之怿矣，民之莫矣。⑦

黄帝衣裳神化图 明·仇英

wǒ suī yì shì, jí ěr tóng liáo.
我虽异事，及尔同僚。[8]

wǒ jí ěr móu, tīng wǒ áo áo.
我即尔谋，听我嚣嚣。[9]

wǒ yán wéi fú, wù yǐ wéi xiào.
我言维服，勿以为笑。[10]

xiān mín yǒu yán, xún yú chú ráo.
先民有言，询于刍荛。[11]

tiān zhī fāng nüè, wú rán xuè xuè.
天之方虐，无然谑谑。

lǎo fū guàn guàn, xiǎo zǐ jiǎo jiǎo.
老夫灌灌，小子蹻蹻。[12]

féi wǒ yán mào, ěr yòng yōu xuè.
匪我言耄，尔用忧谑。[13]

duō jiāng hè hè, bù kě jiù yào.
多将熇熇，不可救药。[14]

赵将括母图　明·仇英

tiān zhī fāng qí, wú wéi kuā pí

天之方懠，无为夸毗。[15]

wēi yí zú mí, shàn rén zài shī

威仪卒迷，善人载尸。[16]

mín zhī fāng diàn xī, zé mò wǒ gǎn kuí

民之方殿屎，则莫我敢葵。[17]

sāng luàn miè zī, zēng mò huì wǒ shī

丧乱蔑资，曾莫惠我师。[18]

tiān zhī yòu mín, rú xūn rú chí

天之牖民，如埙如篪。[19]

rú zhāng rú guī, rú qǔ rú xié

如璋如圭，如取如携。[20]

xié wú yuē yì, yòu mín kǒng yì

携无曰益，牖民孔易。

mín zhī duō pì, wú zì lì bì

民之多辟，无自立辟。[21]

晋伯宗妻图 明·仇英

jiè rén wéi fān　　tài shī wéi yuán

价人维藩，大师维垣。㉒

dà bāng wéi píng　　dà zōng wéi hàn

大邦维屏，大宗维翰。㉓

huái dé wéi níng　　zōng zǐ wéi chéng

怀德维宁，宗子维城。

wú bǐ chéng huài　　wú dú sī wèi

无俾城坏，无独斯畏。

jìng tiān zhī nù　　wú gǎn xì yù

敬天之怒，无敢戏豫。

jìng tiān zhī yú　　wú gǎn chí qū

敬天之渝，无敢驰驱。㉔

hào tiān yuē míng　　jí ěr chū wǎng

昊天曰明，及尔出王。㉕

hào tiān yuē dàn　　jí ěr yóu yǎn

昊天曰旦，及尔游衍。㉖

注释：①**板板**：反，指反常。**瘅**：病。②**出话不然**：说话不合理。**犹**：谋划。③**靡**：无。**管管**：无所依凭。管，悹之假借。**亶**：诚信。④**宪宪**：犹欣欣，喜悦的样子。⑤**蹶**：动也。指动乱。**泄泄**：多言貌。⑥**辞**：谓政教也。**辑**：协和。**洽**：合也。⑦**怿**：败坏。**莫**：通瘼，病。⑧**异事**：职务不同。⑨**嚣嚣**：傲慢貌。⑩**服**：事。⑪**刍荛**：割草打柴的人。⑫**谑谑**：喜乐貌。**灌灌**：犹款款，诚恳貌。**蹻蹻**：骄傲貌。⑬**匪**：非。**耄**：八十曰耄，此处指老糊涂。**忧谑**：调笑。忧，通优。⑭**熇熇**：火势炽盛貌。⑮**懠**：怒。**夸毗**：指屈己卑身以柔顺人。⑯**卒**：尽。**迷**：迷乱。**善人载尸**：贤人君子则如尸矣，不复言语。⑰**殿屎**：悉苦呻吟。**葵**：通揆，猜度。⑱**蔑**：无。**资**：财。**师**：指众民。⑲**牖**：通诱，诱导。**如埙如篪**：埙，土制乐器，有六孔，吹奏用。**篪**：竹制器，像笛，有八孔，两乐器，吹奏可相和。⑳**如璋如圭**：半圭叫璋，合璋为圭，指相配合。㉑**辟**：第一个辟即邪僻，第二个辟即法。㉒**价人**：善人，大人。**藩**：屏障。**大师**：太师，三公之一。㉓**大宗**：指周王同姓的家族。㉔**渝**：变。**驰驱**：指放纵自恣。㉕**王**：通往，往来。㉖**游衍**：恣意游逛。

肜祭祢庙图　清·《钦定书经图说》

王司敬民图　清·《钦定书经图说》

255

dàng

荡

dàng dàng shàng dì　xià mín zhī bì

◉ 荡荡上帝，下民之辟。①

jí wēi shàng dì　qí mìng duō pì

疾威上帝，其命多辟。②

tiān shēng zhēng mín　qí mìng fěi chén

天生烝民，其命匪谌？③

mǐ bù yǒu chū　xiǎn kè yǒu zhōng

靡不有初，鲜克有终。

wén wáng yuē zī　zī rǔ yīn shāng

◉ 文王曰咨，咨女殷商。④

zēng shì qiáng yù　zēng shì póu kè

曾是彊御，曾是掊克。⑤

zēng shì zài wèi　zēng shì zài fú

曾是在位，曾是在服。⑥

tiān jiàng tāo dé　rǔ xīng shì lì

天降滔德，女兴是力。⑦

李日月母图　明·仇英

wén wáng yuē zī， zī rǔ yīn shāng
文王曰咨，咨女殷商。
ér bǐng yì lèi， qiáng yù duō duì
而秉义类，彊御多怼。⑧
liú yán yǐ duì， kòu rǎng shì nèi
流言以对，寇攘式内。⑨
hóu zǔ hóu zhòu， mǐ jiè mǐ jiū
侯作侯祝，靡届靡究。⑩

wén wáng yuē zī， zī rǔ yīn shāng
文王曰咨，咨女殷商。
rǔ páo xiāo yú zhōng guó， liǎn yuàn yǐ wéi dé
女炰烋于中国，敛怨以为德。⑪
bù míng ěr dé， shí wú bèi wú cè
不明尔德，时无背无侧。⑫
ěr dé bù míng， yǐ wú péi wú qīng
尔德不明，以无陪无卿。

孝经图之卿大夫章　明·仇　英

wén wáng yuē zī zī rǔ yīn shāng
文王曰咨，咨女殷商。
tiān bù miǎn ěr yǐ jiǔ bù yì zòng shì
天不湎尔以酒，不义从式。[13]
jì qiān ěr zhǐ mǐ míng mǐ huì
既愆尔止，靡明靡晦。[14]
shì háo shì hū bǐ zhòu zuò yè
式号式呼，俾昼作夜。

wén wáng yuē zī zī rǔ yīn shāng
文王曰咨，咨女殷商。
rú tiáo rú táng rú fèi rú gēng
如蜩如螗，如沸如羹。[15]
xiǎo dà jìn sàng rén shàng hū yóu xíng
小大近丧，人尚乎由行。
nèi bì yú zhōng guó tán jí guǐ fāng
内奰于中国，覃及鬼方。[16]

诞受多方图 清·《钦定书经图说》

说总百官图 清·《钦定书经图说》

wén wáng yuē zī zī rǔ yīn shāng
文王曰咨，咨女殷商。
fěi shàng dì bù shí yīn bù yòng jiù
匪上帝不时，殷不用旧。
suī wú lǎo chéng rén shàng yǒu diǎn xíng
虽无老成人，尚有典刑。
zēng shì mò tīng dà mìng yǐ qīng
曾是莫听，大命以倾。
wén wáng yuē zī zī rǔ yīn shāng
文王曰咨，咨女殷商。
rén yì yǒu yán diān pèi zhī jiē
人亦有言，颠沛之揭。⑰
zhī yè wèi yǒu hài běn shí xiān bài
枝叶未有害，本实先拨。⑱
yīn jiàn bù yuǎn zài xià hòu zhī shì
殷鉴不远，在夏后之世。

注释：①**荡荡**：法度败坏貌。**辟**：国君。②**疾威**：暴戾。**辟**：邪僻。③**烝民**：众人。**谌**：诚。④**咨**：叹词。⑤**彊御**：强暴。**掊克**：聚敛贪婪。⑥**在服**：在职，在任。⑦**滔德**：慢德。指害人之政，害人之君。**女**：汝。**兴**：助。⑧**而**：同尔。**秉**：用。**怼**：怨恨。⑨**对**：遂，成就。有兴起之意。**寇攘**：窃取。⑩**侯**：于是。**作**：通诅。**祝**：通咒。**届**：极。**究**：穷。⑪**炰烋**：犹咆哮，怒吼。**敛怨以为德**：多为可怨之事，而反自以为德。⑫**无背无侧**：背即后，侧即旁边，背侧指君主左右两旁的近侍。⑬**湎**：沉迷于酒。**不义从式**：不宜放纵自恣。⑭**止**：仪容。⑮**蜩**：蝉。**螗**：蝉的一种。⑯**奰**：怒。**覃**：及，延。**鬼方**：商代和西周时称北方玁狁为鬼方，这里代指远方部落。⑰**颠沛**：犹颠仆，倒下。**揭**：见根貌。⑱**拨**：通败。

颠柚蘖图 清·《钦定书经图说》

放桀南巢图 清·《钦定书经图说》

256

yì
抑

yì yì wēi yí wéi dé zhī yú
抑抑威仪，维德之隅。①
rén yì yǒu yán mǐ zhé bù yú
人亦有言，靡哲不愚。②
shù rén zhī yú yì zhí wéi jí
庶人之愚，亦职维疾。③
zhé rén zhī yú yì wéi sī lì
哲人之愚，亦维斯戾。④

wú jìng wéi rén sì fāng qí xùn zhī
无竞维人，四方其训之。⑤
yǒu jué dé xìng sì guó shùn zhī
有觉德行，四国顺之。⑥
xū mó dìng mìng yuǎn yóu chén gù
讦谟定命，远犹辰告。⑦
jìng shèn wēi yí wéi mín zhī zé
敬慎威仪，维民之则。⑧

晋羊叔姬图 明·仇英

qí zài yú jīn xīng mí luàn yú zhèng
其在于今，兴迷乱于政。
diān fù jué dé huāng dān yú jiǔ
颠覆厥德，荒湛于酒。[9]
rǔ suī dān lè zòng fú niàn jué shào
女虽湛乐从，弗念厥绍？[10]
wǎng fū qiú xiān wáng kè gōng míng xíng
罔敷求先王，克共明刑？[11]

sì huáng tiān fú shàng rú bǐ quán liú
肆皇天弗尚，如彼泉流，
wú lún xū yǐ wáng
无沦胥以亡？[12]
sù xīng yè mèi sǎ sǎo tíng nèi wéi mín zhī zhāng
夙兴夜寐，洒扫廷内，维民之章。[13]
xiū ěr chē mǎ gōng shǐ róng bīng
修尔车马，弓矢戎兵，[14]
yòng jiè róng zuò yòng tì mán fāng
用戒戎作，用逷蛮方。[15]

夙兴夜寐，洒扫廷内 《五彩绘图监本诗经》

zhì ěr rén mín jǐn ěr hóu dù yòng jiè bù yú
质尔人民，谨尔侯度，用戒不虞。[16]

shèn ěr chū huà jìng ěr wēi yí wú bù róu jiā
慎尔出话，敬尔威仪，无不柔嘉。[17]

bái guī zhī diàn shàng kě mó yě
白圭之玷，尚可磨也。[18]

sī yán zhī diàn bù kě wéi yě
斯言之玷，不可为也。[19]

wú yì yóu yán wú yuē gǒu yǐ
无易由言，无曰苟矣！[20]

mò mén zhèn shé yán bù kě shì yǐ
莫扪朕舌，言不可逝矣！[21]

wú yán bù chóu wú dé bù bào
无言不雠，无德不报。[22]

huì yú péng yǒu shù mín xiǎo zǐ
惠于朋友，庶民小子。

zǐ sūn mǐn mǐn wàn mín mǐ bù chéng
子孙绳绳，万民靡不承。[23]

齐灵仲子母图 明·仇英

shì ěr yǒu jūn zǐ jí róu ěr yán bù xiá yǒu qiān
视尔友君子，辑柔尔颜，不遐有愆？[24]

xiàng zài ěr shì shàng bù kuì yú wū lòu
相在尔室，尚不愧于屋漏？[25]

wú yuē bù xiǎn mò yú yún gòu
无曰不显，莫予云觏。[26]

shén zhī gé sī bù kě duó sī shěn kě yì sī
神之格思，不可度思，矧可射思。[27]

bì ěr wéi dé bǐ zāng bǐ jiā
辟尔为德，俾臧俾嘉。[28]

shū shèn ěr zhǐ bù qiān yú yí
淑慎尔止，不愆于仪。[29]

bù jiàn bù zéi xiǎn bù wéi zé
不僭不贼，鲜不为则。[30]

tóu wǒ yǐ táo bào zhī yǐ lǐ
投我以桃，报之以李。

bǐ tóng ér jiǎo shí hóng xiǎo zǐ
彼童而角，实虹小子。[31]

投我以桃，报之以李　《五彩绘图监本诗经》

rěn rǎn róu mù yán mín zhī sī
荏染柔木，言缗之丝。[32]

wēn wēn gōng rén wéi dé zhī jī
温温恭人，维德之基。[33]

qí wéi zhé rén gù zhī huà yán shùn dé zhī xìng
其维哲人，告之话言，顺德之行。[34]

qí wéi yú rén fù wèi wǒ jiàn mín gè yǒu xīn
其维愚人，覆谓我僭，民各有心。[35]

wū hū xiǎo zǐ wèi zhī zāng pǐ
於乎小子！未知臧否，[36]

fěi shǒu xié zhī yán shì zhī shì
匪手携之，言示之事。[37]

fěi miàn mìng zhī yán tí qí ěr
匪面命之，言提其耳。[38]

jiè yuē wèi zhī yì jì bào zǐ
借曰未知，亦既抱子。[39]

mín zhī mǐ yíng shuí sù zhī ér mù chéng
民之靡盈，谁夙知而莫成？[40]

敬明乃训图　清·《钦定书经图说》

大疑广谋图　清·《钦定书经图说》

hào tiān kǒng zhāo wǒ shēng mǐ lè
昊天孔昭，我生靡乐，㊶

shì ěr méng méng wǒ xīn cǎo cǎo
视尔梦梦，我心惨惨。㊷

huì ěr zhūn zhūn tīng wǒ miǎo miǎo
诲尔谆谆，听我藐藐。㊸

fěi yòng wéi jiào fù yòng wéi xuè
匪用为教，覆用为虐。㊹

jiè yuē wèi zhī yì yù jì mào
借曰未知，亦聿既耄！㊺

奉先思孝图　清·《钦定书经图说》

wū hū xiǎo zǐ　gù ěr jiù zhǐ
於乎小子！告尔旧止，㊻

tīng yòng wǒ móu　shù wú dà huǐ
听用我谋，庶无大悔。

tiān fāng jiān nán　yuē sàng jué guó
天方艰难，曰丧厥国。㊼

qǔ pì bù yuǎn　hào tiān bù tè
取譬不远，昊天不忒。㊽

huí yù qí dé　bǐ mín dà jí
回遹其德，俾民大棘。㊾

注释：①**抑抑**：缜密。**威仪**：礼节。**隅**：屋之四角，比喻品德端方。②**哲**：聪明。③**职**：主要。**疾**：缺点。④**戾**：罪。⑤**无竞**：无争。**训**：顺。⑥**觉**：通梏，高大，正直。**顺**：循，遵循。⑦**讦**：大。**谟**：谋。**犹**：谋略。**辰**：时辰，按时。⑧**敬**：恭敬。**慎**：小心地对待。**则**：榜样。⑨**厥**：其，指周王。**荒湛**：沉溺。⑩**女**：同汝，指周王。**湛乐**：过度逸乐。**众**：同纵，放纵。**弗念**：不思。**绍**：承继。⑪**罔**：不。**敷**：广。**克**：能。**共**：执行。**刑**：法。⑫**肆**：于是。**尚**：佑助。**沦胥**：沉沦。⑬**夙**：早上。**兴**：起来。**寐**：睡觉。**廷内**：室内。**章**：法则，道理。⑭**戎兵**：指兵器。⑮**戒**：戒备。**戎作**：战事。**逷**：剔，治。⑯**质**：告诫。**谨**：小心对待。**度**：诸侯行孝曰度。**戒**：备。**不虞**：非度。⑰**柔**：安顺。**嘉**：善。⑱**玷**：白玉上的斑点。**尚**：还。⑲**斯**：语助词。**为**：补救。⑳**易**：轻易。**由**：于。**苟**：苟且，随便。㉑**扪**：按。**朕**：古人自称之词，秦之后为皇帝专用。**逝**：及，追。㉒**雠**：对答，应验。㉓**绳绳**：接连不断。**承**：顺从。㉔**辑**：和悦。**不**：语助词。**遐**：远。**愆**：过失。㉕**相**：看。**屋漏**：屋的西北隅，指神明。㉖**显**：明显。**莫予云觏**："莫云觏予"的倒装。**觏**，看见。㉗**格**：至。**思**：语助词。**度**：思量。**矧**：况。**射**：厌。㉘**辟**：修明。**俾**：使。**臧**：善。㉙**淑**：善良。**止**：举止。㉚**僭**：差错。**贼**：残害。**鲜**：少。**则**：法则。㉛**童**：无角的羊。**虹**：同讧，溃乱。㉜**荏染**：柔韧。**缗**：安弦线。㉝**温温**：温良和蔼的样子。**基**：根本。㉞**哲人**：聪明人。**话言**：古老的话。**顺**：符合。㉟**覆**：反过来，反而。**僭**：不信。㊱**於乎**：同呜呼。**臧否**：好坏。㊲**匪**：不仅。**示**：指点。㊳**面命**：当面教导。㊴**借**：假如。**未知**：不懂事。㊵**盈**：满，富有。**莫**：同暮。**成**：成功。㊶**昊天**：上天。**孔昭**：很昭著。**生**：生活。㊷**梦梦**：昏乱。**惨惨**：同懆懆，忧而不乐。㊸**谆谆**：教诲不倦貌。**藐藐**：忽略的样子。㊹**匪**：不。**覆**：反。**虐**：通谑，戏谑。㊺**聿**：语助词。**既**：已经。**耄**：老。㊻**旧止**：先王的礼法。**止**：语助词。㊼**方**：正好。**丧**：灭。**厥国**：其国，指周朝。㊽**取譬**：取比，汲取以往的教训。**忒**：偏差。㊾**回遹**：邪僻。**俾**：使。**棘**：通急。

晋赵衰妻图　清·《钦定书经图说》

257

sāng róu

桑柔

yù bǐ sāng róu, qí xià hóu jūn

◉ 菀彼桑柔，其下侯旬。①

luō cǎi qí liú, mò cǐ xià mín

捋采其刘，瘼此下民。②

bù tiǎn xīn yōu, chuǎng huǎng chén xī

不殄心忧，仓兄填兮。③

zhuō bǐ hào tiān, nìng bù wǒ jīn

倬彼昊天，宁不我矜？④

sì mǔ kuí kuí, yú zhào yǒu piān

◉ 四牡骙骙，旟旐有翩。⑤

luàn shēng bù yí, mǐ guó bù mǐn

乱生不夷，靡国不泯。⑥

mín mǐ yǒu lí, jù huò yǐ jìn

民靡有黎，具祸以烬。⑦

wū hū yǒu āi, guó bù sī pín

於乎有哀，国步斯频？⑧

蔡毓荣南征图卷之辰龙关之战　清·佚名

guó bù miè zī　tiān bù wǒ jiāng
◉ 国步蔑资，天不我将。⑨

mǐ suǒ zhǐ níng　yún cú hé wǎng
靡所止疑，云徂何往？⑩

jūn zǐ shí wéi　bǐng xīn wú jìng
君子实维，秉心无竞。⑪

shuí shēng lì jiē　zhì jīn wéi gěng
谁生厉阶？至今为梗！⑫

yōu xīn yīn yīn　niàn wǒ tǔ yǔ
◉ 忧心慇慇，念我土宇。⑬

wǒ shēng bù chén　féng tiān dàn nù
我生不辰，逢天僤怒。⑭

zì xī cú dōng　mǐ suǒ dìng chǔ
自西徂东，靡所定处。⑮

duō wǒ gòu mín　kǒng jí wǒ yǔ
多我觏痻，孔棘我圉！⑯

子惠困穷图　清·《钦定书经图说》

wéi móu wéi bì luàn kuàng sī xuē
为谋为毖，乱况斯削？⑰
gù ěr yōu xù huì ěr xù jué
告尔忧恤，诲尔序爵。⑱
shuí néng zhí rè shì bù yǐ zhuó
谁能执热，逝不以濯？⑲
qí hé néng shū zài xū jí nì
其何能淑，载胥及溺！⑳

rú bǐ sù fēng yì kǒng zhī ài
如彼溯风，亦孔之僾。㉑
mín yǒu sù xīn píng yún bù dài
民有肃心，荓云不逮。㉒
hào shì jià sè lì mín dài shí
好是稼穑，力民代食。㉓
jià sè wéi bǎo dài shí wéi hǎo
稼穑维宝，代食维好。㉔

大陆既作图　清·《钦定书经图说》

tiān jiàng sāng luàn　miè wǒ lì wáng
天降丧乱，灭我立王。㉕
jiàng cǐ máo zéi　jià sè zú yáng
降此蟊贼，稼穑卒痒。㉖
āi tōng zhōng guó　jù zhuì zú huāng
哀恫中国，具赘卒荒。㉗
mǐ yǒu lǚ lì　yǐ niàn qióng cāng
靡有旅力，以念穹苍。㉘

wéi cǐ huì jūn　mín rén suǒ zhān
维此惠君，民人所瞻！㉙
bǐng xīn xuān yóu　kǎo shèn qí xiàng
秉心宣犹，考慎其相。㉚
wéi bǐ bù shùn　zì dú bǐ zāng
维彼不顺，自独俾臧。㉛
zì yǒu fèi cháng　bǐ mín zú kuáng
自有肺肠，俾民卒狂！㉜

zhān bǐ zhōng lín　shēn shēn qí lù
瞻彼中林，甡甡其鹿。㉝
péng yǒu yǐ jiàn　bù xū yǐ gǔ
朋友以谮，不胥以穀。㉞
rén yì yǒu yán　jìn tuì wéi gǔ
人亦有言，进退维谷！㉟

殷降大虐图　清·《钦定书经图说》

wéi cǐ shèng rén zhān yán bǎi lǐ
◉ 维此圣人，瞻言百里。㊱
wéi bǐ yú rén fù kuáng yǐ xǐ
维彼愚人，覆狂以喜。㊲
fěi yán bù néng hú sī wèi jì
匪言不能，胡斯畏忌？㊳
wéi cǐ liáng rén fú qiú fú dí
◉ 维此良人，弗求弗迪。㊴
wéi bǐ rěn xīn shì gù shì fù
维彼忍心，是顾是复。
mín zhī tān luàn nìng wéi tú dú
民之贪乱，宁为荼毒？㊵
tài fēng yǒu suì yǒu kōng dà gǔ
◉ 大风有隧，有空大谷。㊶
wéi cǐ liáng rén zuò wéi shì gǔ
维此良人，作为式穀。㊷
wéi bǐ bù shùn zhēng yǐ zhōng gòu
维彼不顺，征以中垢！㊸

雠敛召敌图　清·《钦定书经图说》

tài fēng yǒu suì tān rén bài lèi
大风有隧，贪人败类。㊹
tīng yán zé duì sòng yán rú zuì
听言则对，诵言如醉。㊺
fěi yòng qí liáng fù bǐ wǒ bèi
匪用其良，覆俾我悖！㊻

jiē ěr péng yǒu yú qǐ bù zhī ér zuò
嗟尔朋友，予岂不知而作？㊼
rú bǐ fēi chóng shí yì yì huò
如彼飞虫，时亦弋获。㊽
jì zhī yìn rǔ fǎn yú lái hè
既之阴女，反予来赫！㊾

mín zhī wǎng jí zhí liáng shàn bèi
民之罔极，职凉善背。㊿
wéi mín bù lì rú yún bù kè
为民不利，如云不克。[51]
mín zhī huí yù zhí jìng yòng lì
民之回遹，职竞用力！[52]

秉舟弗济图　清·《钦定书经图说》

mín zhī wèi lì　　zhí dào wéi kòu

民之未戾，职盗为寇。[53]

liáng yuē bù kě　　fù bèi shàn lì

凉曰不可，覆背善詈。[54]

suī yuē fěi yú　　jì zuò ěr gē

虽曰匪予，既作尔歌！

注释：①**菀**：茂盛貌。**桑柔**：柔桑，嫩桑。**侯**：是。**旬**：树荫均布。②**捋**：摘取。**刘**：剥落，稀疏。**瘼**：病，害。③**殄**：断绝。**仓兄**：同怆怳，悲惘失意貌。**填**：久。④**倬**：光明。⑤**骙骙**：马强壮的样子。**旟旐**：画有鹰隼龟蛇的旗子。**翩**：飘扬。⑥**不夷**：不平静。**泯**：乱。⑦**黎**：墨色头发。**具**：通俱。**以**：和。**烬**：灰烬。⑧**国步**：即国运。**斯**：语助词。**频**：危急。⑨**蔑资**：无资财。**将**：助。⑩**靡**：没有。**所**：地方。**止疑**：安定。**云**：语助词。**徂**：往。⑪**实**：是。**维**：为，干。**秉心**：存心。⑫**厉阶**：祸端。**梗**：病，指灾害。⑬**慇慇**：忧伤貌。**土宇**：国土。⑭**辰**：时候。**僤**：大。⑮**徂**：往。⑯**瘏**：病。**孔棘**：很急。**圉**：边疆。⑰**毖**：慎。**况**：景况。**削**：减少。⑱**忧恤**：犹忧患。**序爵**：合理安排官爵。⑲**执热**：解除炎热。**逝**：发语词。**以**：用。**濯**：水洗。⑳**载**：则。**胥**：皆。**溺**：落水。㉑**溯风**：逆风。**僾**：喘气；窒息。㉒**肃**：进，进取。**荓**：使。**云**：语助词。**逮**：及。㉓**好是**：喜欢这样。**力民**：使民出力。**代食**：指不劳动而代吃食禄。㉔**维**：为。**好**：嘉妙。㉕**丧乱**：死丧祸乱。㉖**蟊贼**：危害庄稼的虫。虫食苗根曰蟊，食节曰贼。**卒**：完全。**痒**：病。㉗**哀恫**：哀痛。**中国**：指周朝京师。**俱**：都。**赘**：连累。**卒**：都。㉘**旅力**：同膂力，体力。**穹苍**：上天。㉙**惠君**：贤明的君王。**瞻**：盼望。㉚**宣**：遍。**犹**：谋。**考慎**：谨慎选择。**相**：辅臣。㉛**自独**：独断专行。**俾**：使。**臧**：嘉好。㉜**肺肠**：心地。**卒狂**：都发狂。㉝**中林**：林中。**甡甡**：同莘莘，众多。**其**：语助词。㉞**谮**：通僭，相欺。**胥**：皆，相。**穀**：善，友好。㉟**维**：是。**谷**：山谷。㊱**言**：语助词。㊲**覆**：反而。**以**：而。㊳**胡**：何。**斯**：语助词。㊴**求**：贪求。**迪**：进，指钻营。㊵**荼毒**：残害。㊶**隧**：风迅疾。**空**：空旷。**谷**：山谷。㊷**作为**：做事情。**式穀**：美好。㊸**中垢**：犹言内垢。㊹**败类**：败坏宗族。㊺**听言**：顺耳的话。**对**：答。**诵言**：劝告的话。**醉**：糊涂。㊻**覆**：反。**悖**：谬误，悖逆。㊼**而**：你。㊽**飞虫**：飞鸟。**弋获**：射中而抓获。㊾**阴**：同荫，庇护。**赫**：恐吓。㊿**罔极**：没准则。**职**：主。**凉**：薄，轻微。**善背**：善于背信的人。(51)**利**：利民。**云不克**：说不可能。(52)**回遹**：邪僻。(53)**戾**：安定。**盗**：贼臣。**寇**：外敌。(54)**凉**：语助词。**覆背**：反而在背后。**善**：大。**詈**：骂。

攘窃牺牲图　清·《钦定书经图说》

草窃奸宄图　清·《钦定书经图说》

258

云汉

倬彼云汉，昭回于天。①
王曰於乎，何辜今之人？②
天降丧乱，饥馑荐臻。③
靡神不举，靡爱斯牲。④
圭璧既卒，宁莫我听？⑤
旱既大甚，蕴隆虫虫。⑥
不殄禋祀，自郊徂宫。⑦

吁天降戚图　清·《钦定书经图说》

shàng xià diàn yì mǐ shén bù zōng
上下奠瘗，靡神不宗。⑧
hòu jì bù kè shàng dì bù lín
后稷不克，上帝不临。⑨
hào dù xià tǔ dīng dāng wǒ gōng
耗斁下土，宁丁我躬？⑩
hàn jì tài shèn zé bù kě tuī
旱既大甚，则不可推。⑪
jīng jīng yè yè rú tíng rú léi
兢兢业业，如霆如雷。⑫
zhōu yú lí mín mǐ yǒu jié yí
周余黎民，靡有孑遗。⑬
hào tiān shàng dì zé bù wǒ wèi
昊天上帝，则不我遗。⑭
hú bù xiāng wèi xiān zǔ yú cuī
胡不相畏，先祖于摧！⑮

妇子吁天图　清·《钦定书经图说》

hàn jì tài shèn zé bù kě jǔ
旱既大甚，则不可沮。⑯
hè hè yán yán yún wǒ wú suǒ
赫赫炎炎，云我无所。⑰
dà mìng jìn zhǐ mǐ zhān mǐ gù
大命近止，靡瞻靡顾。⑱
qún gōng xiān zhèng zé bù wǒ zhù
群公先正，则不我助。⑲
fù mǔ xiān zǔ hú nìng rěn yú
父母先祖，胡宁忍予？

hàn jì tài shèn dí dí shān chuān
旱既大甚，涤涤山川。⑳
hàn bá wéi nüè rú tán rú fén
旱魃为虐，如惔如焚。㉑
wǒ xīn dàn shǔ yōu xīn rú xūn
我心惮暑，忧心如熏。
qún gōng xiān zhèng zé bù wǒ wèn
群公先正，则不我闻。㉒
hào tiān shàng dì nìng bǐ wǒ dùn
昊天上帝，宁俾我遯？㉓

若火燎原图　清·《钦定书经图说》

hàn jì tài shèn　miǎn miǎn wèi qù
旱既大甚，黾勉畏去。[24]

hú nìng diān wǒ yǐ hàn　cǎn bù zhī qí gù
胡宁瘨我以旱？憯不知其故。[25]

qí nián kǒng sù　fāng shè bù mù
祈年孔夙，方社不莫。[26]

hào tiān shàng dì　zé bù wǒ yú
昊天上帝，则不我虞。[27]

jìng gōng míng shén　yí wú huǐ nù
敬恭明神，宜无悔怒！

hàn jì tài shèn　sàn wú yǒu jì
旱既大甚，散无友纪。[28]

jū zāi shù zhèng　jiù zāi zhǒng zǎi
鞫哉庶正，疚哉冢宰。[29]

cǒu mǎ shī shì　shàn fū zuǒ yòu
趣马师氏，膳夫左右。[30]

mǐ rén bù zhōu　wú bù néng zhǐ
靡人不周，无不能止。[31]

趣马小尹图　清·《钦定书经图说》

zhān yǎng hào tiān　yún rú hé lǐ
瞻印昊天，云如何里？㉜

zhān yǎng hào tiān　yǒu huì qí xīng
瞻印昊天，有嘒其星。㉝

dà fū jūn zǐ　zhāo gé wú yíng
大夫君子，昭假无赢。㉞

dà mìng jìn zhǐ　wú qì ěr chéng
大命近止，无弃尔成！

hé qiú wèi wǒ　yǐ lì shù zhèng
何求为我？以戾庶正。

zhān yǎng hào tiān　hé huì qí níng
瞻印昊天，曷惠其宁？

注释：①**倬**：大。**云汉**：银汉，天河。**昭**：光。**回**：运转。②**辜**：罪。③**荐臻**：接连而来。④**举**：奉，祭祀。**爱**：吝惜。⑤**卒**：用尽。⑥**蕴**：暑气附人之气。**隆**：雷声不绝之状。**虫虫**：热气熏蒸的样子。⑦**禋祀**：泛指祭祀。**宫**：宗庙。⑧**奠**：祭天，礼神之物置之于地。**瘗**：祭地，礼神之物埋之于土。**宗**：尊崇，敬仰。⑨**后稷**：周的先祖。**克**：通刻，铭记，雕刻。⑩**斁**：败坏。**丁**：当，遭逢。**躬**：自身。⑪**推**：去；除。⑫**兢兢**：恐惧貌。**业业**：危惧貌。⑬**孑遗**：残存下来的人或物。⑭**昊天**：苍天。**遗**：慰问，恩赐。⑮**先祖于摧**：先祖之业将坠也。⑯**沮**：止，阻止。⑰**赫赫**：旱气也。**炎炎**：热气也。⑱**大命**：天命。**止**：至。⑲**群公**：指前代诸侯。**先正**：前代的贤臣。⑳**涤涤**：无草木光秃的样子。㉑**旱魃**：古代传说中造成旱灾的鬼怪。**惔**：焚烧。㉒**惮**：怕。**闻**：恤问。㉓**遯**：逃亡，逃跑。㉔**黾勉**：勉力。**去**：除。㉕**瘨**：病，害。㉖**夙**：早。**方**：四方。**社**：祭祀土地神的节日。**莫**：晚。㉗**虞**：度。㉘**友**：有。**纪**：纲纪。㉙**鞫**：穷困。**庶正**：众官之长。**疚**：贫病，穷困。**冢宰**：众长之长。㉚**趣马**：古官名，掌管王马。**师氏**：周代官名，掌辅导王室，教育贵族子弟以及朝仪得失之事。**膳夫**：古官名，掌宫廷的饮食。㉛**周**：周济。㉜**卬**：通仰。**云**：发语词。**里**：通瘇，忧伤之病。㉝**有嘒**：微小而众多的样子。㉞**昭**：祷。**假**：通格，到临。**无赢**：没私心。

瞻卬昊天，有嘒其星　《五彩绘图监本诗经》

259 崧高

sōng gāo

崧高维岳，骏极于天。①
维岳降神，生甫及申。②
维申及甫，维周之翰。③
四国于蕃，四方于宣。④
亹亹申伯，王缵之事。⑤
于邑于谢，南国是式。⑥
王命召伯，定申伯之宅。
登是南邦，世执其功。⑦

太保相宅图 清·《钦定书经图说》

四方是孚副图 清·《钦定书经图说》

wáng mìng shēn bó，shì shì nán bāng。
王命申伯，式是南邦。
yīn shì xiè rén，yǐ zuò ěr yōng。
因是谢人，以作尔庸。[8]
wáng mìng shào bó，chè shēn bó tǔ tián。
王命召伯，彻申伯土田。
wáng mìng fù yù，qiān qí sī rén。
王命傅御，迁其私人。[9]

shēn bó zhī gōng，shào bó shì yíng。
申伯之功，召伯是营。
yǒu chù qí chéng，qǐn miào jì chéng。
有俶其城，寝庙既成。[10]
jì chéng miǎo miǎo，wáng xī shēn bó，
既成藐藐，王锡申伯，[11]
sì mǔ jiǎo jiǎo，gōu yīng zhuó zhuó。
四牡蹻蹻，钩膺濯濯。[12]

郊社用牲图　清·《钦定书经图说》

奉币供王图　清·《钦定书经图说》

wáng qiǎn shēn bó　lù chē shèng mǎ
王遣申伯，路车乘马。

wǒ tú ěr jū　mò rú nán tǔ
我图尔居，莫如南土。

xī ěr jiè guī　yǐ zuò ěr bǎo
锡尔介圭，以作尔宝。⑬

wǎng jì wáng jiù　nán tǔ shì bǎo
往近王舅，南土是保。⑭

shēn bó xìn mài　wáng jiàn yú méi
申伯信迈，王饯于郿。⑮

shēn bó huán nán　xiè yú chéng guī
申伯还南，谢于诚归。⑯

wáng mìng shào bó　chè shēn bó tǔ jiāng
王命召伯，彻申伯土疆。⑰

yǐ zhì qí zhāng　shì chuán qí xíng
以峙其粻，式遄其行。⑱

洛汭成位图　清·《钦定书经图说》

达观新邑图　清·《钦定书经图说》

shēn bó bō bō　jì rù yú xiè
申伯番番，既入于谢。⑲

tú yù tān tān　zhōu bāng xián xǐ
徒御啴啴，周邦咸喜。⑳

róng yǒu liáng gān　pī xiǎn shēn bó
戎有良翰，不显申伯。㉑

wáng zhī yuán jiù　wén wǔ shì xiàn
王之元舅，文武是宪。㉒

shēn bó zhī dé　róu huì qiě zhí
申伯之德，柔惠且直。

róu cǐ wàn bāng　wén yú sì guó
揉此万邦，闻于四国。㉓

jí fǔ zuò sòng　qí shī kǒng shuò
吉甫作诵，其诗孔硕。㉔

qí fēng sì hǎo　yǐ zèng shēn bó
其风肆好，以赠申伯。㉕

注释：①**崧**：山高貌。**岳**：山之尊者。今有东岳泰山、南岳衡山、西岳华山、北岳恒山、中岳嵩山。**骏**：通峻，高。②**维**：发语词。**甫**：甫侯。**申**：指申伯。③**翰**：藩屏。④**于藩**：为藩篱。**宣**：指墙。⑤**亹亹**：勤勉。⑥**南国**：指周王朝南边的国家。**式**：法，取法，引申为治理。⑦**登**：成。⑧**庸**：作墉，城。⑨**傅御**：申伯家臣之长。⑩**俶**：作；修缮。⑪**藐藐**：美貌。⑫**蹻蹻**：强壮貌。**濯濯**：光明貌。⑬**介**：通玠，大圭。⑭**近**：语助词。读记音。⑮**信**：再宿，住两晚。**迈**：行。⑯**谢于诚归**：诚心要到谢邑去。⑰**彻**：十分之一的税赋。**土疆**：管辖范围。⑱**峙**：具备，储备。**粻**：粮食。**式**：发语词。**遄**：速。⑲**番番**：勇武貌。⑳**徒御**：徒步者，乘车者。**啴啴**：喜乐也。㉑**戎**：你们。**翰**：同榦，桢榦，本筑墙之版，引申为国家之栋梁。㉒**元**：大。**宪**：法，法则。㉓**揉**：同柔，怀柔，使服从。㉔**孔**：很。**硕**：大。㉕**风**：曲调。**肆好**：极好。**赠**：赠别。

丕视功载图　清·《钦定书经图说》

乱为四辅图　清·《钦定书经图说》

260 烝民

天生烝民，有物有则。①
民之秉彝，好是懿德。②
天监有周，昭假于下。③
保兹天子，生仲山甫。④

仲山甫之德，柔嘉维则。
令仪令色，小心翼翼。⑤
古训是式，威仪是力。⑥
天子是若，明命使赋。⑦

宋鲍女宗图　明·仇英

wáng mìng zhòng shān fǔ, shì shì bǎi bì.
王命仲山甫，式是百辟。⑧
zuǎn róng zǔ kǎo, wáng gōng shì bǎo.
缵戎祖考，王躬是保。⑨
chū nà wáng mìng, wáng zhī hóu shé.
出纳王命，王之喉舌。
fù zhèng yú wài, sì fāng yuán fā.
赋政于外，四方爰发。⑩
sù sù wáng mìng, zhòng shān fǔ jiāng zhī.
肃肃王命，仲山甫将之。⑪
bāng guó ruò pǐ, zhòng shān fǔ míng zhī.
邦国若否，仲山甫明之。⑫
jì míng qiě zhé, yǐ bǎo qí shēn.
既明且哲，以保其身。⑬
sù yè fěi xiè, yǐ shì yī rén.
夙夜匪解，以事一人。⑭

姚氏痴姨图　明·仇　英

rén yì yǒu yán róu zé rú zhī
人亦有言，柔则茹之。[15]
gāng zé tǔ zhī wéi zhòng shān fǔ
刚则吐之，维仲山甫。[16]
róu yì bù rú gāng yì bù tǔ
柔亦不茹，刚亦不吐。
bù wǔ guān guǎ bù wèi qiáng yù
不侮矜寡，不畏强御。[17]

rén yì yǒu yán dé yóu rú máo
人亦有言，德輶如毛。[18]
mín xiǎn kè jǔ zhī wǒ yí tú zhī
民鲜克举之，我仪图之。[19]
wéi zhòng shān fǔ jǔ zhī ài mò zhù zhī
维仲山甫举之，爱莫助之。[20]
gǔn zhí yǒu quē wéi zhòng shān fǔ bǔ zhī
衮职有阙，维仲山甫补之。[21]

曹僖氏妻图 明·仇英

zhòng shān fǔ chū zǔ　sì mǔ yè yè
仲山甫出祖，四牡业业。[22]
zhēng fū jié jié　suī huái mǐ jí
征夫捷捷，每怀靡及。[23]
sì mǔ bāng bāng　bā luán qiāng qiāng
四牡彭彭，八鸾锵锵。[24]
wáng mìng zhòng shān fǔ　chéng bǐ dōng fāng
王命仲山甫，城彼东方。

sì mǔ kuí kuí　bā luán jiē jiē
四牡骙骙，八鸾喈喈。[25]
zhòng shān fǔ cú qí　shì chuán qí guī
仲山甫徂齐，式遄其归。[26]
jí fǔ zuò sòng　mù rú qīng fēng
吉甫作诵，穆如清风。[27]
zhòng shān fǔ yǒng huái　yǐ wèi qí xīn
仲山甫永怀，以慰其心。

注释：①**烝**：众。**物**：事物。**则**：法则。②**秉**：执，掌握。**彝**：常理。**懿**：美好。③**昭假**：明致。**昭**：明。**假**：至。④**仲山甫**：周封于樊的诸侯者。⑤**令仪**：美好仪容。**令色**：好的面色。**小心翼翼**：恭谨貌。⑥**古训**：即教训，先王的遗训。**式**：法则。**威仪**：礼节法度。**力**：致力，勉力而行。⑦**若**：同择，古文为择菜，引申为顺从。⑧**式**：法则。**百辟**：指诸侯。⑨**缵**：继。**戎**：大。**祖考**：祖先。⑩**发**：发而应之。⑪**肃肃**：庄严貌。**将**：奉行。⑫**若否**：臧否，即善恶。⑬**哲**：智慧。⑭**匪解**：解通懈，不怠惰。**一人**：指周宣王。⑮**柔**：软弱。**茹**：吃，吞并。⑯**刚**：强。**吐**：引申为畏避。⑰**矜**：同鳏，男老而无妻。**寡**：女老而无夫。⑱**輶**：轻。⑲**仪**：度。**图**：谋。⑳**爱**：惜。㉑**衮**：天子的龙衣，用以指天子。**职**：语助词。**阙**：缺失。㉒**祖**：路祭。**业业**：指高大。㉓**捷捷**：举动敏捷貌。**每怀靡及**：虽然怀其私而相稽留，将无所及于事也。㉔**彭彭**：蹄声。㉕**骙骙**：马强壮貌。**喈喈**：犹锵锵，车铃声。㉖**徂**：往。**齐**：齐国。**式遄其归**：希望他快快回来。式，发语词；遄，迅速。㉗**清风**：清风化养万物，用以称颂有德才的人。

平番得胜图　明·佚名

261 韩奕

奕奕梁山，维禹甸之。①
有倬其道，韩侯受命。②
王亲命之，缵戎祖考。③
无废朕命，夙夜匪解。④
虔共尔位，朕命不易。⑤
榦不庭方，以佐戎辟。⑥
四牡奕奕，孔修且张。⑦
韩侯入觐，以其介圭。⑧

大禹图　清·《钦定书经图说》

九歌劝民图　清·《钦定书经图说》

rù jìn yú wáng　wáng xī hán hóu
入觐于王，王锡韩侯。⑨

shū qí suí zhāng　diàn fú cuò héng
淑旂绥章，簟茀错衡。⑩

xuán gǔn chì xì　gōu yīng lòu yáng
玄衮赤舄，钩膺镂钖。⑪

kuò hóng qiǎn miè　tiáo gé jīn è
鞹鞃浅幭，鞗革金厄。⑫

hán hóu chū zǔ　chū sù yú tú
韩侯出祖，出宿于屠。⑬

xiǎn fǔ jiàn zhī　qīng jiǔ bǎi hú
显父饯之，清酒百壶。⑭

qí yáo wéi hé　páo biē xiān yú
其肴维何？炰鳖鲜鱼。⑮

qí sù wéi hé　wéi sǔn jí pú
其蔌维何？维笋及蒲。⑯

qí zèng wéi hé　shèng mǎ lù chē
其赠维何？乘马路车。

biān dòu yǒu jū　hóu shì yàn xū
笾豆有且，侯氏燕胥。⑰

禹娶涂山图　清·《钦定书经图说》

海物惟错图　清·《钦定书经图说》

hán hóu qǔ qī，fén wáng zhī shēng。
韩侯取妻，汾王之甥。⑱

jué fǔ zhī zǐ，hán hóu yíng zhǐ。
蹶父之子，韩侯迎止。⑲

yú jué zhī lǐ，bǎi liàng bāng bāng。
于蹶之里，百两彭彭。⑳

bā luán qiāng qiāng，bù xiǎn qí guāng。
八鸾锵锵，不显其光。

zhū dì cóng zhī，qí qí rú yún。
诸娣从之，祁祁如云。㉑

hán hóu gù zhī，làn qí yíng mén。
韩侯顾之，烂其盈门。㉒

蒙羽其艺图　清·《钦定书经图说》

jué fǔ kǒng wǔ, mǐ guó bù dào.
蹶父孔武，靡国不到。

wèi hán jí xiàng yōu, mò rú hán lè.
为韩姞相攸，莫如韩乐。[23]

kǒng lè hán tǔ, chuān zé xū xū.
孔乐韩土，川泽讦讦。[24]

fáng xù fǔ fǔ, yōu lù yǔ yǔ.
鲂鱮甫甫，麀鹿噳噳。[25]

yǒu xióng yǒu pí, yǒu māo yǒu hǔ.
有熊有罴，有猫有虎。[26]

qìng jì lìng jū, hán jí yàn yù.
庆既令居，韩姞燕誉。[27]

导洛副图　清·《钦定书经图说》

pǔ bǐ hán chéng　yān shī suǒ wán
溥彼韩城，燕师所完。㉘
yǐ xiān zǔ shòu mìng　yīn shí bǎi mán
以先祖受命，因时百蛮。
wáng xī hán hóu　qí duī qí mò
王锡韩侯，其追其貊。㉙
yǎn shòu běi guó　yīn yǐ qí bó
奄受北国，因以其伯。
shí yōng shí hè　shí mǔ shí jí
实墉实壑，实亩实籍。㉚
xiàn qí pí pí　chì bào huáng pí
献其貔皮，赤豹黄罴。㉛

注释：①**奕奕**：高大貌。**甸**：治理。②**有倬**：广大貌。③**缵**：继。**戎**：大。**祖考**：祖先。④**解**：通懈，怠慢。⑤**虔**：诚敬。**共**：通恭，奉行。**易**：改变。⑥**榦**：正，匡正。**不庭方**：不朝周王的国家。**戎辟**：你君，周王自谓。⑦**修**：长。**张**：大。⑧**觐**：朝见。**以**：拿。⑨**锡**：赐。⑩**淑**：善。**旂**：画有蛟龙的旗。**绥章**：染鸟羽或牦牛尾缀于旗杆首。**簟茀**：遮蔽车厢的竹席。**错衡**：画上花纹或涂上金色的车辕前端的横木。⑪**玄衮**：画有龙纹的黑色礼服。**赤舄**：贵族穿的红鞋。**钩膺**：套在马胸前的带饰。**钖**：马头上饰物。⑫**鞹**：去毛的兽皮。**鞃**：车轼中供人所凭的横木，束以革。**浅**：浅毛的兽皮。**幭**：车轼上的覆盖物。**鞗革**：马笼头。**金厄**：以金环饰辔首。⑬**出祖**：出行时祭路神。**屠**：杜陵，今西安东部。⑭**显父**：有显德的人，周朝的卿士。⑮**炰**：烹煮。**鲜鱼**：一说鲜音 sī，通斯，鲜鱼即析鱼、脍鱼。⑯**蔌**：蔬菜。⑰**且**：多貌。**侯氏**：诸侯。**燕**：宴。**胥**：皆。⑱**汾王**：即厉王。⑲**蹶父**：周朝的卿士。⑳**两**：车有两轮，故称两。**彭彭**：车声。㉑**娣**：古代诸侯嫁女，以同姓诸女陪做妾，叫娣。**祁祁**：众多貌。㉒**烂**：灿烂，有光彩。**盈门**：满门。㉓**韩姞**：蹶父的女儿。**相**：看。**攸**：所，居处。㉔**讦讦**：广大貌。㉕**甫甫**：大貌。**麀鹿**：母鹿。**噳噳**：众多相聚貌。㉖**罴**：兽名，似熊而长颈高脚，猛憨多力。㉗**庆**：善。**令居**：好居处。**燕誉**：安乐。㉘**溥**：大。㉙**追**：西戎。**貊**：北狄。㉚**壑**：深沟。**籍**：指确定赋税。㉛**貔**：白狐。**黄罴**：疑为棕熊。

皇清职贡图　清·金廷标等

262

江汉

江汉浮浮，武夫滔滔。①
匪安匪游，淮夷来求。②
既出我车，既设我旟。
匪安匪舒，淮夷来铺。③

江汉汤汤，武夫洸洸。④
经营四方，告成于王。⑤
四方既平，王国庶定。⑥
时靡有争，王心载宁。⑦

康熙南巡图之渡河　清·佚　名

jiāng hàn zhī hǔ　wáng mìng shào hǔ
江汉之浒，王命召虎。⑧

shì pì sì fāng　chè wǒ jiāng tǔ
式辟四方，彻我疆土。⑨

fěi jiù fěi jí　wáng guó lái jí
匪疚匪棘，王国来极。⑩

yú jiāng yú lǐ　zhì yú nán hǎi
于疆于理，至于南海。⑪

wáng mìng shào hǔ　lái xún lái xuān
王命召虎，来旬来宣。⑫

wén wǔ shòu mìng　shào gōng wéi hàn
文武受命，召公维翰。⑬

wú yuē yú xiǎo zǐ　shào gōng shì sì
无曰予小子，召公是似。⑭

zhào mǐn róng gōng　yòng xī ěr zhǐ
肇敏戎公，用锡尔祉。⑮

伻来献图图　清·《钦定书经图说》

lài ěr guī zàn　jù chàng yī yǒu
釐尔圭瓒，秬鬯一卣。⑯
gào yú wén rén　xī shān tǔ tián
告于文人，锡山土田。⑰
yú zhōu shòu mìng　zì shào zǔ mìng
于周受命，自召祖命。⑱

hǔ bài qǐ shǒu　tiān zǐ wàn nián
虎拜稽首，天子万年！⑲
hǔ bài qǐ shǒu　duì yáng wáng xiū
虎拜稽首，对扬王休。⑳
zuò shào gōng kǎo　tiān zǐ wàn shòu
作召公考，天子万寿。
míng míng tiān zǐ　lìng wén bù yǐ
明明天子，令闻不已。㉑
shī qí wén dé　qià cǐ sì guó
矢其文德，洽此四国。㉒

注释：①**浮浮**：强盛貌。**滔滔**：广大貌。②**来**：是。**求**：同纠，讨伐。③**舒**：安逸。**铺**：阻挡。④**汤汤**：浩浩荡荡。**洸洸**：威武貌。⑤**经营**：谋划创业。**成**：平定。⑥**庶定**：安定。⑦**时**：是。**靡有**：没有。**争**：战争。**载**：则。⑧**浒**：水涯。⑨**彻**：治，开发。⑩**疚**：病。**棘**：急。**来**：语助词。**极**：准则。⑪**于疆**：扩大疆域。**于理**：整治田地。⑫**来**：语助词。**旬**：同巡，巡视。**宣**：宣示。⑬**受命**：受封疆土。**维**：是。**翰**：羽翼。⑭**无曰**：不要说。**似**：同嗣，继承。⑮**肇敏**：尽心竭力。**戎**：汝，你的。**公**：功业。**锡**：赐。**祉**：福。⑯**釐**：通赉，赐予。**秬鬯**：黑黍酒。**卣**：古代酒器，青铜制。⑰**文人**：有文德的先祖。⑱**自召祖命**：用其祖召康公受封之礼。⑲**稽首**：古时跪拜礼。⑳**对**：遂，于是。**扬**：颂扬。**王休**：王的美德。㉑**明明**：光明，伟大。**令闻**：好声誉。**不已**：不断。㉒**矢**：作施，施行。**洽**：和洽，协和。

秬鬯二卣图
清·《钦定书经图说》

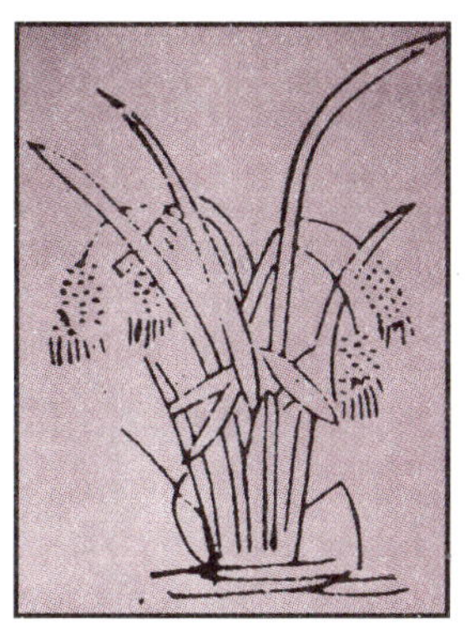
秬　图
明·《诗传大全》

鬯　图
明·《诗传大全》

263

常武

赫赫明明，王命卿士。①
南仲大祖，大师皇父。②
整我六师，以修我戎。③
既敬既戒，惠此南国。④

王谓尹氏，命程伯休父。⑤
左右陈行，戒我师旅。⑥
率彼淮浦，省此徐土。⑦
不留不处，三事就绪。⑧

大驾卤簿图之四 元·佚名

hè hè yè yè yǒu yán tiān zǐ
赫赫业业，有严天子。⑨
wáng shū bǎo zuò fěi shào fěi yóu
王舒保作，匪绍匪游。⑩
xú fāng yì sāo zhèn jīng xú fāng
徐方绎骚，震惊徐方。⑪
rú léi rú tíng xú fāng zhèn jīng
如雷如霆，徐方震惊。

wáng fèn jué wǔ rú zhèn rú nù
王奋厥武，如震如怒。⑫
jìn jué hǔ chén hǎn rú xiāo hǔ
进厥虎臣，阚如虓虎。⑬
pū tún huái fén réng zhí chǒu lǔ
铺敦淮濆，仍执丑虏。⑭
jié bǐ huái pǔ wáng shī zhī suǒ
截彼淮浦，王师之所。⑮

大驾卤簿图之四　元·佚　名

wáng lǚ tān tān　rú fēi rú hàn
王旅啴啴，如飞如翰。⑯

rú jiāng rú hàn　rú shān zhī bāo
如江如汉，如山之苞。⑰

rú chuān zhī liú　mián mián yì yì
如川之流，绵绵翼翼。⑱

bù cè bù kè　zhuó zhēng xú guó
不测不克，濯征徐国。⑲

wáng yóu yǔn sāi　xú fāng jì lài
王犹允塞，徐方既来。⑳

xú fāng jì tóng　tiān zǐ zhī gōng
徐方既同，天子之功。㉑

sì fāng jì píng　xú fāng lái tíng
四方既平，徐方来庭。㉒

xú fāng bù huí　wáng yuē xuán guī
徐方不回，王曰还归。㉓

注释：①**赫赫：**显赫，威严的样子。**明明：**明察的样子。②**南仲：**周宣王的卿士。**大祖：**周人称后稷为太祖，大，通太。**大师：**掌管军事的官。**皇父：**人名，周宣王大臣。③**六师：**古时天子的六军。**修：**整治。**戎：**兵器。④**敬：**通儆，警惕。**戒：**警戒。⑤**尹氏：**指尹吉甫。**程伯休父：**程伯，字休父，任大司马。⑥**陈行：**列队。⑦**浦：**水滨。**省：**巡视，征讨的美称。**徐：**国名，在今安徽泗县北。⑧**不留不处：**不停留，不居住。留，留守；处，驻扎。**三事：**指立三卿。⑨**业业：**动貌，指行军前进。**有严：**威严的。⑩**王舒保作：**王师缓慢安全行进。**绍：**缓。⑪**徐方：**徐国。**绎骚：**扰动，震动。⑫**奋：**发扬。**厥：**其。**武：**威武。⑬**进：**前进。**虎臣：**如虎般勇猛的臣属将帅。**阚如：**如虎怒貌。**虓：**虎啸。⑭**铺：**陈列。**敦：**屯驻。**濆：**大堤。**仍：**就。**丑虏：**对战俘的蔑称。⑮**截：**切断。⑯**啴啴：**人多的样子。**翰：**鸟的翅膀。⑰**苞：**根本，比喻不可动也。⑱**川：**河流。**绵绵：**连续不断。**翼翼：**盛大貌。⑲**不测：**不可测度。**不克：**不可识知。**濯：**大。⑳**犹：**谋。**允：**信诚。**塞：**诚实。**来：**通勑，顺服。㉑**同：**会同。㉒**来庭：**来朝见。㉓**不回：**不违背，不背信。

礼赉遗归图　清·《钦定书经图说》

王命文侯图　清·《钦定书经图说》

264

瞻卬

瞻卬昊天，则不我惠。①
孔填不宁，降此大厉。②
邦靡有定，士民其瘵。③
蟊贼蟊疾，靡有夷届。④
罪罟不收，靡有夷瘳！⑤

人有土田，女反有之。⑥
人有民人，女复夺之。⑦
此宜无罪，女反收之。⑧

要囚用劝图　清·《钦定书经图说》

淫囚天命图　清·《钦定书经图说》

bǐ yí yǒu zuì，rǔ fù tuō zhī

彼宜有罪，女复说之。[9]

zhé fū chéng chéng，zhé fù qīng chéng

哲夫成城，哲妇倾城。[10]

yī jué zhé fù，wéi xiāo wéi chī

懿厥哲妇，为枭为鸱。[11]

fù yǒu cháng shé，wéi lì zhī jiē

妇有长舌，维厉之阶！[12]

luàn fěi jiàng zì tiān，shēng zì fù rén

乱匪降自天，生自妇人。

fěi jiào fěi huì，shí wéi fù shì

匪教匪诲，时维妇寺。[13]

jū rén zhì tè，jiàn shǐ jìng bèi

鞫人忮忒，谮始竟背。[14]

qǐ yuē bù jí，yī hú wéi tè

岂曰不极，伊胡为慝？[15]

rú gǔ sān bèi，jūn zǐ shì shí

如贾三倍，君子是识。[16]

fù wú gōng shì，xiū qí cán zhī

妇无公事，休其蚕织。

殷民在群图　清·《钦定书经图说》

因物有迁图　清·《钦定书经图说》

tiān hé yǐ cì　hé shén bù fù
天何以刺？何神不富？[17]
shě ěr jiè dí　wéi yú xū jì
舍尔介狄，维予胥忌。[18]
bù diào bù xiáng　wēi yí bù lèi
不吊不祥，威仪不类。[19]
rén zhī yún wáng　bāng guó tiǎn cuì
人之云亡，邦国殄瘁！[20]

tiān zhī jiàng wǎng　wéi qí yōu yǐ
天之降罔，维其优矣。[21]
rén zhī yún wáng　xīn zhī yōu yǐ
人之云亡，心之忧矣。
tiān zhī jiàng wǎng　wéi qí jǐ yǐ
天之降罔，维其几矣。[22]
rén zhī yún wáng　xīn zhī bēi yǐ
人之云亡，心之悲矣！

释冕反服图　清·《钦定书经图说》

商俗靡靡图　清·《钦定书经图说》

bì fèi jiàn quán wéi qí shēn yǐ
觱沸槛泉，维其深矣。㉓
xīn zhī yōu yǐ nìng zì jīn yǐ
心之忧矣，宁自今矣？㉔
bù zì wǒ xiān bù zì wǒ hòu
不自我先，不自我后。
miǎo miǎo hào tiān wú bù kè gǒng
藐藐昊天，无不克巩。㉕
wú tiǎn huáng zǔ shì jiù ěr hòu
无忝皇祖，式救尔后。㉖

注释：①**瞻卬**：同瞻仰。**昊天**：苍天。**则**：怎。**不我惠**：不惠我。惠，爱。②**孔填**：很久。**厉**：恶。③**瘵**：病，疾苦。④**蟊贼**：吃苗根的害虫。**蟊疾**：大病，指虫害的后果。**夷**：语助词。**届**：终。⑤**罪罟**：法网。罟，网。**收**：逮捕。**瘳**：病愈。⑥**女**：同汝。**反**：反而。**有**：占有。⑦**复**：反而。**夺**：掠夺。⑧**宜**：本该。**收**：收敛。⑨**说**：通脱，解脱，免除。⑩**哲**：有智慧的。**成城**：立国。**倾城**：亡国。⑪**懿**：通噫，叹词。**枭**：相传长大后食母的恶鸟。**鸱**：猫头鹰。⑫**长舌**：谗言饶舌。⑬**寺**：“侍”的古字，近侍，常指阉人。⑭**鞫**：审问。**忮**：害。**忒**：变。**谮**：不诚信。**竟**：终。**背**：违背。⑮**极**：穷尽之义。**伊**：发语词。**慝**：邪恶。⑯**贾**：商人。**三倍**：求利三倍。**识**：看穿。⑰**刺**：责。**富**：福。⑱**介狄**：披甲的戎狄。**胥**：相。**忌**：恨。⑲**吊**：至。**祥**：善事。**类**：善。⑳**云**：语助词。**亡**：伤亡。**殄瘁**：困危。㉑**罔**：同网。**优**：多。㉒**几**：危急。㉓**觱沸**：泉水喷涌的样子。**槛泉**：喷涌而出的泉水。槛通滥。㉔**宁**：难道。㉕**藐藐**：高远的样子。**克**：能够。**巩**：控制。㉖**忝**：辱没。**皇祖**：伟大的祖先。**式**：发语词。

晋范氏母图　明·仇英

265

召旻

旻天疾威，天笃降丧。①
瘨我饥馑，民卒流亡，
我居圉卒荒。②

天降罪罟，蟊贼内讧。③
昏椓靡共，溃溃回遹，
实靖夷我邦！④

不有康食图　清·《钦定书经图说》

民相敌雠图　清·《钦定书经图说》

gāo gāo zǐ zǐ zēng bù zhī qí diàn
皋皋訿訿，曾不知其玷。[5]
jīng jīng yè yè kǒng chén bù níng wǒ wèi kǒng biǎn
兢兢业业，孔填不宁，我位孔贬！[6]

rú bǐ suì hàn cǎo bù huì mào
如彼岁旱，草不溃茂。[7]
rú bǐ qī chá wǒ xiàng cǐ bāng wú bù kuì zhǐ
如彼栖苴，我相此邦，无不溃止！[8]

wéi xī zhī fù bù rú shí
维昔之富不如时！[9]
wéi jīn zhī jiù bù rú zī
维今之疚不如兹！[10]

bǐ shū sī bài hú bù zì tì zhí kuàng sī yǐn
彼疏斯粺，胡不自替，职兄斯引？[11]
chí zhī jié yǐ bù yún zì bīn
池之竭矣，不云自频。[12]
quán zhī jié yǐ bù yún zì zhōng
泉之竭矣，不云自中。[13]
pǔ sī hài yǐ zhí kuàng sī hóng bù zāi wǒ gōng
溥斯害矣，职兄斯弘，不灾我躬！[14]

周公告奭图　清·《钦定书经图说》

有无化居图　清·《钦定书经图说》

xī xiān wáng shòu mìng yǒu rú shào gōng
昔先王受命，有如召公。

rì pì guó bǎi lǐ jīn yě rì cù guó bǎi lǐ
日辟国百里，今也日蹙国百里。⑮

wū hū āi zāi wéi jīn zhī rén bù shàng yǒu jiù
於乎哀哉！维今之人，不尚有旧。⑯

注释：①**旻天**：秋天，指上苍。**疾威**：暴虐。**笃**：厚重。**丧**：祸乱。②**瘨**：病。**饥**：缺粮为饥。**馑**：缺菜为馑。**卒**：皆，都。**居圉**：中州与边地。**居**：指中原、民众聚居地区。**圉**：指边疆地区。③**罟**：网。**罪罟**：法网。**蟊贼**：吃禾稼的害虫。**讧**：溃，指争讼相陷之言。④**昏椓**：同昏诼，谗毁。**靡**：没有人。**共**：通供，供职。**溃溃**：乱。**回遹**：邪僻。**靖**：图谋。**夷**：平定。⑤**皋皋**：愚顽貌。一说欺诳。**訿訿**：毁谤，訿同訾。⑥**兢兢**：小心谨慎的样子。**业业**：畏惧的样子。**孔填**：很久。**孔贬**：一降再降。⑦**溃茂**：同义复词，茂盛。溃同彙。⑧**栖**：倒伏。**苴**：枯草。**溃**：乱。⑨**时**：现在。⑩**疚**：弊病。**兹**：此地。⑪**疏**：糙米。**粺**：细米。**替**：废，告退。**职**：此。**兄**：同况，滋益。**引**：延续。⑫**竭**：干枯。**不云**：岂不是说。**自**：由于。**频**：同濒，岸边。⑬**中**：泉眼内。⑭**溥**：广，遍。**斯害**：这种灾害。**弘**：大。**灾**：灾害。**躬**：自身。⑮**蹙**：缩小，丧失。⑯**於乎**：同呜呼，叹词。**哀哉**：悲哀啊。**不尚**：不崇尚。**有旧**：以前的规范。

君奭图　清·《钦定书经图说》

瞎子说唱图　清·金廷标

此图中，老翁、幼童、少年等正在农村田头静听一盲人在大树下说唱，隔溪老妪农妇也抱婴携童指手欲趋。唱者喜笑颜开，听者神情各异，富有农村生活情趣。

颂

周 颂

昭告上天图　清·《钦定书经图说》

266

清庙

qīng miào

wū mù qīng miào　sù yōng xiǎn xiàng
於穆清庙，肃雍显相！①

jǐ jǐ duō shì　bǐng wén zhī dé
济济多士，秉文之德。②

duì yáng zài tiān　jùn bēn zǒu zài miào
对越在天，骏奔走在庙。③

pī xiǎn pī chéng　wú yì yú rén sī
不显不承，无射于人斯。④

注释：①**於**：叹词。**穆**：严肃美好。**清庙**：祭文王的庙。**肃**：敬。**雍**：和。**显**：显赫。**相**：辅助。②**济济**：众多而整齐貌。**秉**：执持。**文**：文王。③**对越**：颂扬。**对**：配。**骏**：迅速，古人在庙奔走以疾为敬。④**不**：同丕，语助词。**显**：光明。**承**：尊奉。**射**：同斁，厌。

清庙图　宋·马和之

267 维天之命

wéi tiān zhī mìng

wéi tiān zhī mìng　wū mù bù yǐ
维天之命，於穆不已！①
wū hū pī xiǎn　wén wáng zhī dé zhī chún
於乎不显，文王之德之纯。②
xià yǐ yì wǒ　wǒ qí shōu zhī
假以溢我，我其收之。③
xùn huì wǒ wén wáng　zēng sūn dǔ zhī
骏惠我文王，曾孙笃之。④

注释：①命：道。於：叹词。穆：庄严。不已：无极，无穷尽。②於乎：叹词。不：同丕。纯：不杂。③假：嘉。溢：盈。收：敛聚之义。④骏惠：同义复词，驯顺。骏，通驯；惠，顺。曾孙：自孙之子以下，事先祖皆称曾孙。笃之：切实施行。

维天之命图　宋·马和之

268

wéi qīng
维　清

wéi qīng jī xī　wén wáng zhī diǎn

维清缉熙，文王之典。①

zhào yīn　qì yòng yǒu chéng　wéi zhōu zhī zhēn

肇禋。迄用有成，维周之祯。②

注释：①清：清明。缉熙：光明。②肇禋：开始祭祀，指文王征伐前的祭天。肇，始；禋，祀。迄：至。用：以。有成：有天下。祯：吉祥。

维清图　宋·马和之

269 烈文

lièwén
烈文

liè wén bì gōng，xī zī zhǐ fú。
烈文辟公，锡兹祉福。①
huì wǒ wú jiāng，zǐ sūn bǎo zhī。
惠我无疆，子孙保之。
wú fēng mí yú ěr bāng，wéi wáng qí chóng zhī。
无封靡于尔邦，维王其崇之。②
niàn zī róng gōng，jì xù qí huáng zhī。
念兹戎功，继序其皇之。③
wú jìng wéi rén，sì fāng qí xùn zhī。
无竞维人，四方其训之。④
pī xiǎn wéi dé，bǎi bì qí xíng zhī。
不显维德，百辟其刑之。⑤
wū hū qián wáng bù wàng！
於乎前王不忘！

注释：①**烈**：功绩伟大。**文**：文德。**辟公**：诸侯。**锡**：赐。**祉**：福。②**封**：大。**靡**：罪。**维**：乃。**王**：文王。**其**：语助词。**崇**：尊敬。③**继序**：继承。**皇**：光大。④**无竞维人**：没有比得到贤人更强的事了。竞，强于；人，指贤人。**训**：通顺，顺从也。⑤**不显**：丕显。**刑**：效法。

烈文图　宋·马和之

270

tiān zuò
天作

tiān zuò gāo shān, tài wáng huāng zhī.

天作高山，大王荒之。①

bǐ zuò yǐ, wén wáng kāng zhī.

彼作矣，文王康之。②

bǐ cú yǐ, qí yǒu yí zhī háng.

彼徂矣，岐有夷之行。③

zǐ sūn bǎo zhī.

子孙保之。

注释：①天作：天生万物。**高山**：指岐山。**大王**：太王，文王的祖父。**荒**：大，长大。②**彼**：指上天。**作**：天生万物。**康**：安定。③**徂**：往，指豳人随太王迁到岐山。**夷**：平。**行**：道路。

天作图　宋·马和之

271 昊天有成命

hào tiān yǒu chéng mìng

hào tiān yǒu chéng mìng èr hòu shòu zhī
昊天有成命，二后受之。①
chéng wáng bù gǎn kāng sù yè jī mìng yòu mì
成王不敢康，夙夜基命宥密。②
wū jī xī dǎn jué xīn sì qí jìng zhī
於缉熙，单厥心，肆其靖之。③

注释：①成命：明命。二后：指文王，武王。②夙夜：早晚。基：谋。命：信。宥：宽。密：安宁。③於：叹词。缉熙：光明。单：通亶，厚。厥：其。肆：固。靖：和，太平。

昊天有成命图　宋·马和之

272

我将

wǒ jiāng

wǒ jiāng wǒ xiǎng, wéi yáng wéi niú.
我将我享，维羊维牛。[①]

wéi tiān qí yòu zhī, yí shì xíng wén wáng zhī diǎn,
维天其右之，仪式刑文王之典，

rì jìng sì fāng.
日靖四方。[②]

yī gǔ wén wáng, jì yòu xiǎng zhī.
伊嘏文王，既右飨之。[③]

wǒ qí sù yè, wèi tiān zhī wēi, yú shí bǎo zhī.
我其夙夜，畏天之威，于时保之。[④]

注释：①**将**：奉。**享**：祭献。②**右**：佑助。**仪、式、刑**：指典章制度、法度等。**靖**：谋。③**伊**：发语词。**嘏**：大，伟大。**飨**：神来受享。④**其**：语助词。**于时**：于是。

我将图　宋·马和之

273 时迈

shí mài

shí mài qí bāng，hào tiān qí zǐ zhī。

时迈其邦，昊天其子之。①

shí yòu xù yǒu zhōu。

实右序有周。②

bó yán zhèn zhī，mò bù zhèn dié。

薄言震之，莫不震叠。③

huái róu bǎi shén，jí hé qiáo yuè。

怀柔百神，及河乔岳。④

yǔn wáng wéi hòu。

允王维后。⑤

míng zhāo yǒu zhōu，shì xù zài wèi。

明昭有周，式序在位。⑥

zài jí gān gē，zài gāo gōng shǐ。

载戢干戈，载櫜弓矢。⑦

wǒ qiú yì dé，sì yú shí xià，yǔn wáng bǎo zhī。

我求懿德，肆于时夏，允王保之。⑧

注释：①**时**：语助词。**迈**：行，指巡视。**邦**：指诸侯的国家。②**实**：语助词。**右序**：同义复词，保佑。右，同佑。③**薄言**：发语词。**震**：以武力震慑。**震叠**：震动，恐惧。④**怀**：来。**柔**：安。**乔岳**：高山。⑤**允**：确实。**后**：君主。⑥**明昭**：光明显著。**式**：发语词。**序在位**：按顺序担任职位。⑦**载**：则。**戢**：收藏。**櫜**：藏弓箭的袋，这里用作动词，指收入袋中。⑧**懿**：美善。**肆**：陈。**时夏**：是夏，指中国。

时迈图 宋·马和之

274

执竞

zhí jìng

zhí jìng wǔ wáng wú jìng wéi liè
执竞武王，无竞维烈。①

pī xiǎn chéng kāng shàng dì shì huáng
不显成康，上帝是皇。②

zì bǐ chéng kāng yǎn yǒu sì fāng jīn jīn qí míng
自彼成康，奄有四方，斤斤其明。③

zhōng gǔ huáng huáng qìng guǎn qiāng qiāng jiàng fú ráng ráng
钟鼓喤喤，磬筦将将，降福穰穰，④

jiàng fú jiǎn jiǎn wēi yí fǎn fǎn
降福简简，威仪反反。⑤

jì zuì jì bǎo fú lù lái fǎn
既醉既饱，福禄来反。⑥

注释：①**执：**持。**竞：**自强。**无竞：**无可比。**烈：**功绩伟大。②**不显：**丕显。不，通丕。**成康：**周成王，周康王。**皇：**美。③**奄：**覆盖，统辖。**斤斤：**非常明显的样子。④**喤喤：**大而和谐的钟鼓声。**磬：**玉制打击乐器，击磬表乐止。**筦：**管乐器。**将将：**象声词，指磬、筦发出的会集声。**穰穰：**众多貌。⑤**简简：**盛大貌。**威仪：**指祭祀的礼节仪式。**反反：**慎重貌。⑥**反：**反复。

执竞图　宋·马和之

275

思文

思文后稷，克配彼天。①
立我烝民，莫匪尔极。②
贻我来牟，帝命率育。③
无此疆尔界，陈常于时夏。④

注释：①**思**：语助词。**文**：文德。**后稷**：周始祖。**克配彼天**：能配享于天，与上天同祭祀。②**立**：假借为粒，谷粒。此处用作动词，含养育之意。**烝民**：众民。烝同蒸，众也。**极**：中。③**贻**：留给。**来**：小麦。**牟**：大麦。**率**：用。**育**：养活。④**陈**：布施。**常**：指农政。**于**：在。**时夏**：是夏，这里指中国。

思文图　宋·马和之

276

臣工

chén gōng

jiē jiē chén gōng, jìng ěr zài gōng.
嗟嗟臣工，敬尔在公。①
wáng lí ěr chéng, lái zī lái rú.
王釐尔成，来咨来茹。②
jiē jiē bǎo jiè, wéi mù zhī chūn. yì yòu hé qiú?
嗟嗟保介，维莫之春。亦又何求？③
rú hé xīn yú? wū huáng lái móu. jiāng shòu jué míng.
如何新畬？於皇来牟。将受厥明。④
míng zhāo shàng dì, qì yòng kāng nián.
明昭上帝，迄用康年。⑤
mìng wǒ zhòng rén: zhì nǎi jiǎn bó, yǎn guān zhì yì.
命我众人：庤乃钱镈，奄观铚艾。⑥

注释：①**嗟嗟：**叹声，哎呀。**臣工：**群臣百官。②**王：**指周王。**釐：**理。**成：**谷熟为成，此指业绩。**咨：**谋。**茹：**度量。③**保介：**保护田界之人，农官。**莫之春：**暮春。**又：**有。④**新畬：**新田熟田，耕未三年叫新，过三年叫畬。**於皇：**叹美。**来：**小麦。**牟：**大麦。**厥明：**其成。⑤**迄：**至今。**康年：**丰收之年。⑥**庤：**储备。**钱：**农具名，类似铁锹。**镈：**锄田去草的农具。**奄：**久。**铚：**农具名，一种短小的镰刀。**艾：**割。

紫光阁赐宴图　清·佚名

277 噫嘻

yī xī chéng wáng jì zhāo gé ěr
噫嘻成王，既昭假尔。①

shuài shí nóng fū bō jué bǎi gǔ
率时农夫，播厥百谷。②

jùn fā ěr sī zhōng sān shí lǐ
骏发尔私，终三十里。③

yì fú ěr gēng shí qiān wéi ǒu
亦服尔耕，十千维耦。④

注释：①**噫嘻：**赞美叹词。**既：**已经。**昭：**明白。**假：**至。②**率：**带领。**时：**同时，这些。**百谷：**各种粮食。③**骏：**疾，快。**发：**伐。**私：**私田，对公田而言。**终：**极。④**亦：**语助词。**服：**从事。**十千：**一万。**耦：**两人合执一耜并肩而耕。

率时农夫，播厥百谷 《五彩绘图监本诗经》

278

振鹭

振鹭于飞，于彼西雝。①
我客戾止，亦有斯容。②
在彼无恶，在此无斁。③
庶几夙夜，以永终誉。④

注释：①振：群飞貌。雝：水泽。②戾：到。斯容：指像白鹭一样高洁。③无斁：无人厌弃。④庶几：差不多。永：永远。终誉：众人称誉，终作众。

李贞孝女图　清·《钦定书经图说》

279 丰年

fēng nián duō shǔ duō tú, yì yǒu gāo lǐn,
丰年多黍多稌，亦有高廪，①

wàn yì jí zǐ.
万亿及秭。②

wéi jiǔ wéi lǐ, zhēng bì zǔ bǐ,
为酒为醴，烝畀祖妣，③

yǐ qià bǎi lǐ, jiàng fú kǒng jiē.
以洽百礼，降福孔皆。④

注释：①**黍：**小米。**稌：**稻。**廪：**藏米仓库。②**亿：**十万曰亿。**秭：**万亿曰秭，此极言其多。③**醴：**甜酒。**烝：**进。**畀：**给予。**祖：**男祖先。**妣：**女祖先。④**洽：**配合。**孔：**很。**皆：**普遍。

同庆丰年图　杨柳青木版年画

280 有瞽

yǒu gǔ

yǒu gǔ yǒu gǔ, zài zhōu zhī tíng.
有瞽有瞽，在周之庭。①
shè yè shè jù, chóng yá shù yǔ.
设业设虡，崇牙树羽。②
yìng tián xuán gǔ, táo qìng zhù yǔ.
应田县鼓，鞉磬柷圉。③
jì bèi nǎi zòu, xiāo guǎn bèi jǔ.
既备乃奏，箫管备举。④
huáng huáng jué shēng, sù yōng hé míng.
喤喤厥声，肃雍和鸣。
xiān zǔ shì tīng.
先祖是听。⑤
wǒ kè lì zhǐ, yǒng guān jué chéng.
我客戾止，永观厥成。⑥

注释：①**瞽**：盲人，古代乐师都是盲人，故又指盲人乐师。②**设**：摆。**业**：大板。**虡**：挂钟鼓的架子。**崇牙**：设在业上，形状象牙齿。**树羽**：在崇牙上插的五彩鸟羽。③**应**：小鼓。**田**：大鼓。**县鼓**：即悬鼓。**鞉**：摇鼓，手鼓。**柷**：乐器名，形如漆桶，中有椎柄，连底撞之，令左右击，为开始演奏的信号。**圉**：乐器名，状如伏虎，敲击以止乐。④**箫**：排箫。**管**：竹制乐器，六孔。**备举**：齐吹。⑤**喤喤**：乐声洪亮和谐。**肃雍**：乐声徐缓和谐。⑥**戾**：到。**止**：语助词。**永观**：一直等到。**成**：一曲终为一成。

鼓　图　明·《诗传大全》

瞽人说书图　清·华　喦

281

qián

潜

yī yú qī jū　qián yǒu duō yú

猗与漆沮，潜有多鱼。①

yǒu zhān yǒu wěi　tiáo cháng yǎn lǐ

有鳣有鲔，鲦鲿鰋鲤。②

yǐ xiǎng yǐ sì　yǐ jiè jǐng fú

以享以祀，以介景福。③

注释：①**猗与**：叹词，犹猗兮。**漆沮**：二水名。**潜**：通罧（shèn）、槮（sǎn），水中堆柴，供鱼止息，便于集中捕捉。②**鳣**：鳇鱼。一说为大鲤鱼。**鲔**：鲟鱼。**鲦**：白鲦鱼。**鲿**：黄颊鱼。**鰋**：鲇鱼。③**介**：求。**景**：大。

扬州四景图　清·袁　耀

282

雝（yōng）

有（yǒu）来（lái）雝（yōng）雝（yōng），至（zhì）止（zhǐ）肃（sù）肃（sù）。①
相（xiàng）维（wéi）辟（bì）公（gōng），天（tiān）子（zǐ）穆（mù）穆（mù）。②
於（wū）荐（jiàn）广（guǎng）牡（mǔ），相（xiàng）予（yú）肆（sì）祀（sì）。③
假（xià）哉（zāi）皇（huáng）考（kǎo），绥（suí）予（yú）孝（xiào）子（zǐ）。④
宣（xuān）哲（zhé）维（wéi）人（rén），文（wén）武（wǔ）维（wéi）后（hòu）。⑤
燕（yàn）及（jí）皇（huáng）天（tiān），克（kè）昌（chāng）厥（jué）后（hòu）。⑥
绥（suí）我（wǒ）眉（méi）寿（shòu），介（jiè）以（yǐ）繁（fán）祉（zhǐ）。⑦
既（jì）右（yòu）烈（liè）考（kǎo），亦（yì）右（yòu）文（wén）母（mǔ）。⑧

注释：①**雝雝**：和睦的样子。**肃肃**：肃敬的样子。②**相**：指助祭。**维**：是。**辟公**：诸侯。**天子**：指周王。**穆穆**：端庄肃穆貌。③**於**：叹词。**荐**：进献。**广牡**：大牲。**肆祀**：陈设祭祀。④**假哉**：美哉。**绥**：安定。⑤**宣哲**：明哲。⑥**燕**：安。⑦**绥**：赐。**眉寿**：长寿。**介**：给。**繁**：多。**祉**：福。⑧**右**：同佑，保佑。**烈考**：有功业的先父。**文母**：有文德的先母。

孝经图之天子章　明·仇英

283 载见

载见辟王，曰求厥章。①
龙旂阳阳，和铃央央。②
鞗革有鸧，休有烈光。③
率见昭考，以孝以享，
以介眉寿，永言保之，思皇多祜。④
烈文辟公，绥以多福，⑤
俾缉熙于纯嘏。⑥

注释：①载：开始。见：拜见。辟王：君王，指成王。②阳阳：色彩鲜明。和：挂在车轼上的铃。铃：挂在车衡上的铃。央央：铃声。③鞗革：马辔头。鸧：金饰貌。休：美。烈光：大光，即明亮。④率：带领。昭考：指武王。思：语助词。祜：福。⑤烈：功业伟大。文：有文德的。辟公：指诸侯。⑥俾：使。缉熙：光明。纯嘏：大福。

孝经图之孝治章　明·仇　英

284

有客

有客有客，亦白其马。①
有萋有且，敦琢其旅。②
有客宿宿，有客信信。③
言授之絷，以絷其马。④
薄言追之，左右绥之。⑤
既有淫威，降福孔夷。⑥

注释：①有：语助词。亦：语助词。②萋：犹萋萋，形容众多。且：犹且且，形容众多的样子。敦琢：妆饰打扮。旅：众。③宿宿：住两夜，住一夜曰宿。信信：住四夜，再宿曰信，古信、申同字。④言：语助词。絷：第一个"絷"用作名词，指拴马索；第二个"絷"用作动词，意思是绊住。⑤薄言：发语词。追之：追客使还，极尽殷勤。绥：安乐。⑥淫威：大德。淫即大。孔夷：很平安。

裴航兰桥遇仙图　清·范雪仪

285 武（wǔ）

wū huáng wǔ wáng　wú jìng wéi liè

於皇武王，无竞维烈。①

yǔn wén wén wáng　kè kāi jué hòu

允文文王，克开厥后。②

sì wǔ shòu zhī　shèng yīn è liú　zhǐ dìng ěr gōng

嗣武受之，胜殷遏刘，耆定尔功。③

注释： ①**於**：叹美词。**皇**：美。**无竞**：无可比。**烈**：功业。②**允**：确实。**文**：有文德的。**克开厥后**：能够开创后来的基业。③**嗣**：继承。**武**：指武王。**受**：接受，继承。**遏**：禁绝。**刘**：残杀。**耆**：致，达到。

武王刘敌图　清·《钦定书经图说》

286

闵予小子

闵予小子，遭家不造。①
嬛嬛在疚。②
於乎皇考，永世克孝。③
念兹皇祖，陟降庭止。④
维予小子，夙夜敬止。⑤
於乎皇王，继序思不忘。⑥

注释：①闵：悼伤之言。小子：成王在丧的自称，也是谦称。不造：不幸。②嬛嬛：通茕茕，孤独貌。疚：伤心致病。③皇考：指武王。永世：终生。克孝：能尽孝心。④陟降：上下。庭：直道。止：语助词。⑤敬止：戒慎。⑥序：绪，王业。思：语助词。

闵予小子图　宋·马和之

287 访落

fǎng luò

fǎng yú luò zhǐ，shuài shí zhāo kǎo。

访予落止，率时昭考。①

wū hū yōu zāi，zhèn wèi yǒu ài。

於乎悠哉，朕未有艾。②

jiāng yú jiù zhī，jì yóu pàn huàn。

将予就之，继犹判涣。③

wéi yú xiǎo zǐ，wèi kān jiā duō nàn。

维予小子，未堪家多难。

shào tíng shàng xià，zhì jiàng jué jiā。

绍庭上下，陟降厥家。④

xiū yǐ huáng kǎo，yǐ bǎo míng qí shēn。

休矣皇考，以保明其身。⑤

注释：①**访**：咨询，指向群臣谋政。**落**：开始。**止**：语助词。**率**：遵循。**昭考**：显赫的先父，指武王。②**未有艾**：指成王年幼无知。艾，阅历。③**将**：扶助。**就**：承袭。**之**：指法典。**犹**：图谋。**判涣**：大事。④**未堪**：不能承受。**绍**：继续。**庭**：直道。**上下**：群臣之职以次序者。⑤**休矣**：美啊。**以**：语助词。**保**：助。**明**：勉，尽力。

访落图　宋·马和之

288

jìng zhī
敬之

jìng zhī jìng zhī, tiān wéi xiǎn sī.
敬之敬之，天维显思。①

mìng bù yì zāi, wú yuē gāo gāo zài shàng.
命不易哉，无曰高高在上。②

zhì jiàng jué shì, rì jiān zài zī.
陟降厥士，日监在兹。③

wéi yú xiǎo zǐ, bù cōng jìng zhǐ.
维予小子，不聪敬止。④

rì jiù yuè jiāng, xué yǒu jī xī yú guāng míng.
日就月将，学有缉熙于光明。⑤

bì shí zī jiān, shì wǒ xiǎn dé xìng.
佛时仔肩，示我显德行。⑥

注释：①**敬**：戒慎。**显**：明显。**思**：语助词。②**不易**：不改。③**陟降**：升降。**士**：指群臣。**日**：天天。**监**：察看。④**不**：语助词。**聪**：听觉灵敏，指耳有所闻。**止**：语助词。⑤**日就月将**：日久月长，日积月累。就，久；将，长。**缉熙于光明**：谓渐积广大以至于光明。⑥**佛**：通弼，辅佐。**时**：是。**仔肩**：任。**示**：视。**显**：光显。

敬之图　宋·马和之

289 小毖

予其惩，而毖后患。①
莫予荓蜂，自求辛螫。②
肇允彼桃虫，拚飞维鸟。③
未堪家多难，予又集于蓼。④

注释：①**惩**：警戒。**毖**：谨慎。**患**：祸患。②**荓蜂**：牵引扶持。一说为扰乱蜂群。**辛螫**：毒虫以刺蜇人。③**肇**：开始。**允**：确信。**桃虫**：鹪鹩，一种小鸟。**拚飞**：翻飞。④**蓼**：苦草名，喻陷入困境。

小毖图　宋·马和之

290

zài shān
载芟

zài shān zài zé qí gēng shì shì
载芟载柞，其耕泽泽。①

qiān ǒu qí yún cú xí cú zhěn
千耦其耘，徂隰徂畛。②

hóu zhǔ hóu bó hóu yà hóu lǚ
侯主侯伯，侯亚侯旅。③

hóu qiáng hóu yǐ yǒu tǎn qí yè
侯强侯以，有嗿其馌。④

sī mèi qí fù yǒu yī qí shì
思媚其妇，有依其士。⑤

yǒu lüè qí sì chù zài nán mǔ
有略其耜，俶载南亩。⑥

bō jué bǎi gǔ shí hán sī huó
播厥百谷，实函斯活。⑦

yì yì qí dá yǒu yàn qí jié
驿驿其达，有厌其杰。⑧

雍正祭先农坛图　清·佚　名

yàn yàn qí miáo mián mián qí biāo
厌厌其苗，绵绵其麃。⑨

zài huò jì jì yǒu shí qí jī
载获济济，有实其积。⑩

wàn yì jí zǐ wéi jiǔ wéi lǐ
万亿及秭，为酒为醴。⑪

zhēng bì zǔ bǐ yǐ qià bǎi lǐ
烝畀祖妣，以洽百礼。⑫

yǒu bì qí xiāng bāng jiā zhī guāng
有飶其香，邦家之光。⑬

yǒu jiāo qí xīn hú kǎo zhī níng
有椒其馨，胡考之宁。⑭

fěi qiě yǒu qiě fěi jīn sī jīn zhèn gǔ rú zī
匪且有且，匪今斯今，振古如兹！⑮

注释： ①**芟：**除草。**柞：**砍伐树木。**泽泽：**耕地声。②**徂：**前往。**隰：**田畔。**畛：**以前开垦的田界。③**主：**家长。**伯：**长子。**亚：**次子。**旅：**众子弟。④**侯以：**其他帮忙的人。**嗿：**众吃饭声。**馌：**送饭。⑤**依：**众多。⑥**略：**锋利。**俶载：**首先耕好。⑦**实：**种子。**函：**饱满。**活：**生机。⑧**驿驿其达：**禾接连不断出生之貌。**厌：**美好。**杰：**长禾。⑨**厌厌：**茂盛貌。**绵绵：**连绵不绝貌。**麃：**禾苗末梢，指穗。⑩**济济：**众多。**实：**指粮食。⑪**万亿及秭：**极言其多。**醴：**甜酒。⑫**烝：**进献。**畀：**给予。**祖：**男祖先。**妣：**女祖先。**洽：**配合。⑬**飶：**食物芬芳。⑭**椒：**芬芳之物。**馨：**芳香。**胡考：**老人。⑮**匪且有且，匪今斯今：**不期有此，不期有今。**振古：**自古。**兹：**此。

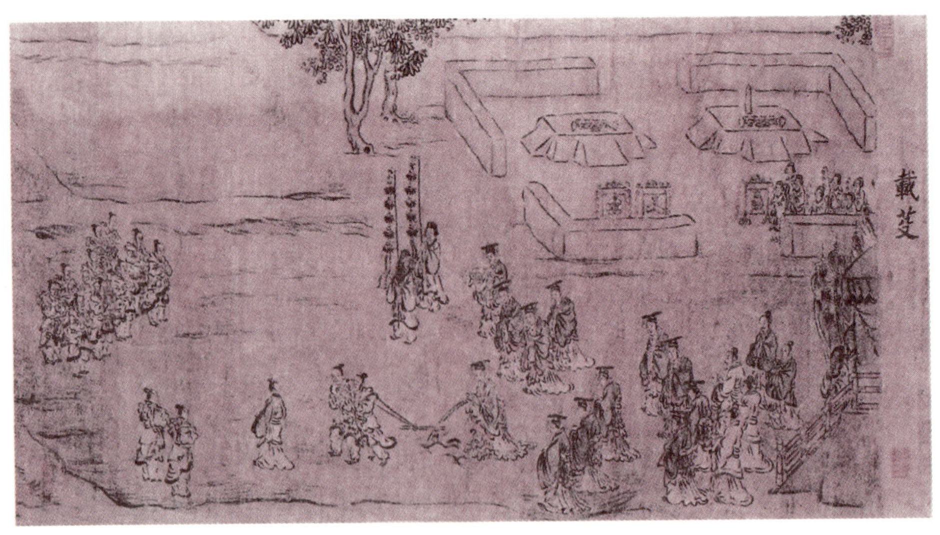

载芟图　宋·马和之

291

良耜

畟畟良耜，俶载南亩。①

播厥百谷，实函斯活。②

或来瞻女，载筐及筥。

其饷伊黍，其笠伊纠。③

其镈斯赵，以薅荼蓼。④

荼蓼朽止，黍稷茂止。

良耜图　宋·马和之

huò zhī zhì zhì　　jī zhī lì lì
获之挃挃，积之栗栗。⑤
qí chóng rú yōng　　qí bǐ rú zhì
其崇如墉，其比如栉。⑥
yǐ kāi bǎi shì　　bǎi shì yíng zhǐ
以开百室，百室盈止。
fù zǐ níng zhǐ　　shā shí rún mǔ
妇子宁止，杀时犉牡。⑦
yǒu qiú qí jiǎo　　yǐ sì yǐ xù　　xù gǔ zhī rén
有捄其角，以似以续，续古之人。⑧

注释：①**畟畟：**深耕入地貌。**耜：**古代农具。**俶载：**同义复词，开始耕作的意思。②**厥：**其。**百谷：**各种粮食作物。**实：**种子。**函：**含，指种子含在土中。**斯：**乃。**活：**生长。③**饷：**用食物款待。**纠：**笠之轻举。④**镈：**古代锄草农具。**赵：**刺。**薅：**除草。**荼：**苦草。**蓼：**水草。⑤**挃挃：**收割作物的声音。**栗栗：**众多貌。⑥**崇：**高。**比：**排列。**栉：**梳篦名。⑦**犉：**七尺高的大公牛。⑧**捄：**又作觩，兽角弯曲貌。**似：**同嗣，继承。**续古之人：**继续古人的做法。

乃亦有秋图　清·《钦定书经图说》

292

丝衣

丝衣其紑，载弁俅俅。①

自堂徂基，自羊徂牛。②

鼐鼎及鼒，兕觥其觩。③

旨酒思柔，不吴不敖，胡考之休。④

注释：①丝衣：丝织祭服。紑：衣服鲜明。载：通戴。弁：皮帽。俅俅：恭顺貌。②自：从。堂：庙堂。徂：往。基：门槛。③鼐：大鼎。鼒：小鼎。兕觥：古代酒器。觩：兽角弯曲的样子。④旨酒：美酒。思：语助词。柔：柔和。吴：喧哗。敖：通傲，傲慢。胡考：长寿。休：美好。

丝衣图　宋·马和之

293

酌 (zhuó)

於铄王师，遵养时晦。①
wū shuò wáng shī, zūn yǎng shí huì.

时纯熙矣，是用大介。②
shí chún xī yǐ, shì yòng dà jiè.

我龙受之，蹻蹻王之造。③
wǒ chǒng shòu zhī, jiǎo jiǎo wáng zhī zào.

载用有嗣，实维尔公允师。④
zài yòng yǒu sì, shí wéi ěr gōng yǔn shī.

注释：①**铄**：美。**王师**：武王的军队。**遵养**：退养，指屯兵不动而养之。**时**：此。**晦**：昏昧，指纣王。②**纯熙**：普照光明。**是用**：因此。**介**：善。③**龙**：同宠。**蹻蹻**：勇武貌。**造**：成就。④**嗣**：继承。**公**：先公。**允**：信。**师**：效法。

酌 图 宋·马和之

huán
桓

suí wàn bāng, lǚ fēng nián.
绥万邦，娄丰年。①

tiān mìng fěi xiè, huán huán wǔ wáng.
天命匪解，桓桓武王。②

bǎo yǒu jué shì, yú yǐ sì fāng.
保有厥士，于以四方。③

kè dìng jué jiā, wū zhāo yú tiān, huáng yǐ jiàn zhī.
克定厥家，於昭于天，皇以间之。④

注释：①**绥**：安定的。**娄**：通屡，经常。②**解**：通懈，懈怠。②**桓桓**：威武貌。③**士**：疑为"土"字之误。**于**：于是。**以**：有。④**克定**：能安定。**厥**：其。**於**：叹词。**间**：代替，指代殷有天下。

桓　图　宋·马和之

295

赉[1]

lài

wén wáng jì qín zhǐ wǒ yīng shòu zhī
文王既勤止，我应受之。

fū shí yì sī wǒ cú wéi qiú dìng
敷时绎思，我徂维求定。[2]

shí zhōu zhī mìng wū yì sī
时周之命，於绎思。[3]

注释：①**赉**：予，赐予。②**敷**：布。**时**：是。**绎**：连续不断。**思**：语助词。**徂**：往，指出征。③**时**：是。**於**：叹词。

赉 图 宋·马和之

般①

於皇时周，陟其高山。②
嶞山乔岳，允犹翕河。③
敷天之下，裒时之对，
时周之命。④

注释：①**般**：乐名，《大武》舞曲的第四章，是描写周王巡狩四方、祭祀山河、诏告诸侯的乐歌。②**陟**：登上。**高山**：指东、南、西、北四岳。③**嶞**：小山。**乔**：高。**允**：通沇，亦名济水。**犹**：通湭，水名。**翕河**：合河而祭之。④**敷**：普。**裒**：聚集。**对**：配，指配祭。**时**：是。

般　图　宋·马和之

鲁　颂

郊台迎阿桂凯旋　清·汪承霈

297

jiōng
駉

jiōng jiōng mǔ mǎ zài jiōng zhī yě
駉駉牡马，在坰之野，①

bó yán jiōng zhě yǒu yù yǒu huáng
薄言駉者，有驈有皇，②

yǒu lí yǒu huáng yǐ chē bāng bāng
有骊有黄，以车彭彭。③

sī wú jiāng sī mǎ sī zāng
思无疆，思马斯臧！④

jiōng jiōng mǔ mǎ zài jiōng zhī yě
駉駉牡马，在坰之野，

bó yán jiōng zhě yǒu zhuī yǒu pī
薄言駉者，有騅有駓，⑤

yǒu xīn yǒu qí yǐ chē pī pī
有骍有骐，以车伾伾。⑥

sī wú qī sī mǎ sī cái
思无期，思马斯才！⑦

駉 图 宋·马和之

jiōng jiōng mǔ mǎ，zài jiōng zhī yě，
駉駉牡马，在坰之野，

bó yán jiōng zhě，yǒu tuó yǒu luò，⑧
薄言駉者，有驒有骆，

yǒu liú yǒu luò，yǐ chē yì yì。⑨
有駵有雒，以车绎绎。

sī wú yì，sī mǎ sī zuò！⑩
思无斁，思马斯作！

jiōng jiōng mǔ mǎ，zài jiōng zhī yě，
駉駉牡马，在坰之野，

bó yán jiōng zhě，yǒu yīn yǒu xiá，⑪
薄言駉者，有骃有騢，

yǒu diàn yǒu yú，yǐ chē qū qū。⑫
有驔有鱼，以车祛祛。

sī wú xié，sī mǎ sī cú！⑬
思无邪，思马斯徂！

注释：①**駉**：歌颂鲁侯养马肥壮。**牡马**：雄马。**坰**：离城很远的郊外。②**薄言**：语助词。**驈**：黑马白股。**皇**：黄白曰皇。③**骊**：黑色的马。**以车**：驾车。**彭彭**：强壮有力貌。④**思无疆**：无限思量。**思**：语助词。**臧**：善，好。⑤**骓**：苍白杂毛的马。**駓**：黄白杂毛的马。⑥**骍**：赤黄色的马。**骐**：青黑色的马。**伾伾**：强壮有力貌。⑦**思无期**：反复思量。**才**：材力。⑧**驒**：青黑色并有鳞状花纹的马。⑨**駵**：又作骝，赤身黑鬣的马。**雒**：黑身白鬣的马。**绎绎**：通驿驿，善走。⑩**思无斁**：不厌其繁地思考。**作**：善，好。⑪**骃**：浅黑带白色的杂毛马。**騢**：赤白杂毛的马。⑫**驔**：脚胫有长毛的马。**鱼**：两眼眶有白圈的马。**祛祛**：强健。⑬**思无邪**：专心无邪意。**徂**：善跑。

八骏图 清·朗世宁

298

yǒu bì
有駜

yǒu bì yǒu bì, bì bǐ shèng huáng
有駜有駜，駜彼乘黄。①

sù yè zài gōng, zài gōng míng míng
夙夜在公，在公明明。②

zhēn zhēn lù, lù yú xià
振振鹭，鹭于下。③

gǔ yuān yuān, zuì yán wǔ
鼓咽咽，醉言舞。④

yú xū lè xī
于胥乐兮！⑤

秦淮冶游图　明·钱　榖

yǒu bì yǒu bì, bì bǐ shèng mǔ
有駜有駜，駜彼乘牡。

sù yè zài gōng, zài gōng yǐn jiǔ
夙夜在公，在公饮酒。

zhēn zhēn lù, lù yú fēi
振振鹭，鹭于飞，

gǔ yuān yuān, zuì yán guī
鼓咽咽，醉言归。

yú xū lè xī
于胥乐兮！

yǒu bì yǒu bì, bì bǐ shèng xuān
有駜有駜，駜彼乘駽。[6]

sù yè zài gōng, zài gōng zài yàn
夙夜在公，在公载燕。[7]

zì jīn yǐ shǐ, suì qí yǒu
自今以始，岁其有。[8]

jūn zǐ yǒu gǔ, yí sūn zǐ, yú xū lè xī
君子有穀，诒孙子，于胥乐兮！[9]

注释：①**駜**：马强壮貌。**乘**：指四匹。②**明明**：通勉勉，勤勉。③**振振**：群飞貌。**鹭**：指持鹭羽的舞蹈。④**咽咽**：有节奏的鼓声。**言**：语助词。**鹭于下**：舞者仿鹭飞落而下。⑤**胥**：皆。⑥**駽**：青黑色的马。⑦**载**：语助词。**燕**：同宴。⑧**岁**：年年。**其**：语助词。**有**：富有。⑨**穀**：禄。**诒**：留给。

有駜图　宋·马和之

299

泮水

思乐泮水，薄采其芹。①
鲁侯戾止，言观其旂。②
其旂茷茷，鸾声哕哕。③
无小无大，从公于迈。④

思乐泮水，薄采其藻。
鲁侯戾止，其马蹻蹻。⑤
其马蹻蹻，其音昭昭。⑥
载色载笑，匪怒伊教。⑦

慈宁燕喜图 清·佚名

sī lè pàn shuǐ，bó cǎi qí mǎo。
思乐泮水，薄采其茆。⑧

lǔ hóu lì zhǐ，zài pàn yǐn jiǔ。
鲁侯戾止，在泮饮酒。

jì yǐn zhǐ jiǔ，yǒng xī nán lǎo。
既饮旨酒，永锡难老。⑨

shùn bǐ cháng dào，qū cǐ qún chǒu。
顺彼长道，屈此群丑。⑩

mù mù lǔ hóu，jìng míng qí dé。
穆穆鲁侯，敬明其德。⑪

jìng shèn wēi yí，wéi mín zhī zé。
敬慎威仪，维民之则。

yǔn wén yǔn wǔ，zhāo gé liè zǔ。
允文允武，昭假烈祖。⑫

mǐ yǒu bù xiào，zì qiú yī hù。
靡有不孝，自求伊祜。⑬

敬德配舜图　清·《钦定书经图说》

miǎn miǎn lǔ hóu kè míng qí dé
明明鲁侯，克明其德。⑭

jì zuò pàn gōng huái yí yōu fú
既作泮宫，淮夷攸服。⑮

jiǎo jiǎo hǔ chén zài pàn xiàn guó
矫矫虎臣，在泮献馘。⑯

shū wèn rú gāo yáo zài pàn xiàn qiú
淑问如皋陶，在泮献囚。⑰

jǐ jǐ duō shì kè guǎng dé xīn
济济多士，克广德心。⑱

huán huán yú zhēng tì bǐ dōng nán
桓桓于征，狄彼东南。⑲

zhēng zhēng huáng huáng bù wú bù yáng
烝烝皇皇，不吴不扬。⑳

bù háo yú xiōng zài pàn xiàn gōng
不告于讻，在泮献功。㉑

jiǎo gōng qí qiú shù shǐ qí sōu
角弓其觩，束矢其搜。㉒

róng chē kǒng bó tú yù wú yì
戎车孔博，徒御无斁。㉓

养正图之修养德行 清·冷枚

jì kè huái yí kǒng shū bù nì
既克淮夷，孔淑不逆。㉔

shì gù ěr yóu huái yí zú huò
式固尔犹，淮夷卒获。㉕

piān bǐ fēi xiāo jí yú pàn lín
翩彼飞鸮，集于泮林。㉖

shí wǒ sāng shèn huái wǒ hǎo yīn
食我桑黮，怀我好音。㉗

jǐng bǐ huái yí lái xiàn qí chēn
憬彼淮夷，来献其琛。㉘

yuán guī xiàng chǐ dà lù nán jīn
元龟象齿，大赂南金。㉙

注释：①**思**：发语词。**泮水**：泮宫的水池。**薄**：发语词。②**戾**：到。**止**：发语词。**言**：语助词。**旂**：饰有龙纹的旗。③**茷茷**：飘扬貌。**鸾**：指车铃。**哕哕**：铃和声。④**无**：无论。**于迈**：前往。⑤**蹻蹻**：马雄壮貌。⑥**音**：指铃声。**昭昭**：声音清脆响亮。⑦**载**：又。**色**：面色和悦。**匪怒**：不生气。**伊**：语助词。**教**：教化。⑧**茆**：莼菜。⑨**锡**：赐予。**难老**：长寿。⑩**屈**：收。**群丑**：禽兽，这里指淮夷。⑪**穆穆**：庄重肃穆的样子。⑫**允**：诚然。**昭**：明。**假**：同格，至。**烈**：功绩伟大的。⑬**孝**：同效，效仿。**祜**：福。⑭**明明**：同勉勉，勤勉。**克**：能够。**明其德**：彰显其德行。⑮**既**：已经。**作**：兴建。**攸**：语助词。⑯**矫矫**：勇武的样子。**献馘**：献敌尸左耳以计功。⑰**淑**：善，长于。**问**：审断。**皋陶**：舜的大臣，传说善断狱。⑱**济济**：众多貌。**克广**：能发扬。**德心**：善心。⑲**桓桓**：威武貌。**狄**：扫荡。⑳**烝烝**：生气勃勃。**皇皇**：声势大。**吴**：喧哗。㉑**告**：通嗥，呼喊。**于**：与。**讻**：喧哗。㉒**觩**：弓弯曲。**束矢**：成捆的箭。**搜**：聚，箭多貌。㉓**戎车**：战车。**孔博**：很多。**徒**：步行的兵。**御**：驾车的兵。**斁**：倦厌。㉔**逆**：反叛。㉕**式**：发语词。**固**：坚定。**犹**：谋划。**卒**：终于。㉖**翩**：飞翔。**鸮**：猫头鹰。㉗**黮**：通葚，桑果。㉘**憬**：觉悟。**琛**：珍宝。㉙**元龟**：大龟。**大赂**：大璐，一种美玉。**南金**：南方出产的铜。

松溪钓艇图　明·朱德润

300

閟宫 (bì gōng)

閟宫有侐，实实枚枚。①

赫赫姜嫄，其德不回。②

上帝是依，无灾无害。③

弥月不迟，是生后稷，降之百福。④

黍稷重穋，植稺菽麦。⑤

奄有下国，俾民稼穑。⑥

有稷有黍，有稻有秬。⑦

奄有下土，缵禹之绪。⑧

孝经图之感应章　明·仇　英

hòu jì zhī sūn shí wéi tài wáng
后稷之孙，实维大王。[9]

jū qí zhī yáng shí shǐ jiǎn shāng
居岐之阳，实始翦商。[10]

zhì yú wén wǔ zuǎn tài wáng zhī xù
至于文武，缵大王之绪。

zhì tiān zhī jiè yú mù zhī yě
致天之届，于牧之野。[11]

wú èr wú yú shàng dì lín rǔ
无贰无虞，上帝临女。[12]

duī shāng zhī lǚ kè xián jué gōng
敦商之旅，克咸厥功。[13]

wáng yuē shū fù jiàn ěr yuán zǐ bǐ hóu yú lǔ
王曰叔父，建尔元子，俾侯于鲁。[14]

dà qǐ ěr yǔ wéi zhōu shì fǔ
大启尔宇，为周室辅。[15]

nǎi mìng lǔ gōng bǐ hóu yú dōng
乃命鲁公，俾侯于东。

xī zhī shān chuān tǔ tián fù yōng
锡之山川，土田附庸。[16]

孝经图之右天子章 明·仇英

zhōu gōng zhī sūn, zhuāng gōng zhī zǐ.
周公之孙，庄公之子。

lóng qí chéng sì, liù pèi ěr ěr.
龙旂承祀，六辔耳耳。⑰

chūn qiū fěi xiè, xiǎng sì bù tè.
春秋匪解，享祀不忒。⑱

huáng huáng hòu dì, huáng zǔ hòu jì.
皇皇后帝，皇祖后稷。⑲

xiǎng yǐ xīng xī, shì xiǎng shì yí, jiàng fú jì duō.
享以骍牺，是飨是宜，降福既多。⑳

zhōu gōng huáng zǔ, yì qí fú rǔ.
周公皇祖，亦其福女。

qiū ér zài cháng, xià ér bì héng.
秋而载尝，夏而楅衡。㉑

bái mǔ xīng gāng, xī zūn qiāng qiāng.
白牡骍刚，牺尊将将。㉒

máo páo zì gēng, biān dòu dà fáng.
毛炰胾羹，笾豆大房。㉓

wàn wǔ yáng yáng, xiào sūn yǒu qìng.
万舞洋洋，孝孙有庆。㉔

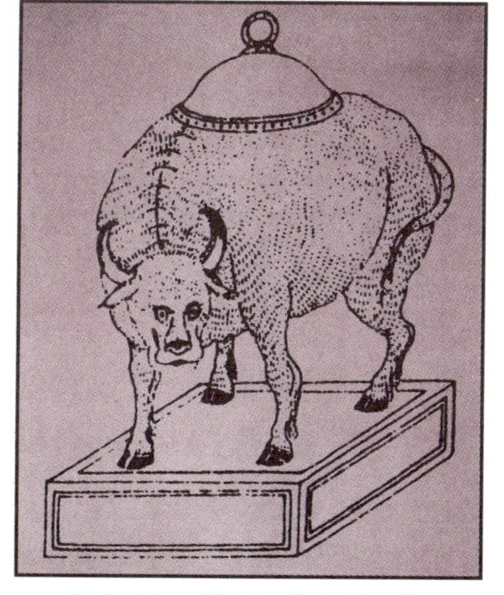

牺尊图 《诗经疏义绘通》

楅衡图 《诗经疏义绘通》

bǐ ěr chì ér chāng bǐ ěr shòu ér zāng
俾尔炽而昌，俾尔寿而臧。[25]

bǎo bǐ dōng fāng lǔ bāng shì cháng
保彼东方，鲁邦是常。[26]

bù kuī bù bēng bù zhèn bù téng
不亏不崩，不震不腾。

sān shòu zuò péng rú gāng rú líng
三寿作朋，如冈如陵。[27]

gōng chē qiān shèng zhū yīng lǜ téng
公车千乘，朱英绿縢。[28]

èr máo chóng gōng gōng tú sān wàn
二矛重弓，公徒三万。

bèi zhòu zhū qīn zhēng tú zēng zēng
贝胄朱綅，烝徒增增。[29]

róng dí shì yīng jīng shū shì chéng
戎狄是膺，荆舒是惩，

zé mò wǒ gǎn chéng
则莫我敢承。[30]

孝经图之诸侯章　宋·马和之

bǐ ěr chāng ér chì　bǐ ěr shòu ér fù
俾尔昌而炽，俾尔寿而富。

huáng fà tái bèi　shòu xū yǔ shì
黄发台背，寿胥与试。[31]

bǐ ěr chāng ér dà　bǐ ěr qí ér ài
俾尔昌而大，俾尔耆而艾。[32]

wàn yòu qiān suì　méi shòu wú yǒu hài
万有千岁，眉寿无有害。

tài shān yán yán　lǔ bāng suǒ zhān
泰山岩岩，鲁邦所詹。[33]

yǎn yǒu guī méng　suì huāng tài dōng
奄有龟蒙，遂荒大东。[34]

zhì yú hǎi bāng　huái yí lái tóng
至于海邦，淮夷来同。[35]

mò bù shuài cóng　lǔ hóu zhī gōng
莫不率从，鲁侯之功。

纳锡大龟图　清·《钦定书经图说》

岛夷卉服图　清·《钦定书经图说》

bǎo yǒu fú yì suì huāng xú zhái
保有凫绎，遂荒徐宅。[36]
zhì yú hǎi bāng huái yí mán mò
至于海邦，淮夷蛮貊。[37]
jí bǐ nán yí mò bù shuài cóng
及彼南夷，莫不率从。
mò gǎn bù nuò lǔ hóu shì ruò
莫敢不诺，鲁侯是若。[38]

tiān xī gōng chún gǔ méi shòu bǎo lǔ
天锡公纯嘏，眉寿保鲁。[39]
jū cháng yǔ xǔ fù zhōu gōng zhī yǔ
居常与许，复周公之宇。[40]
lǔ hóu yàn xǐ lìng qī shòu mǔ
鲁侯燕喜，令妻寿母。[41]
yí dà fū shù shì bāng guó shì yǒu
宜大夫庶士，邦国是有。
jì duō shòu zhǐ huáng fà ní chǐ
既多受祉，黄发儿齿。[42]

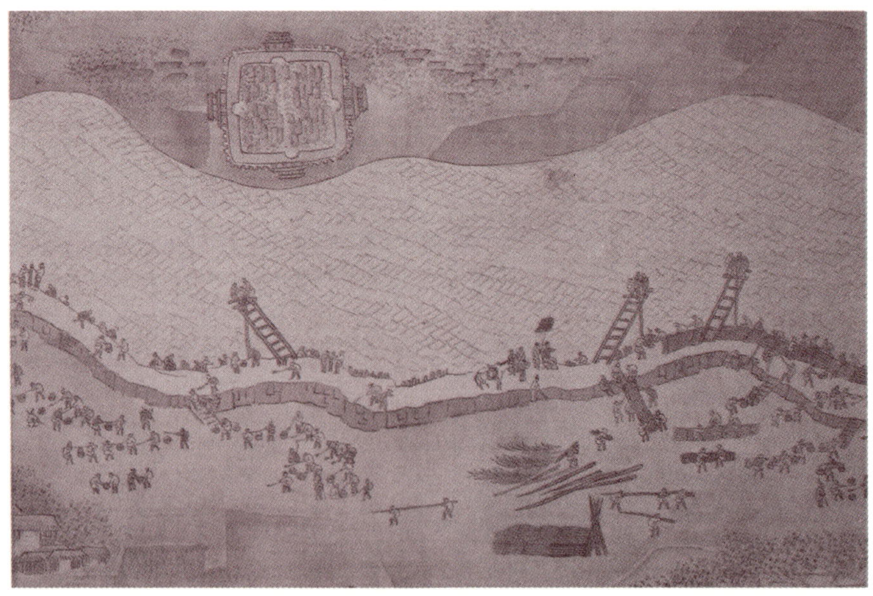

高明治水图 清·赵 澄

cú lái zhī sōng xīn fǔ zhī bǎi
祖徕之松，新甫之柏。㊸
shì duàn shì duó shì xún shì chǐ
是断是度，是寻是尺。㊹
sōng jué yǒu xì lù qǐn kǒng shuò
松桷有舄，路寝孔硕。㊺
xīn miào yì yì xī sī suǒ zuò
新庙奕奕，奚斯所作。㊻
kǒng màn qiě shuò wàn mín shì ruò
孔曼且硕，万民是若。㊼

注释：①**閟宫**：神秘的宫殿，指祭祀后稷母亲姜嫄的庙。**侐**：清静。**实实**：坚实貌。**枚枚**：细密貌。②**赫赫**：显赫貌。**回**：邪僻。③**依**：依靠。④**弥月**：满月，指满十月。⑤**重**：通穜，先种后熟的作物。**穋**：后种先熟的作物。**稙**：先种的庄稼。**稺**：后种的庄稼。⑥**奄有**：全有。**下国**：天下的国家。**俾**：使。**稼穑**：种植收割庄稼。⑦**秬**：黑黍。⑧**缵**：继承。**绪**：事业。⑨**大王**：太王，周文王祖父古公亶父。⑩**岐**：岐山。**阳**：山南面。**翦**：灭。⑪**致**：招致。**届**：殛，惩罚。**牧野**：地名，灭商战场。⑫**无虞**：不要欺骗。⑬**敦**：治理。**旅**：军队。**克咸厥功**：能同其功于先祖也。⑭**元子**：长子。**叔父**：指周公旦。⑮**启**：开拓。**宇**：疆土。**辅**：帮助。⑯**附庸**：附属国家。⑰**耳耳**：盛美貌。⑱**春秋**：指四季。**解**：同懈，懈怠。**忒**：差错。⑲**皇皇**：光明伟大的样子。**皇祖**：伟大的祖先。⑳**骍**：赤色马。**牺**：祭祀用的纯色牲畜。**宜**：祭社之名。㉑**尝**：秋祭名。**楅衡**：指修牛栏。㉒**白牡**：白公牛。**骍刚**：赤色公牛。**牺尊**：古代牛形酒器。**将将**：形容器物相撞击声。㉓**毛炰**：连毛烤熟的肉。**胾羹**：肉汤。**大房**：一种盛大块肉食的器具。㉔**万舞**：古代的一种舞蹈。**洋洋**：指长寿。㉕**俾**：使。**炽而昌**：旺盛。㉖**常**：久。㉗**三寿**：上寿一百二十岁，中寿百岁，下寿八十岁。㉘**朱**：红色的。**英**：矛上的羽饰。**縢**：缠的绳。㉙**贝胄**：贝装饰的头盔。**綅**：线。**增增**：众多貌。㉚**膺**：击。**荆**：楚国。**舒**：舒国。**惩**：打击。**承**：制止，抵御。㉛**黄发台背**：均指老人。台，通鲐。**寿胥与试**：赞美用老人之言以安国也。㉜**艾**：均指长寿。㉝**岩岩**：高峻貌。**詹**：仰望。㉞**奄**：覆盖，引申为统辖。**龟蒙**：龟山，蒙山。**遂**：于是。**荒**：开垦。**大东**：极东。㉟**来同**：来为同盟。㊱**保**：抚，安定。**凫绎**：山名。凫山，绎山。**徐宅**：徐国的土地。㊲**貊**：指少数民族。㊳**诺**：应诺。**是若**：就是这样。**若**：顺从。㊴**锡**：赐予。**纯嘏**：大福。㊵**居**：住。**常、许**：地名。**复**：恢复。**宇**：国土。㊶**令妻寿母**：妻贤母寿。㊷**儿齿**：老人齿落后更生的细齿。㊸**徂徕**：山名。**新甫**：山名。㊹**度**：剖，分。**寻**：古八尺为寻。㊺**桷**：方的屋椽。**舄**：大貌。**路寝**：庙堂正殿。**孔硕**：很高大。㊻**奕奕**：高大盛美貌。**奚斯**：鲁大夫，亦名公子奚斯。㊼**孔曼**：很长。**硕**：意义大。**是若**：认为很对。

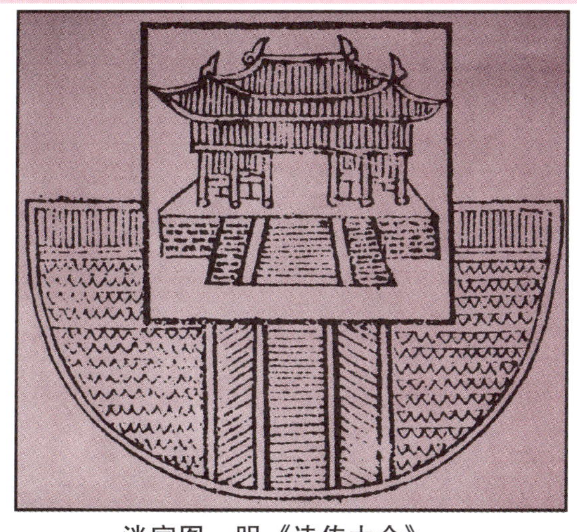

泮宫图 明·《诗传大全》

商颂

诞告万方图　清·《钦定书经图说》

301

nuó

那

ē yú nuó yú zhì wǒ táo gǔ

猗与那与，置我鞉鼓。①

zòu gǔ jiǎn jiǎn kàn wǒ liè zǔ

奏鼓简简，衎我烈祖。②

tāng sūn zòu gé suí wǒ sī chéng

汤孙奏假，绥我思成。③

táo gǔ yuān yuān huì huì guǎn shēng

鞉鼓渊渊，嘒嘒管声。④

jì hé qiě píng yī wǒ qìng shēng

既和且平，依我磬声。⑤

wū hè tāng sūn mù mù jué shēng

於赫汤孙，穆穆厥声。⑥

孝经图之感应章　宋·马和之

yōng gǔ yǒu yì，wàn wǔ yǒu yì。
庸鼓有斁，万舞有奕。⑦
wǒ yǒu jiā kè，yì bù yí yì。
我有嘉客，亦不夷怿。⑧
zì gǔ zài xī，xiān mín yǒu zuò。
自古在昔，先民有作。⑨
wēn gōng zhāo xī，zhí shì yǒu kè。
温恭朝夕，执事有恪。⑩
gù yú zhēng cháng，tāng sūn zhī jiāng。
顾予烝尝，汤孙之将。⑪

注释：①**猗那**：即猗傩，草木美盛之义，引申为乐之美盛。**与**：同欤，叹词。**置**：植，树立。**鞉鼓**：有柄的摇鼓。②**简简**：和谐洪大声。**衎**：乐也。**烈祖**：功绩显赫的祖先。③**汤孙**：成汤的后代。**奏假**：进言祷告。假，通格，告。**绥**：安。**成**：成就。④**渊渊**：指鼓声深沉。**嘒嘒**：清亮声。⑤**依我磬声**：指奏乐时依磬声相始终。⑥**於**：叹词。**赫**：显赫。**穆**：和美的样子。⑦**庸**：通镛，大钟。**斁**：洪大调和。**奕**：舞态从容貌。⑧**夷怿**：喜悦。⑨**自古在昔**：同义词组连用，古时。⑩**恪**：恭敬。⑪**顾**：光临。**予**：我的。**烝**：冬祭。**尝**：秋祭。**将**：奉献。

许皇后奉案图　清·佚名

302

烈祖

liè zǔ

jiē jiē liè zǔ, yǒu zhì sī hù.
嗟嗟烈祖，有秩斯祜。①
shēn xī wú jiāng, jí ěr sī suǒ.
申锡无疆，及尔斯所。②
jì zài qīng gū, lài wǒ sī chéng.
既载清酤，赉我思成。③
yì yǒu hé gēng, jì jiè jì píng.
亦有和羹，既戒既平。④
zōng gé wú yán, shí mǐ yǒu zhēng.
鬷假无言，时靡有争。⑤
suí wǒ méi shòu, huáng gǒu wú jiāng.
绥我眉寿，黄耇无疆。
yuē qí cuò héng, bā luán qiāng qiāng, yǐ gé yǐ xiǎng.
约軧错衡，八鸾鸧鸧，以假以享。⑥
wǒ shòu mìng pǔ jiāng, zì tiān jiàng kāng, fēng nián ráng ráng.
我受命溥将，自天降康，丰年穰穰。⑦
lái gé lái xiǎng, jiàng fú wú jiāng.
来假来飨，降福无疆。⑧
gù yú zhēng cháng, tāng sūn zhī jiāng.
顾予烝尝，汤孙之将。⑨

注释：①秩：大貌。②申锡：反复赏赐。及尔斯所：一直到你所在处所。③载：陈列。酤：酒。赉：赏赐。思：语助词。④和羹：五味调和的浓汤。戒：完备。⑤鬷假：祷告。时靡有争：肃敬而齐一也。绥：安。黄耇：黄发老人。⑥约軧：毂饰。错：花纹。衡：车辕前的衡木。鸧鸧：同锵锵，铃声。以假：迎神。以享：神受享。⑦溥：广大。将：长远。穰穰：丰盛貌。⑧假：至。⑨顾：光顾。予：我的。烝：冬祭。尝：秋祭。将：奉献。

画梵像 宋·张胜温

303 玄鸟

xuán niǎo

tiān mìng xuán niǎo jiàng ér shēng shāng zhái yīn tǔ máng máng
天命玄鸟，降而生商，宅殷土芒芒。①
gǔ dì mìng wǔ tāng zhèng yǒu bǐ sì fāng
古帝命武汤，正域彼四方。②
páng mìng jué hòu yǎn yǒu jiǔ yǒu
方命厥后，奄有九有。③
shāng zhī xiān hòu shòu mìng bù dài zài wǔ dīng sūn zǐ
商之先后，受命不殆，在武丁孙子。④
wǔ dīng sūn zǐ wǔ wáng mǐ bù shēng
武丁孙子，武王靡不胜。
lóng qí shí shèng dà chì shì chéng
龙旂十乘。大糦是承。⑤
bāng jī qiān lǐ wéi mín suǒ zhǐ zhào yù bǐ sì hǎi
邦畿千里，维民所止，肇域彼四海。⑥
sì hǎi lái gé lái gé qí qí jǐng yùn wéi hé
四海来假，来假祁祁，景员维河。⑦
yīn shòu mìng xián yí bǎi lù shì hè
殷受命咸宜，百禄是何。⑧

注释：①**玄鸟**：燕子，可能是商的图腾。传说有娀氏女简狄，吞燕卵生了商的始祖契。**宅**：居住。**芒芒**：广大貌。②**古帝**：上帝。**正**：整治。**域**：殷之域。③**方**：同旁，遍。**厥**：其。**后**：君主，指各酋长。**奄有**：尽有。**九有**：九州。④**殆**：懈怠。⑤**大糦**：大祭。⑥**邦畿**：国境。**肇域**：疆域。肇，通兆，兆域即疆域。**四海**：九夷、八狄、七戎、六蛮称四海。海同晦，指夷蛮晦昧无知。⑦**假**：至。**景员维河**：四面皆河。景，广，东西为广；员，通运，南北为运。⑧**何**：通荷，承受。

孝经图之圣治章 明·仇英

304

长发

cháng fā

jùn zhé wéi shāng cháng fā qí xiáng
濬哲维商，长发其祥。①

hóng shuǐ máng máng yǔ fū xià tǔ fāng
洪水芒芒，禹敷下土方。②

wài dà guó shì jiāng fú yuán jì cháng
外大国是疆，幅陨既长。③

yǒu sōng fāng jiāng dì lì zǐ shēng shāng
有娀方将，帝立子生商。④

xuán wáng huán bō shòu xiǎo guó shì dá
玄王桓拨，受小国是达。⑤

shòu dà guó shì dá shuài lǐ bù yuè
受大国是达，率履不越。⑥

suì shì jì fā xiàng tǔ liè liè hǎi wài yǒu jié
遂视既发，相土烈烈，海外有截。⑦

夏禹钧台会享图 明·仇英

dì mìng bù wéi　zhì yú tāng jì
帝命不违，至于汤齐。⑧
tāng jiàng bù chí　shèng jìng rì jī
汤降不迟，圣敬日跻。⑨
zhāo gé chí chí　shàng dì shì zhī
昭假迟迟，上帝是祗，
dì mìng shì yú jiǔ wéi
帝命式于九围。⑩

shòu xiǎo qiú dà qiú　wéi xià guó zhuì liú
受小球大球，为下国缀旒。⑪
hè tiān zhī xiū　bù jìng bù qiú
何天之休，不竞不絿，⑫
bù gāng bù róu　fū zhèng yōu yōu　bǎi lù shì qiú
不刚不柔，敷政优优，百禄是遒。⑬

shòu xiǎo gǒng dà gǒng　wéi xià guó jùn páng
受小共大共，为下国骏厖。⑭
hè tiān zhī chǒng　fū zòu qí yǒng
何天之龙，敷奏其勇。⑮
bù zhèn bù dòng　bù nǎn bù sǒng　bǎi lù shì zǒng
不震不动，不戁不竦，百禄是总。⑯

孝经图之谏诤章　宋·马和之

wǔ wáng zài pèi　yǒu qián bǐng yuè
武王载旆，有虔秉钺。⑰
rú huǒ liè liè　zé mò wǒ gǎn è
如火烈烈，则莫我敢曷。⑱
bāo yǒu sān niè　mò suì mò dá
苞有三蘖，莫遂莫达。⑲
jiǔ yǒu yǒu jié　wéi gù jì fá　kūn wú xià jié
九有有截，韦顾既伐，昆吾夏桀。⑳

xī zài zhōng yè　yǒu zhèn qiě yè
昔在中叶，有震且业。㉑
yǔn yě tiān zǐ　jiàng yú qīng shì
允也天子，降予卿士。㉒
shí wéi ē héng　shí zuǒ yòu shāng wáng
实维阿衡，实左右商王。㉓

注释：①**濬哲**：明智。**长**：常。**发**：显现。②**芒芒**：同茫茫，水浩大貌。**敷**：治理。**下土**：国土。**方**：四方。③**外大国是疆**：把原来殷商以外的土地都纳入商的版图。大国，指商本土。**幅陨**：幅员，面积。④**有娀**：古部族名，国名。**将**：正兴盛。⑤**玄王**：契的谥号。**桓**：大。**拨**：治。**达**：通达。⑥**率履**：同率礼，遵循礼节。⑦**遂**：遍。**视**：巡视。**发**：施行。**相土**：人名，商王契孙。**烈烈**：威武貌。**截**：整齐。⑧**齐**：同济，成功。⑨**降**：生。**不迟**：刚好。**跻**：升。⑩**昭假**：明告。**迟迟**：长久貌。**祗**：尊敬。**式**：效法。**九围**：九州。⑪**球**：通捄，法制。**缀旒**：旗上的飘带，引申为表率。⑫**何**：同荷，承受。**休**：美誉。**絿**：急。⑬**敷**：布也。**优优**：平和貌。**遒**：聚。⑭**共**：法。**骏厖**：庇护。⑮**龙**：通宠。**敷**：通傅，助也。⑯**戁**：恐惧。**竦**：恐惧。**总**：汇聚。⑰**武王**：商汤。**旆**：大旗。**虔**：牢固。⑱**曷**：遏的假借。⑲**苞**：本指树的主干，这里代指夏桀。**三蘖**：新生的枝，指韦、顾及昆吾三国。⑳**九有**：九州。**有截**：征服。㉑**叶**：时期，指汤在位的中期。**有震且业**：有威且大。㉒**允**：诚信。㉓**阿衡**：伊尹的官名。**左右**：辅助。

弗迓克奔图　清·《钦定书经图说》

庶民近光图　清·《钦定书经图说》

305 殷武

yīn wǔ

tà bǐ yīn wǔ，fèn fá jīng chǔ。

挞彼殷武，奋伐荆楚。①

shēn rù qí zǔ，póu jīng zhī lǚ。

罙入其阻，裒荆之旅。②

yǒu jié qí suǒ，tāng sūn zhī xù。

有截其所，汤孙之绪。③

wéi rǔ jīng chǔ，jū guó nán xiāng。

维女荆楚，居国南乡。④

xī yǒu chéng tāng，zì bǐ dī qiāng。

昔有成汤，自彼氐羌。⑤

mò gǎn bù lái xiǎng，mò gǎn bù lái wáng，

莫敢不来享，莫敢不来王，

yuē shāng shì cháng。

曰商是常。⑥

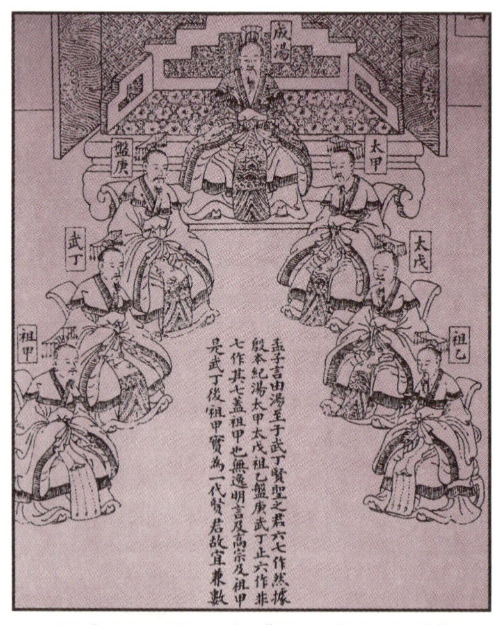

殷先哲王图　清·《钦定书经图说》

tiān mìng duō bì shè dū yú yǔ zhī jì
天命多辟，设都于禹之绩。[7]
suì shì lái bì wù yǔ guò zhé jià sè fěi xiè
岁事来辟，勿予祸適，稼穑匪解。[8]
tiān mìng jiàng jiān xià mín yǒu yán
天命降监，下民有严。[9]
bù jiàn bù làn bù gǎn dài huáng
不僭不滥，不敢怠遑。[10]
mìng yú xià guó fēng jiàn jué fú
命于下国，封建厥福。[11]
shāng yì yì yì sì fāng zhī jí
商邑翼翼，四方之极。[12]
hè hè jué shēng zhuó zhuó jué líng
赫赫厥声，濯濯厥灵。[13]
shòu kǎo qiě níng yǐ bǎo wǒ hòu shēng
寿考且宁，以保我后生。

肇功帝畿图　清·《钦定书经图说》

zhì bǐ jǐng shān sōng bǎi wán wán
陟彼景山，松柏丸丸。[14]
shì duàn shì qiān fāng zhuó shì qián
是断是迁，方斫是虔。[15]
sōng jué yǒu chān lǚ yíng yǒu xián qǐn chéng kǒng ān
松桷有梴，旅楹有闲，寝成孔安。[16]

注释：①**挞**：疾速。**武**：殷王武丁。**奋**：奋勇。**伐**：攻打。**荆楚**：即楚国。②**罙**：深的本字。**阻**：险要之地。**裒**：俘获。③**有截**：征服。**绪**：功业。④**国**：指中国。⑤**氐羌**：汤时西北地区的民族。⑥**享**：奉献。**来王**：来朝见。**是常**：服从。⑦**天命**：上天命示。**辟**：诸侯。**都**：京城。**绩**：通迹，所到之处。⑧**来辟**：来朝君。**勿予祸適**：不施谴责。祸，与过通。**稼穑**：种植收割农作物。**解**：同懈。⑨**严**：敬。⑩**僭**：过失。**滥**：过分。**怠**：懒惰。**遑**：闲暇。⑪**封**：大。⑫**邑**：城池。**翼翼**：整修貌。**极**：准则。⑬**赫赫**：显明光大。**声**：政声。**濯濯**：光明。**灵**：神灵。⑭**陟**：登。**景山**：商故都附近有景山。**丸丸**：直也。⑮**断**：砍伐。**迁**：运输。**方**：是，于是。**斫**：砍。**虔**：削。⑯**桷**：方形椽子。**梴**：木长貌。**旅楹**：众柱。**楹**：厅堂前部的柱子。**有闲**：大貌。**寝**：寝庙，祖庙。**孔安**：很安定。

回疆入版图　清·汪承霈

豳风图　明·文徵明

图为江南水乡，天朗气清，惠风和畅，村民似喜庆丰年，饮酒作乐，并有丝竹管弦之盛。